Schild, Leng, Jakob, Hammer
Auf der Suche nach dem rechten Mass

Kirstin Schild
Marion Leng
Mascha Jakob
Thomas Hammer

Auf der Suche nach dem rechten Mass

Nachhaltige Entwicklung auf der Sekundarstufe II

Kirstin Schild, Marion Leng, Mascha Jakob, Thomas Hammer
Auf der Suche nach dem rechten Mass
Nachhaltige Entwicklung auf der Sekundarstufe II
ISBN 978-3-0355-1845-0

Bibliografische Information der Deutschen Nationalbibliothek: Die Deutsche Nationalbibliothek verzeichnet diese Publikation in der Deutschen Nationalbibliografie; detaillierte bibliografische Daten sind im Internet über http://dnb.dnb.de abrufbar.

1. Auflage 2020
Alle Rechte vorbehalten
© 2020 hep Verlag AG, Bern

hep-verlag.ch

 Zusatzmaterialien und -angebote zu diesem Buch:
http://mehr.hep-verlag.ch//auf-suche-rechten-mass

Inhalt

A Theoretischer Teil 9

1. Einleitung 11

2. Grundlagen einer Bildung für einen suffizienten Lebensstil 17
   2.1 Inhaltliche Grundlagen 18
   2.2 Suffizienzkompatible Konzepte eines guten Lebens 21
   2.3 Didaktische Ansätze und Konzepte einer Bildung für einen suffizienten Lebensstil 29

3. Bildungsziele und Kompetenzen 41
   3.1 Kognitives Bildungsziel 42
   3.2 Affektives Bildungsziel 43
   3.3 Motivationales Bildungsziel 44
   3.4 Aktionales Bildungsziel 44

4. Die Lernumgebung einer Bildung für einen suffizienten Lebensstil 47
   4.1 Anforderungen an die Lernumgebung 49
   4.2 Leistungsbeurteilung 65
   4.3 Bildung für einen suffizienten Lebensstil im Fächerkanon 66

B Unterrichtsvorschläge 69

5. Unterrichtsvorschläge für eine Bildung für ein gutes Leben in einer endlichen Welt 71
   5.1 Einleitung 72
   5.2 Überblick über das Grundlagenmodul und die Themenmodule 73

6. Grundlagenmodul 83
   6.1 Unterrichtssequenz: Suffizienz und das gute Leben 85

7. Themenmodul: Materieller Konsum in einer endlichen Welt 89
   7.1 Zugang 1: Der Mensch und seine Dinge 93
   7.2 Zugang 2: Kauflust – Kauffrust? 99

8.	**Themenmodul: Ernährung in einer endlichen Welt**	107
8.1	Zugang 1: Du bist, was du isst	110
8.2	Zugang 2: Essen als Grenzerfahrung	117
9.	**Themenmodul: Mobilität in einer endlichen Welt**	125
9.1	Zugang 1: Anders mobil	128
9.2	Zugang 2: Verdichtung einmal anders	139
9.3	Zugang 3: Reisen – Traum oder Albtraum?	142
10.	**Themenmodul: Wohnen in einer endlichen Welt**	147
10.1	Zugang 1: Is my home really my castle?	150
10.2	Zugang 2: Smart Living, aber anders!	155
11.	**Themenmodul: Arbeit und Engagement in einer endlichen Welt**	159
11.1	Zugang 1: Ich arbeite, also bin ich!	163
11.2	Zugang 2: Mehr Zeit für Sinn	168
11.3	Zugang 3: Unsere Schule geht voran	176
12.	**Themenmodul: Freizeit in einer endlichen Welt**	183
12.1	Zugang 1: Das Leben gestalten	186
12.2	Zugang 2: Fussabdruck der Freizeit	192

C Schluss 201

13.	**Fazit und Ausblick**	203
14.	**Literaturverzeichnis**	207
14.1	Verwendete Literatur	208
14.2	Verwendete Internetquellen	211
15.	**Anhang**	215

Dank

Das vorliegende Lehrmittel ist im Rahmen des Forschungsprojekts «Bildung für einen suffizienten Lebensstil» entstanden, das 2017 bis 2020 am interdisziplinären Zentrum für Nachhaltige Entwicklung und Umwelt (CDE) der Universität Bern durchgeführt wurde.

Wir möchten der Stiftung Mercator einen besonderen Dank aussprechen für die finanzielle Unterstützung und die angenehme Zusammenarbeit. Ohne diese Stiftung, die wesentlich dazu beigetragen hat, das Thema Suffizienz in Gesellschaft und Forschung zu tragen, hätte dieses Buch nicht entstehen können. Ein weiterer Dank gilt dem CDE und den Arbeitskolleginnen und -kollegen für die interessanten und bereichernden Gespräche, die wir im Projektverlauf führen konnten.

Die Entwicklung des Bildungskonzepts und die Gestaltung der konkreten Unterrichtssequenzen erfolgten in engem Austausch mit Personen aus unterschiedlichen Wissenschafts- und Bildungsinstitutionenwurden. Unser Dank gilt unserer Expertengruppe – bestehend aus Gymnasiallehrpersonen, Didaktikerinnen und Didaktikern, Vertretenden von NGOs wie PUSCH, WWF oder Education 21 sowie Bildungsexpertinnen und -experten der Erziehungsdirektion und weiteren Institutionen. Wir danken allen für die anregenden, kritischen, originellen, theoretischen sowie praxisnahen, vor allem aber stets konstruktiven Vorschläge und Ideen. Wir hoffen, dass einige von ihnen von der gemeinsamen Arbeit profitieren und das Lehrmittel im Rahmen der eigenen Lehrtätigkeit im Unterricht einsetzen können.

Den Studierenden, den Berufsschülerinnen und -schülern sowie den Gymnasiastinnen und Gymnasiasten, die im Rahmen von Workshops Kostproben der von uns konzipierten Unterrichtssequenzen erleben und kritisch reflektieren durften, danken wir herzlich für ihre Neugierde und Offenheit, sich gemeinsam mit uns auf dieses Experiment einzulassen. Deren konstruktive Feedbacks waren inspirierend und eine Bereicherung für unsere weitere Arbeit.

Unser Bildungskonzept weckte zudem die Neugier von Lehrpersonen sowie Didaktikerinnen und Didaktikern, die sich schon seit geraumer Zeit mit Suffizienz und deren Bedeutung für das individuelle und gesellschaftliche Leben sowie mit der Frage, wie das Thema in Unterricht und Lehre integriert werden kann, auseinandersetzen. Der Einladung der PHBern sind wir sehr gerne gefolgt, um unser Konzept und dessen Umsetzungsideen angehenden Lehrpersonen vorzustellen. Ihnen und den Dozierenden der Veranstaltung – Marc Eyer und Robert Unteregger – möchten wir herzlich für die anregende Diskussion danken.

Adrian Camenzind (www.jackprojects.ch) danken wir herzlich für seine kreative Unterstützung bei allen graphischen Fragen, insbesondere für den Entwurf von Illustrationen und die Entwicklung der Icons unserer Methoden.

Schliesslich möchten wir dem HEP-Verlag für dessen kompetente Begleitung und unkomplizierte, herzliche Zusammenarbeit danken.

Bern, im September 2020,

        Kirstin Schild, Marion Leng, Mascha Jakob und Thomas Hammer

A
Theoretischer Teil

1. Einleitung

Der zunehmende globale Ressourcenverbrauch und die damit einhergehenden ökologischen und sozialen Probleme erhöhen die Dringlichkeit einer gesellschaftlichen Transformation hin zu mehr Nachhaltigkeit. Unser Ansatz basiert auf dem Konzept der starken Nachhaltigkeit,[1] welches der ökologischen Dimension eine Vorrangstellung vor der sozialen Dimension zuweist und die Aufgabe der Ökonomie darin sieht, den beiden anderen Dimensionen zu dienen. Da sich die herkömmlichen Nachhaltigkeitsstrategien der Effizienz und Konsistenz bis dato als nicht hinreichend erwiesen haben, sind weiterreichende Massnahmen notwendig, die zu ressourceneinsparenden Verhaltensweisen führen. Ausgangspunkt muss ein Bewusstseins- und Wertewandel sein. Diesbezüglich erachten wir eine starke Aufwertung der Suffizienzstrategie als unentbehrlich, denn sie sieht die Reduktion des Material- und Energieverbrauchs insbesondere durch eine Veränderung von Lebensstilen vor. Ein entsprechender Wandel im Sinne von «Genug genügt»[2] ist notwendig. Insofern fokussiert eine Bildung für einen suffizienten Lebensstil (BSL) die Ebene des Individuums und seines Lebensstils (Mikroebene), dies aber immer unter Berücksichtigung des Eingebundenseins in lokale (Mesoebene) bis globale (Makroebene) Kontexte.

Der Begriff «Suffizienz» (siehe Kapitel 2) ist abgeleitet vom lateinischen *sufficere*, was übersetzt werden kann mit *zu Gebote stehen, hinreichen, genug sein, imstande sein, vermögen.*

Wir verstehen unter Suffizienz diejenige Strategie nachhaltiger Entwicklung, die auf eine Veränderung der Handlungs- und Lebensweisen im Sinne der eingeschränkten Nutzung von natürlichen Ressourcen durch geringere Nachfrage vor allem nach ressourcenintensiven Gütern und Dienstleistungen abzielt. Angestrebt werden intra- und intergenerationelle Gerechtigkeit und ein gutes Leben für alle. Dies kann erreicht werden durch die Orientierung am rechten Mass (siehe Kapitel 2) beim Gebrauch und Verbrauch natürlicher Ressourcen. Wichtiger noch ist aber eine veränderte Auffassung von Wohlergehen, Lebensqualität und gutem Leben, die immateriellen vor materiellen Werten den Vorrang gibt. Insofern rückt eine Bildung für einen suffizienten Lebensstil nicht nur das gute Leben der Mitwelt in den Fokus, sondern will insbesondere auch das eigene gute Leben fördern. Um diesem Zusammenhang Rechnung zu tragen, sprechen wir im praktischen Teil des Lehrmittels (Teil B) auch von Bildung für ein gutes Leben in einer endlichen Welt, wobei sich der Begriff «endlich» auf die Endlichkeit natürlicher Ressourcen bezieht, die für das menschliche Leben zentral sind.

Um einen suffizienten Lebensstil zu fördern, wird in Wissenschaft und Praxis Bildung als wichtiger Zugang erachtet. An diesem Punkt haben wir angesetzt und untersucht, wie eine Bildungsarbeit aussehen kann, die Lernende und Lehrende für einen suffizienten Lebensstil sensibilisiert. Hilfreich ist dabei, dass der in der Schweiz im Schuljahr 2017/18 für den gymnasialen Bildungsgang eingeführte Lehrplan 17 fordert, nachhaltige Entwicklung als fächerübergreifendes Querschnittsthema in alle Unterrichtsfächer zu integrieren.[3]

Doch wie müssen wir uns eine BSL vorstellen? Das Lehrmittel zeigt auf, wie eine BSL in theoretischer und praktischer Hinsicht gestaltet sein könnte.

Gemäss unserer Definition zeichnet sich ein suffizienter Lebensstil durch einen geringeren Verbrauch natürlicher Ressourcen aus, der einhergeht mit einer Steigerung der Lebenszufriedenheit.

Eine Schwierigkeit, Menschen zu suffizientem Verhalten zu animieren, besteht laut Gerhard Scherhorn[4] in deren mangelndem Bewusstsein dessen, dass sie durch die Befriedigung gegenwärtiger Bedürfnisse die Befriedigung ihrer eigenen zukünftigen Bedürfnisse sowie auch die zukünftiger Generationen gefährden. Es stellt sich also die Frage, wie Menschen dazu motiviert werden können, mit gegenwärtigen Bedürfnissen zugunsten künftiger masszuhalten. Einen Weg sehen wir mit Scherhorn darin, die künftigen Bedürfnisse in gegenwärtige zu transformieren. Dies kann gelingen, wenn das abgeleitete gegenwärtige Bedürfnis als intrinsisches Motiv gesehen wird (z. B. die Sorge um die eigene Gesundheit und das Wohlergehen) oder wenn das suffiziente Verhalten selbst Freude bereitet.

Die Leitidee einer BSL liegt entsprechend darin, Vorstellungen von gutem Leben, die mit einem suffizienten Lebensstil kompatibel sind, zu thematisieren. Wenn es gelingt, die vorherrschenden Vorstellungen einer zwingenden Verbindung von materiellem Wohlstand und Lebenszufriedenheit zu dekonstruieren und immaterielle Zufriedenheitsquellen zu erschliessen, ist der Boden auch für umfassende Veränderungen auch auf der aktionalen Ebene bereitet (siehe dazu Kapitel 3). Dabei ist uns bewusst, dass mit einer BSL ein normatives Ziel verfolgt wird – nämlich die Lernenden für einen suffizienten Lebensstil zu sensibilisieren, zu motivieren und zu einem solchen zu befähigen. Zugleich wollen und müssen wir dem in einem modernen Bildungsverständnis geltenden Indoktrinations- und Manipulationsverbot Rechnung tragen. Sich in diesem Spannungsfeld immer wieder neu zu verorten, sehen wir als eine zentrale Aufgabe der Lehrperson an.

In der Bildungslandschaft wurde insbesondere im Rahmen der Diskussionen um Bildung für nachhaltige Entwicklung (BNE) (siehe Kapitel 2) eine grundlegende Vorarbeit für eine BSL geleistet, und dies schon seit einigen Jahrzehnten und auf internationaler Ebene. Die Ausgangspunkte bildeten die Diskussion um Kapitel 36 «Förderung der Bildung, der Bewusstseinsbildung und der Aus- und Fortbildung» der Agenda 21 für nachhaltige Entwicklung, die 1992 von der Generalversammlung der Vereinten Nationen verabschiedet wurde, sowie die Dekade für eine Bildung für nachhaltige Entwicklung der Vereinten Nationen 2005–2015. Spätestens im Rahmen des UNESCO-Weltaktionsprogramms (2014–2019)[5] ist die Relevanz einer BNE auch auf lokaler Ebene ins bildungspolitische Zentrum gerückt. Eines der zentralen Ziele des Programms lautet: «Politische Unterstützung, ganzheitliche Transformation von Lern- und Lehrumgebungen, Kompetenzentwicklung bei Lehrenden und Multiplikatoren, Stärkung und Mobilisierung der Jugend und Förderung nachhaltiger Entwicklung auf lokaler Ebene.»[6] Insbesondere die

Transformation von Lern- und Lehrumgebungen und die Mobilisierung der Jugend stellen auch zentrale Elemente einer BSL dar.

Eine BSL orientiert sich am normativen Leitbild einer nachhaltigen Entwicklung, verknüpft dabei jedoch das Prinzip der Suffizienz mit dem Thema des (eigenen) guten Lebens. Auf diese Weise beschreitet die BSL neue Wege. Es geht ihr darum, das «rechte Mass» innerhalb der planetaren Grenzen und unter Beachtung von intra- und intergenerationeller Gerechtigkeit zu finden und einzuhalten und so der weiteren Zerstörung natürlicher Ressourcen und damit auch der Lebensgrundlagen der Menschen entgegenzuwirken. Der Mensch soll sich dabei von einer einseitigen und nicht nachhaltigen Konsumorientierung emanzipieren, da diese nicht nur für ökologische, sondern auch für soziale Probleme wesentlich mitverantwortlich ist. Somit ist unser Konzept einer BSL in die Postwachstumsdiskussion eingebunden.

Aufgrund der Fokussierung individueller Lebensstile stehen bei einer BSL vor allem subjektive Theorien eines guten Lebens im Vordergrund. Diesen Theorien zufolge kann einzig das Individuum aus seiner Innenperspektive entscheiden, worin sein gutes Leben besteht. Subjektive Theorien nehmen somit Bezug auf individuelle Interessen, Wünsche, Motive und Bedürfnisse. Bei objektiven Theorien dagegen kann von aussen über das Gut-Sein eines Lebens geurteilt werden, beispielsweise auf der Grundlage der Ressourcenausstattung[7] bzw. der Fähigkeiten,[8] die, objektiv gesehen, für ein gutes Leben erforderlich sind.

Den Kern einer BSL bilden somit Fragen zur eigenen Identität und Lebensführung, wobei diese unter Beachtung der planetaren Grenzen und der Erhaltung der natürlichen Ressourcen diskutiert werden. Deshalb bezieht sich die hier konzipierte BSL neben BNE auf verschiedene weitere Ansätze, wie zum Beispiel das Unterrichtsfach Glück,[9] den Achtsamkeitsansatz,[10] die Förderung psychischer Ressourcen,[11] die Pädagogik der Lebenskunst,[12] das transformative Lernen,[13] inklusive der fünf Phasen des Lernens nach Martha Rogers und Allen Tough,[14] sowie auf didaktische Überlegungen zum Philosophie- und Ethikunterricht (siehe Kapitel 2).

Von den Grundlagen einer BSL wurde bisher allein BNE als Bildungskonzept ausgearbeitet und in Lehrpläne von Schulen integriert.[15] Entsprechend bestehen bei der BNE Anschlussmöglichkeiten für eine BSL.

Eine nachhaltige Entwicklung zu realisieren, ist eines der in der schweizerischen Bundesverfassung festgelegten Staatsziele. Entsprechend sollte sie auch im Bildungssystem verankert sein.[16] Der Massnahmenplan der Erziehungsdirektorenkonferenz (EDK)[17] fordert eine Implementierung von BNE in die sprachregionalen Lehrpläne.

Wenn auch im Bereich weiterführender Schulen auf Sekundarstufe II BNE-Bildungsziele nicht explizit verankert sind, bleiben diese als dem Fächerkanon übergeordnete Bildungsaufträge bestehen. Die Ziele der Bildung für eine nachhaltige Entwicklung finden sich beispielsweise in manchen kantonalen fachspezifischen Rahmenlehrplänen und in den Richtlinien zum interdisziplinären Arbeiten.

In Bezug auf Maturitätsschulen fokussiert bereits der Rahmenlehrplan der Maturitätsschulen aus dem Jahr 1994 in den unterschiedlichen Fächern Ziele, die für eine BSL grundlegend sind. Handlungsspielräume zu erkennen, sich eine eigene Meinung zu bilden und sich für das Leben kommender Generationen einzusetzen, sind einige der genannten Richtziele. Fächer wie z. B. Geschichte, Geografie und Philosophie weisen grundlegende Bezüge zu einer BSL auf; Anknüpfungspunkte lassen sich aber auch in den Bereichen Musik, Sport und Bildnerisches Gestalten finden.[18] Bei einer Erneuerung des Rahmenlehrplans ist davon auszugehen, dass dem Themenbereich «Nachhaltige Entwicklung» in der Ausarbeitung der Bildungsziele im gesamten Fächerkanon mehr Raum gegeben wird.

Das Lehrmittel beinhaltet Unterrichtsvorschläge für die Sekundarstufe II. In dieser Lebensphase nehmen die Handlungsoptionen der Lernenden markant zu: Die Möglichkeiten zu politischer Partizipation erweitern sich, die Kaufkraft wird grösser, durch ihre Konsumentscheide können die jungen Erwachsenen bereits einen wesentlichen Einfluss auf wirtschaftliche, gesellschaftliche und ökologische Entwicklungen nehmen. Kommt hinzu, dass in dieser Altersphase Fragen nach dem Sinn des Lebens, der eigenen Identität und dem Platz in der Welt von zentraler Bedeutung sind. Dies alles spricht dafür, insbesondere in diesem Alter Fragen des guten Lebens zu thematisieren. Damit wird zur Reflexion der eigenen Werte und Einstellungen angeregt und zur Neu- und Weiterentwicklung von Werten und Kompetenzen beigetragen. Diese bilden wesentliche Grundlagen für einen suffizienten Lebensstil.

Das Lehrmittel ist als Handbuch für Lehrpersonen konzipiert. Es enthält sowohl die theoretischen Grundlagen einer BSL als auch konkrete Vorschläge zur Unterrichtsgestaltung für ausgewählte Themen. Materialien für die Lernenden (Arbeitsblätter) werden online zur Verfügung gestellt.

Das Lehrmittel lässt sich vielfältig einsetzen: innerhalb des normalen Fachunterrichts, des fächerübergreifenden Unterrichts bis hin zu Projektunterricht oder Blockwochen. Das Grundlagenmodul ist verbindlich. Die sechs Themenmodule dagegen bauen nicht aufeinander auf und sind daher einzeln wähl- und frei kombinierbar.

Das Lehrmittel beginnt mit einem Überblick über die verschiedenen Ansätze, aus denen sich eine BSL speist (Kapitel 2). Darauf folgt eine Darlegung und Begründung der Bildungsziele einer BSL und daraus abgeleitet der relevanten Kompetenzen (Kapitel 3). In Kapitel 4 werden wesentliche Aspekte einer geeigneten Lernumgebung und adäquate Formen der Beurteilung im Rahmen einer BSL vorgestellt und Ideen für interdisziplinäre Projekte entwickelt. Der praktische Teil (B) beginnt mit einem Überblick über die verschiedenen Unterrichtsvorschläge zu Lebensstilbereichen wie z. B. Mobilität, Konsum, Ernährung (Kapitel 5). Im Anschluss folgen die konkreten Unterrichtsvorschläge (Kapitel 6 bis 12). Kapitel 13 bietet eine Abschlussbetrachtung und einen Ausblick.

Anmerkungen

1. Vgl. Ott & Döring 2008.
2. Vgl. Leng, Schild & Hofmann 2016.
3. Unter Punkt 1 «Profil, Ziele und Anforderungen des gymnasialen Bildungsgangs» des Lehrplans 17 wird gefordert, dass sich die SchülerInnen «mit den Zielkonflikten zwischen den Ansprüchen von Umwelt, Wirtschaft und Gesellschaft (befassen) und [...] ein grundlegendes Verständnis von nachhaltiger Entwicklung erwerben». Lehrplan 17, S. 6f.
4. Vgl. Scherhorn 2002a.
5. Deutsche UNESCO-Kommission: UNESCO-Weltaktionsprogramm Bildung für nachhaltige Entwicklung. https://www.bne-portal.de/de/einstieg/bildungsbereiche/schule (Zugriff: 20.6.2018).
6. Deutsche UNESCO-Kommission e. V. (DUK) (2014).
7. Vgl. Rawls 2010.
8. Vgl. Nussbaum & Sen 2006.
9. Vgl. Fritz-Schubert 2010.
10. BiNKA s. dazu Kapitel 2 in Kaltwasser 2016; Kabat-Zinn 2011.
11. Vgl. Hunecke 2013.
12. Vgl. Schmid 1998.
13. Vgl. Mezirow 1997, 2000.
14. Vgl. Rogers & Tough 1996.
15. Zwar wurde auch das Unterrichtsfach Glück als Bildungskonzept ausgearbeitet, jedoch nur in einzelnen Schulen verschiedener Länder umgesetzt, in der Schweiz beispielsweise am Theresianum Ingenbohl im Rahmen eines Pilots, der mittlerweile abgeschlossen ist, jedoch nicht zu einer Integration des Schulfachs Glück ins Curriculum geführt hat.
16. www.education21.ch/de/home (Zugriff: 25.10.2018).
17. Vgl. Erziehungsdirektion des Kantons Bern EDK (2007).
18. Weitere Informationen für fächerübergreifendes Arbeiten finden sich in Kapitel 4.

2. Grundlagen einer Bildung für einen suffizienten Lebensstil

2.1 Inhaltliche Grundlagen
2.1.1 Suffizienz
2.1.2 Das rechte Mass
2.1.3 Suffizienter Lebensstil
2.1.4 Gutes Leben

2.2 Suffizienzkompatible Konzepte eines guten Lebens
2.2.1 Verschiedene Ansätze der Glücksforschung
2.2.2 Alternative Wohlstandskonzepte
2.2.3 Resonanz
2.2.4 Haben und Sein

2.3 Didaktische Ansätze und Konzepte einer Bildung für einen suffizienten Lebensstil
2.3.1 Bildung für eine nachhaltige Entwicklung (BNE)
2.3.2 Transformatives Lernen
2.3.3 Fünf Phasen des Lernens nach Rogers und Tough
2.3.4 Bildung für nachhaltigen Konsum durch Achtsamkeitstraining (BiNKA)
2.3.5 Unterrichtsfach Glück
2.3.6 Pädagogik der Lebenskunst
2.3.7 Didaktiken der Philosophie und Ethik
2.3.8 Konzept psychischer Ressourcen nach Hunecke

In diesem Kapitel werden die verschiedenen Grundlagen vorgestellt, die wir für die Konzeption einer BSL beigezogen haben. Das erste Unterkapitel leitet eine BSL her (Erläuterung zentraler Begrifflichkeiten) und klärt somit deren inhaltliche Grundlagen. Das zweite Unterkapitel bietet einen Überblick über die Konzepte von gutem Leben, die mit einem suffizienten Lebensstil kompatibel sind. Das dritte Kapitel erläutert die didaktischen Ansätze und Konzepte, an denen wir uns orientieren. Dabei wird deren Beitrag zu einer BSL hergeleitet und ihre Verwendung im Rahmen einer BSL dargelegt.

2.1   Inhaltliche Grundlagen

2.1.1   Suffizienz

Das lateinische *sufficere* bedeutet *zu Gebote stehen, hinreichen, genug sein, imstande sein, vermögen*. Dies macht deutlich, dass bei Suffizienz nicht Verzicht im Vordergrund steht, sondern die Frage nach dem «Genug» bzw. dem rechten Mass.

Bei Suffizienz handelt es sich neben Effizienz und Konsistenz um eine der drei Strategien nachhaltiger Entwicklung. Während Effizienz und Konsistenz vor allem auf eine Veränderung der Energie- und Materialbeschaffenheit insbesondere durch technische Mittel abzielen, fokussiert Suffizienz das menschliche Verhalten. Nach Oliver Stengel zielt die Suffizienzstrategie darauf, «dass Menschen ihr Verhalten ohne Zwang verändern und Praktiken, die Ressourcen übermässig verbrauchen, einschränken oder ersetzen. Sie bemüht sich um einen genügsamen, umweltverträglichen Verbrauch von Energie und Materie durch eine geringe Nachfrage ressourcenintensiver Güter und Dienstleistungen. Die Suffizienzstrategie ist primär [...] auf die Reduktion des *Volumens* benötigter Material- und Energiemengen durch eine Veränderung von Lebens- und Konsumstilen fixiert.»[19]

Manfred Linz unterscheidet bei Suffizienz zwischen einem engeren und einem weiteren Verständnis: «Im engeren Verständnis [...] richtet [sie] sich auf den Minderverbrauch von Ressourcen und ist damit quantitativ ausgerichtet. Das weitere Verständnis richtet sich auf einen neuen Sinn von Wohlstand und auf den kulturellen Wandel, der eine Voraussetzung wie sein Ergebnis ist. Beide Arten von Suffizienz sind für die ökologische und soziale Zukunftsfähigkeit unentbehrlich. Dabei ist das engere Verständnis auf das weitere angewiesen, weil der Minderverbrauch, global gesehen, ohne einen Wandel der Lebens- und Wirtschaftsweise nicht ausreichen wird.»[20]

Nach Wolfgang Sachs umfasst Suffizienz die folgenden vier Bereiche: Entschleunigung, Entflechtung, Entkommerzialisierung und Entrümpelung.[21] Im Zusammenhang mit «Entschleunigung» weist er auf die negativen Auswirkungen einer insgesamt an Schnelligkeit orientierten Lebensweise auf menschliche Befindlichkeiten hin und plädiert für eine allgemeine Entschleunigung. Das Ziel ist, sich Alltagssituationen aufmerksamer und grosszügiger zu stellen. «Der Geschmack für Gemächlichkeit bildet sich aus in der Liebe zur Gegenwart, Intensität führt von selbst zur Verlangsamung.»[22] «Entflechtung» meint die Reduktion weiter Transportwege zugunsten einer vermehrten

Schliessung wirtschaftlicher und ökologischer Kreisläufe auf regionaler und lokaler Ebene. «Entkommerzialisierung» bedeutet, sich von der Logik des Bruttoinlandprodukts (BIP) zu lösen und stattdessen insbesondere Subsistenzarbeiten aufzuwerten und entsprechend Ressourcen so einzusetzen, dass viele Dinge in Selbsttätigkeit erfolgen können. Der Begriff der «Entrümpelung» verweist auf eine einfache Lebensführung, die sich nicht in einer Überfülle von Besitztümern und Optionen verzettelt.

Wir verstehen Suffizienz also als diejenige Strategie nachhaltiger Entwicklung, die auf eine Veränderung der Handlungs- und Lebensweisen im Sinne der eingeschränkten Nutzung von natürlichen Ressourcen durch geringere Nachfrage vor allem nach ressourcenintensiven Gütern und Dienstleistungen abzielt und mit entsprechenden (nicht primär materialistischen) Vorstellungen von einem guten Leben für alle einhergeht.

2.1.2 Das rechte Mass

Das «rechte Mass» ist ein Begriff, der ursprünglich auf Aristoteles und dessen Mesotes-Lehre zurückgeht. Aristoteles spricht vom rechten Mass in Bezug auf die Tugenden und stellt fest, dass es ein Zuviel und ein Zuwenig gebe und beides nicht gut sei. Das Gute sei die Mitte.[23] Diese Mitte sei aber kein arithmetisches Mittel, sondern die subjektiv bestimmte Mitte,[24] die wiederum auf der Basis von Klugheit und Vernunft zu bestimmen sei.[25]

Im Kontext von Konsumverhalten wird in der Forschung versucht, das subjektiv empfundene rechte Masse anhand von Anspruchstheorien zu bestimmen. Die Theorie zum Anspruchsniveau stammt ursprünglich aus der psychologischen Motivationsforschung und wurde entwickelt zur Erklärung von individuellem Leistungsverhalten.[26] Auf das Konsumverhalten übertragen, liegt der subjektiv bestimmte Konsumanspruch zwischen dem Niveau, auf dem sich die Konsumentin oder der Konsument befindet, und dem Idealziel, von dem er oder sie sich den maximalen Nutzen erhofft. Das subjektiv rechte Mass im Hinblick auf Konsum bezeichnet also die gelungene Balance zwischen den individuellen Ansprüchen und der Anspruchserfüllung.

Im Nachhaltigkeitskontext orientiert sich die Bestimmung des objektiv rechten Masses an der Endlichkeit der natürlichen Ressourcen unter Berücksichtigung der Bedürfnisbefriedigung jetziger und zukünftiger Generationen.

Unser eigenes Verständnis vom rechten Mass orientiert sich sowohl an der objektiven Festlegung gemäss Nachhaltigkeitskriterien als auch an der subjektiven Zustimmung der Individuen, die aus unserer Sicht unerlässlich ist, dies, weil das rechte Mass beziehungsweise das, was jemand als genügend erachtet, gemäss unserem Verständnis von Suffizienz nicht von aussen vorgeschrieben werden kann, sondern vom Individuum selbst als gut akzeptiert werden muss.

2.1.3 Suffizienter Lebensstil

Wir definieren Lebensstile über drei Komponenten: Verhalten, Werthaltungen sowie Kompetenzen. Unter dem Begriff «Lebensstil» verstehen wir ein Muster verschiedener Verhaltensweisen, die gewisse formale Ähnlichkeiten und biografische Stabilität aufweisen, von anderen Personen identifiziert werden können, Ausdruck zugrunde liegender Orientierungen (Werthaltungen) sind und bestimmte Kompetenzen erfordern.[27]

Ein suffizienter Lebensstil ist eine Ausprägung eines nachhaltigen Lebensstils, die grundsätzlich weniger ressourcenintensiv als die durchschnittlich gepflegten Lebensstile der heutigen westlichen Welt ist. Bei einem suffizienten Lebensstil geht ein Weniger an Ressourcenverbrauch mit einem Mehr an Lebenszufriedenheit einher, das heisst, ein Lebensstil kann dann als suffizient bezeichnet werden, wenn ein reduzierter Ressourcenverbrauch von der jeweilgen Person nicht als Verzicht, sondern als Beitrag zu einem guten Leben für alle, auch für die Person selbst, erachtet wird.[28] Das bedeutet, dass sich eine Person sowohl auf der Ebene des Verhaltens als auch auf derjenigen der Werthaltungen an Suffizienzkriterien orientiert und gleichzeitig über die für einen suffizienten Lebensstil notwendigen Kompetenzen verfügt.

Suffizient leben heisst also, innerhalb der für eine nachhaltige Entwicklung vorgeschlagenen Ressourcenverbrauchsgrenzen (z.B. gemäss ökologischem Fussabdruck, 2000-Watt-Gesellschaft, planetaren Grenzen) und unter Berücksichtigung intra- und intergenerationeller Gerechtigkeit zu leben und dies als «rechtes Mass» für das eigene gute Leben zu empfinden.

2.1.4 Gutes Leben

Die Frage, was ein gutes Leben ist, beschäftigt Menschen seit jeher. Im wissenschaftlichen Kontext hat sich lange Zeit vor allem die Philosophie mit der Frage nach dem guten Leben beschäftigt. In der Philosophie der griechischen Antike war es das die zentrale Frage überhaupt. Suffizienzprinzipien wie dasjenige der Suche nach dem rechten Mass waren in diesen alten Konzepten immer schon enthalten.

Aufgrund der Pluralisierung der Werte in modernen westlichen Gesellschaften hat sich in der philosophischen beziehungsweise ethischen[29] Debatte der Fokus von einer inhaltlichen auf eine mehr formale Ebene verschoben. Zunehmend wird diskutiert, wie die verschiedenen Theorien über das gute Leben kategorisiert werden oder was formale Kriterien eines guten Lebens sein könnten.

Üblicherweise wird bei Theorien guten Lebens zwischen *subjektiven* und *objektiven* Theorien unterschieden. Objektive Theorien fragen danach, was intrinsisch gut ist, unabhängig von individuellen Einstellungen, Interessen und Wünschen, beziehungsweise, welche Bedingungen gegeben sein müssen, damit Menschen ihre individuellen Konzepte guten Lebens realisieren können. Meistens gehen objektive Theorien mit Listen von Grundgütern oder Fähigkeiten[30] einher. Auf dieser Basis kann von aussen über das Gut-Sein eines Lebens entschieden werden.

Im Gegensatz dazu sind subjektive Theorien guten Lebens *subjektrelativ*. Das bedeutet, dass einzig das Subjekt entscheiden kann, ob sein Leben gut ist oder nicht. Subjektive Theorien nehmen Bezug auf die individuellen Interessen, Wünsche, Motive und Bedürfnisse von Personen. Dabei wird unterschieden zwischen einem einfachen und einem aufgeklärten Subjektivismus. Letzterer geht nicht einfach von beispielsweise bestehenden Wünschen aus, sondern fragt, wie diese zustande gekommen sind. Als Bedingung guten Lebens gilt dann nur die Erfüllung von Wünschen, die in aufgeklärter Weise entstanden sind.[31]

Daneben werden subjektive Theorien in Präferenz- oder Wunschtheorien und hedonistische Theorien unterteilt.[32] Präferenz- oder Wunschtheorien erachten ein Leben dann als gut, wenn viele oder die wichtigsten der individuellen Präferenzen oder Wünsche erfüllt sind. Welche Arten von Präferenzen und Wünschen dabei infrage kommen (z.B. aufgeklärte oder mehr unmittelbare), wie eine Priorisierung der Präferenzen und Wünsche vorgenommen werden kann, wie viele davon bis zu welchem Grade erfüllt sein müssen, damit von einem Leben als gutem gesprochen werden kann, sind Fragen, die von den einzelnen Theorien differenzierter behandelt oder aber dem Individuum in der Praxis überlassen werden. Hedonistische Theorien sehen das Empfinden von angenehmen Zuständen als entscheidenden Faktor eines guten Lebens an. Um welche Arten von Lustzuständen es sich dabei handelt, ist wiederum theorieabhängig.

Wir gehen von einem subjektiven Ansatz aus, da uns interessiert, wie Individuen die Qualität ihres Lebens inhaltlich bestimmen und beurteilen. Dabei geben wir bewusst keine inhaltliche Definition guten Lebens vor. Es gilt vielmehr zu erkennen, welche Aspekte des Lebens in welcher Hinsicht dazu beitragen, dass ein Leben als gut empfunden wird. Berücksichtigt werden so unterschiedliche Faktoren wie die Gefühlsdimension, die Sinnhaftigkeit des individuellen Handelns, die Zufriedenheit im Sinne einer allgemeinen Einstellung sowie Kombinationen dieser Aspekte.

2.2 Suffizienzkompatible Konzepte eines guten Lebens

Im Folgenden werden einige Konzepte von gutem Leben vorgestellt, die sich gut mit einem suffizienten Lebensstil verbinden lassen. Dabei wird zuerst auf einige Erkenntnisse aus der empirischen Glücksforschung eingegangen, die unsere These stützen, wonach ein suffizienter Lebensstil ein gutes Leben befördert. Anschliessend werden die Konzepte des Zeit-, Raum- und Beziehungswohlstands vorgestellt, die als eine ressourcenschonendere Ergänzung oder gar Alternative zum Güterwohlstand angesehen werden können, sowie die Resonanztheorie von Hartmut Rosa. Zum Schluss folgen einige Überlegungen zu Haben und Sein von Erich Fromm und Jens Förster.

2.2.1 Verschiedene Ansätze der Glücksforschung

Zunehmend wird von Ökonominnen und Ökonomen, Freizeitforschenden und Werbefachpersonen prognostiziert, eine einseitige Fokussierung auf materielle Werte allein sei «aus ökonomischen wie aus ökologischen Gründen für die hoch entwickelten Länder auf Dauer weder möglich noch wünschenswert».[33] Insbesondere nach der Veröffentlichung des Berichts «Grenzen des Wachstums» von Dennis Meadows et al. an den «Club of Rome» 1972, der darauf hinwies, dass der materielle Reichtum der «entwickelten» Länder nicht auf alle Menschen der Erde ausgedehnt werden könne, ohne den Planeten dauerhaft zu schädigen, wurde der Ruf nach anderen Konzepten von Wohlstand, die sich nicht allein auf materielle Werte beziehen, immer lauter.

Spätestens seit Beginn der 2000er-Jahre wird der Zusammenhang zwischen Glück und materiellem Konsum in der Forschung zunehmend analysiert und die lange Zeit vorherrschende These, dass zunehmender materieller Wohlstand auch zu mehr Glück führe, kritisch unter die Lupe genommen. So zeigen etwa Ergebnisse der Zufriedenheitsforschung, dass sich seit den 1970er-Jahren in den OECD-Staaten die wahrgenommene Lebensqualität und die Entwicklung des Wirtschaftswachstums entkoppelt haben.[34]

Es gibt viele Untersuchungen zu den Gründen, warum die Menschen im Globalen Norden trotz stets steigendem durchschnittlichem Einkommen und damit zunehmenden Konsummöglichkeiten nicht glücklicher werden.[35]

Der Psychologe Tim Kasser z.B. sieht im Materialismus eine Ursache von Unzufriedenheit und Unsicherheit. Er untersucht dessen Auswirkungen auf die psychische Gesundheit des Menschen und auch umgekehrt, inwiefern sich bestimmte Persönlichkeitsmerkmale wie ein geringes Selbstwertgefühl in Konsumhandlungen manifestieren, mit dem Ziel, dadurch das empfundene Defizit zu kompensieren.[36] Deutlich wird, dass Menschen, die Besitz und Reichtum einen sehr hohen Wert beimessen, ein geringeres psychisches Wohlbefinden haben als solche, denen immaterielle Werte wichtiger sind.[37]

Bei der Analyse des oben geschilderten «Glücksparadoxons» identifiziert Mathias Binswanger vier Tretmühleneffekte: die Statustretmühle, die Anspruchstretmühle, die Multioptionstretmühle und die Zeitspartretmühle. Er spricht von «Tretmühlen», weil es sich um einen Prozess handelt, der kein Ausruhen erlaubt, sondern einen zwingt, ständig grössere Anstrengungen zu unternehmen, nur um den Status quo zu erhalten.[38]

So beschreibt etwa die *Statustretmühle* die endlose Jagd danach, mehr zu haben als die anderen im eigenen Umfeld.[39] Die *Anspruchstretmühle*[40] wird genährt durch die mit dem Wohlstand ansteigenden Ansprüche. Die *Multioptionstretmühle*[41] beschreibt die Qual der Wahl, der wir im Alltag permanent ausgesetzt sind, und die Angst davor, die falsche Wahl zu treffen. Und die *Zeitspartretmühle*[42] beschreibt das Phänomen, dass wir etwa durch die Digitalisierung zwar Zeit einsparen, diese aber mit umso mehr Aktivitäten füllen, was sich als Stressempfinden niederschlägt.

Binswanger deutet die vier Tretmühlen als das Ergebnis von kollektiv irrationalem Verhalten, das zu einem festen Bestandteil unseres Sozialverhaltens geworden sei.[43] Stattdessen müsste es aber das Ziel der Menschen sein, die optimale Balance zwischen Zeit und Geld zu finden, damit ein möglichst glückliches Leben geführt werden könne.[44]

Einen Grund dafür, weshalb dies oftmals nicht gelingt, sieht Binswanger im gegenwärtigen Wirtschaftssystem, das auf beständiges Wachstum ausgerichtet ist und die Tretmühlen am Laufen hält.

Die vier Tretmühlen sind wesentliche Träger des Systems: «Gäbe es keine Statustretmühle, dann würden die Menschen viel weniger Geld für teure Statusgüter ausgeben. Gäbe es keine Anspruchstretmühle, dann würden die Menschen nicht ständig Geld für materielle Güter ausgeben, an denen sie nach kürzester Zeit die Freude verlieren. Gäbe es keine Multioptionstretmühle, dann würden die Menschen den Konsum auf ein paar wenige Produkte beschränken, deren Märkte meist längst gesättigt sind. Gäbe es keine Zeitspartretmühle, dann würden die Menschen einfach damit anfangen, ihre Freizeit zu geniessen, statt immer wieder Geld für neue zeitsparende Lösungen auszugeben.»[45] Oder in den Worten eines unbekannten Unternehmers: «If people don't consume as much and work so hard, the economy will collapse.»[46] Binswanger sieht im Wachstum jedoch auch wichtige Vorteile für die Gesellschaft (u.a. Rentenabsicherung)[47] und plädiert daher für ein Wachstum, bei dem die Tretmühleneffekte möglichst gering sind.

Kasser erachtet vier Bedürfnisbereiche als grundlegend für die Lebenszufriedenheit und -qualität und plädiert dafür, diese zu fördern, um aus der «materialistic treadmill»[48] herauszukommen. Diese Bedürfnisse sind Sicherheit und Sicherstellung der Lebensgrundlagen; Kompetenz, Selbstwirksamkeit und Selbstwertgefühl; Verbundenheit; Autonomie und Authentizität.[49] Sind sie erfüllt, steige die Lebenszufriedenheit, wenn nicht, würde sie sinken.

2.2.2 Alternative Wohlstandskonzepte

Die Erkenntnis, dass das Streben nach immer mehr Konsumgütern in zunehmendem Masse in Konkurrenz zu den Bedürfnissen nach angemessener *Zeit*, angemessenem *Raum* und gelingenden sozialen *Beziehungen* tritt, hat das Verständnis von dem, was Wohlstand ausmacht – dieser wurde lange Zeit nur als materieller Güterwohlstand interpretiert, auf die Gütermenge reduziert[50] und unmittelbar mit dem BIP in Verbindung gebracht –, wesentlich erweitert.[51]

Zeitwohlstand

Das Konzept des Zeitwohlstands bietet eine solche Möglichkeit eines erweiterten bzw. alternativen Begriffsverständnisses. Gemäss Jürgen Rinderspacher, der den Begriff des Zeitwohlstands prägte, haben die Menschen, vereinfacht gesagt, in den vergangenen Epochen über «relativ viel Zeit und wenig Güter verfügt».[52] In den modernen industrialisierten Nationen hat sich dieses Verhältnis in sein Gegenteil verkehrt: Die Menschen verfügen heute über eine noch nie da gewesene Menge an Gütern, leiden jedoch subjektiv unter dem Gefühl, zu wenig Zeit zu haben, dies, obwohl sich, objektiv gesehen, mit der gesteigerten Produktivität der industriellen Anlagen auch die Erwerbsarbeitszeit massiv verkürzt hat.

Mit der Zunahme der wirtschaftlichen Leistungsfähigkeit einer Gesellschaft wird die Zeit immer wertvoller, zugleich nimmt der Druck zu, jede verfügbare Zeiteinheit für produktive Zwecke einzusetzen. Auf individueller Ebene sei dies einer der Hauptgründe für das subjektive Gefühl beständiger Zeitknappheit. Auch in der Freizeit solle jede Minute sinnvoll, d.h. möglichst der Zufriedenheit und dem Genuss dienend, eingesetzt werden.[53]

Beim Zeitwohlstand geht es um die Möglichkeit von «praktizierter Zeitsouveränität»,[54] die sich aus einem Postulat der Freiheit als übergeordnetem Wert, d.h. als unverhandelbarem Selbstzweck, speist. Zeitwohlstand stellt zudem das «Primat der Zeitbedürfnisse der Menschen gegenüber den Ansprüchen der Ökonomie»[55] dar.

Nach Binswanger ist nicht nur die Quantität von Zeit, die einem zur freien Verfügung steht, sondern vor allem deren Qualität entscheidend. Dies bedeutet, dass es für einen echten Zeitwohlstand wichtig ist, wann, wo, wie schnell, wie lange bzw. in welchem Rhythmus man etwas tut. Binswanger kritisiert, dass traditionelle Zeitabläufe und natürliche Rhythmen, die früher das Leben der Menschen bestimmten, nicht mehr beachtet würden, sondern dass vielmehr geradezu alles zu jeder beliebigen Zeit gemacht werden könne – von der Tageszeit sowie auch von der Jahreszeit her.[56] Eine Gegenbewegung drückt der Begriff der «Ökologie der Zeit» aus, die zum Ziel hat, die Verwendung von Zeit wieder in Einklang mit biologischen, sozialen und natürlichen Rhythmen zu bringen.[57] Bei diesem Verständnis von Zeitwohlstand geht es somit darum, Zeitstrukturen zu schaffen, die den menschlichen Bedürfnissen entsprechen, sodass jeder seinen individuell optimalen Rhythmus leben kann.[58]

Nach Schmid stellt ein sinnvoller Gebrauch der Zeit eine grundlegende Technik der Lebenskunst dar. Dabei gehe es darum, eine bewusste Zeitnutzung zu kultivieren, um «die existentielle Zeit zu nutzen und sie nicht im blossen *Verbrauch* zu verlieren, nicht dem Diktat einer herrschenden Auffassung von Zeit nur zu folgen, sondern sich die Zeit selbst anzueignen [...].»[59] Bereits Seneca sprach von der Notwendigkeit, die eigene Lebenszeit als kostbare Ressource anzusehen, mit der sorgsam umgegangen werden müsse.[60]

«Alle Kunst im Umgang mit der Zeit zielt darauf, diese Augenblicke zu erzeugen und das Selbst im entscheidenden Moment frei sein zu lassen dafür, um auch in einer erneuerten Lebenskunst die antike Lebenskunstformel zu bewahren: ‹Pflücke den Tag, geniesse den Tag (*carpe diem*) [...]›.»[61]

Raumwohlstand

Raumwohlstand ist gegeben, «wenn es genug Raum zum Atmen, Gehen, Fahren, Spielen, Wohnen gibt und wenn der Raum zuträglich und bekömmlich ist: Luft, Wasser, Boden, öffentliche und private Räume frei von Schadstoffen, Lärm, Verwüstung, Überfüllung»,[62] also ein persönliches Wohlbefinden und Wohlergehen in einem geografischen Raum.

Scherhorn untersuchte die Relation von Güter- und Raumwohlstand in Bezug auf das Wohlbefinden und stellte fest, dass der Raumwohlstand durch die Zunahme der Gütermenge bis zu einem gewissen Punkt gefördert, danach aber sowohl durch die Produktion (Emission, Raubbau) als auch durch den Gebrauch (Überfüllung, Lärm) und die Entsorgung (Abfall, Verschmutzung) der Güter beeinträchtigt wird.[63] Er führt dies darauf zurück, dass bei der Vermehrung der Gütermenge die Substanz des Raumwohlstands aufgezehrt wird. Die Verschlechterung des Raumwohlstands hängt somit mit der Steigerung der Gütermenge zusammen. Raumwohlstand und die ökologische Nachhaltigkeitsdimension werden daher als zusammenhängend erachtet.

Beziehungswohlstand
Unter Beziehungswohlstand verstehen wir gelingende Beziehungen und Gemeinschaften. Das Ziel des Beziehungswohlstands besteht somit darin, soziale Kontexte zu schaffen, die ein gelingendes Leben wahrscheinlicher machen. Der Beziehungswohlstand kann als eng mit der sozialen Dimension verknüpft gesehen werden.

Für eine hohe Lebensqualität und psychische Gesundheit sind gute persönliche Beziehungen und die Möglichkeit, sich in eine Gemeinschaft einzubringen, von grundlegender Bedeutung.[64] Nach Kasser[65] hängt die psychische Gesundheit wesentlich davon ab, ob man sich verbunden fühlt mit anderen Menschen und ob man Unterstützung, Sorge und Liebe von anderen erfährt und auch selbst geben kann. Personen, für die materielle Werte wie Reichtum, Erfolg, Status und Image von hoher Bedeutung sind, verfügen nach Kasser über weniger gute Beziehungen als solche, denen immaterielle Werte wichtiger sind.[66] Dies kann darauf zurückgeführt werden, dass eher materiell orientierte Menschen weniger in die Pflege und Intensivierung von guten Beziehungen investieren, sondern ihre Zeit für den Ausbau ihrer materiellen Güter nutzen. Anstatt freie Zeit für das Zusammensein mit der Lebenspartnerin oder dem Lebenspartner, den Kindern oder Freunden zu verbringen, wird konsumiert oder Erwerbstätigkeiten nachgegangen. Insofern können materielle Werte die Bedürfnisse nach Intimität und Verbundenheit unterhöhlen. Für ein gelingendes und gutes Leben ist es daher grundlegend, gute und intensive Beziehungen zu haben.

2.2.3 Resonanz

Unter Resonanz versteht Hartmut Rosa ein «spezifisch kognitives, affektives und leibliches Weltverhältnis, bei dem Subjekte auf der einen Seite durch einen bestimmten Weltausschnitt berührt und bisweilen in ihrer neuronalen Basis «erschüttert» werden, bei dem sie aber auf der anderen Seite auch selbst «antwortend», handelnd und einwirkend auf die Welt bezogen sind und sich als wirksam erfahren. Er spricht auch von einem «‹vibrierenden Draht› zwischen Subjekt und Welt»,[67] der in beide Richtungen schwingt: Das Subjekt entwickelt intrinsische, tendenziell handlungsorientierte, öffnende Interessen in die Welt hinaus und wird von der Welt affiziert und in Schwingung versetzt.

Die Doppelbewegung des Drahtes lässt sich nach Rosa gut veranschaulichen, wenn man sich die leibliche Seite bewusst mache: So gehen Gefühle der Freude und Entspannung beispielsweise mit einer tieferen Atmung einher, während unter Spannung oder Angst vorwiegend oberflächlich geatmet wird.[68] Dies bedeutet aber nicht, dass Resonanz mit einem angenehmen Gefühlszustand gleichgesetzt werden könne. Auch negative Emotionen wie Trauer oder Einsamkeit können Resonanzerfahrungen hervorrufen.

Nach Rosa werden sowohl das Subjekt als auch die Welt durch ihr gegenseitiges Aufeinander-bezogen-Sein erst geformt bzw. konstruiert. Ein Subjekt steht der Welt also nicht gegenüber, sondern findet sich immer schon in ihr vor. Nicht nur die Welthaltungen und Einstellungen von Subjekten sind individuell und kulturell relativ, sondern auch, was sich als Welt zeigt.

Man kann also von einer der Subjekt-Welt-Trennung vorgelagerten Grundbezogenheit als Ursprung von Welterfahrung sprechen. Insofern bildet Resonanz ein Anfangsgeschehen und nicht etwas, was sich zwischen einem seiner selbst bewusst gewordenen Subjekt und einer in sich abgeschlossenen Welt ereignet.

Empirische Grundlagen

Das Bedürfnis nach Resonanz ist nach Rosa in der biologischen Natur des Menschen verankert. So zeigt beispielsweise die Empathie-Forschung, dass die bereits bei sehr jungen Kindern beobachtete Fähigkeit, sich in andere hineinzuversetzen, eine Voraussetzung für die kognitive und die epistemische Entwicklung darstellt.[69]

Ergebnisse im Bereich der Hirnforschung[70] sowie der Spiegelneuronen-Forschung[71] deuten auf eine neuronale Basis für die menschliche Resonanzfähigkeit hin. Nach Rosa entwickeln sich Weltbeziehungen (kognitiver, affektiver und leiblicher Art) erst über Resonanzprozesse. Dies hängt mit der Annahme zusammen, dass menschliche Subjektivität aus Intersubjektivität entsteht. So entwickle ein Kleinkind einen Sinn für das eigene Selbst über Resonanzprozesse, wie etwa das Lächeln oder den Blick der Eltern. Die Subjektentwicklung vollzieht sich nach Rosa in einem «dichten, interaktiven Resonanzfeld, aus dem heraus sich die Einsozialisation in die Welt und die Entwicklung der Sprach- und Gefühlsfähigkeit entfalten.»[72] Doch nicht nur in der frühkindlichen Entwicklung, sondern auch später noch sind Menschen auf ein Resonanzfeld existentiell angewiesen, und der Verlust eines solchen ist mit massivem physischem und psychischem Leid verbunden.

Resonanz und das gute Leben

Resonanz stellt nach Rosa ein gleichzeitig deskriptives und normatives Konzept dar. Zum einen sei sie als ein menschliches Grundbedürfnis bzw. eine Grundfähigkeit zu verstehen. Als normativ zeige sich das Konzept dort, wo es als Massstab für ein gelingendes Leben und somit als Kriterium zur Beurteilung von institutionalisierten und habitualisierten Weltverhältnissen fungiere. Dabei müssten aber nicht alle Welterfahrungen von Resonanz geprägt sein. Verdinglichende Verhältnisse, wie sie beispielsweise in Wissenschaft, Technik, Recht oder Ökonomie herrschen, sind für die Sicherung der Lebensqualität von zentraler Bedeutung und somit auch für die Etablierung, Sicherung und Reproduktion von Resonanzachsen. Zum einen bedingt Resonanz eine gewisse Ressourcenausstattung, und zum anderen sind Resonanzerfahrungen nur in einer Welt, die uns auch stumm und fremd erscheint, möglich. Für ein gelingendes Leben stehen also weniger die einzelnen Resonanzerfahrungen im Vordergrund als vielmehr die Bedingungen für die Etablierung stabiler Resonanzachsen. Resonanzachsen bilden sich da, wo sich zwischen einem Subjekt und einem Weltausschnitt «eine Form der Bezugnahme etabliert und stabilisiert, die solche Erfahrungen immer wieder möglich macht»,[73] was zu einer «*existentiellen* Resonanzgewissheit»[74] führt. Resonanzachsen bilden sich vorwiegend in kulturell etablierten Resonanzräumen, zu denen in der Moderne insbesondere die Familie, die Arbeit, Religion, Kultur und Natur zählen.

2.2.4 Haben und Sein

In seiner empirischen psychologischen und soziologischen Analyse identifizierte der Sozialpsychologe und Psychoanalytiker Erich Fromm die beiden Konzepte Haben und Sein (1976) als zwei gegensätzliche Möglichkeiten der menschlichen Natur.[75]

Dabei unterscheidet er zwei Habenformen – das charakterbedingte Haben und das funktionale Haben. Während er Ersteres als nicht angeborenen Trieb, sich Dinge anzueignen und zu behalten, sieht, der sich erst gesellschaftlich entwickelt hat, sieht er im funktionalen Haben den Ausdruck der Aneignung von Dingen, die für das Überleben notwendig sind (vor allem Nahrung, Kleidung, Wohnung). Das Streben danach sei angeboren und rational. Fromm kritisiert deshalb insbesondere die Formen charakterbedingten Habens.

In der Haltung des Habens definiert der Mensch sich über das, was er hat, seinen Besitz. Er ist bemüht, alles, was ihn umgibt, zu seinem Besitz zu machen, inklusive Partner oder Partnerin, Kinder und Freunde. Kontrolle über seine Besitztümer ist ihm sehr wichtig, denn deren Verlust tangiert seine Identität. Demzufolge sieht Fromm Habgier als natürliche Folge der Habenorientierung. Die Haltung des Habens entfremdet den Einzelnen aber nicht nur von der Gesellschaft, sondern auch von sich selbst. Dadurch wird dieser (psychisch) krank, und seine Lebenszufriedenheit sinkt. Konsumieren ist nach Fromm die wichtigste Form des Habens in der heutigen Gesellschaft des Globalen Nordens. Konsumieren verringert zwar einerseits Angstgefühle, da einem das Konsumierte nicht weggenommen werden kann, andererseits hört das einmal Konsumierte schnell auf, den Menschen zu befriedigen, sodass er immer mehr konsumieren muss.

In der Haltung des Seins definiert sich der Mensch über das, was er ist. Er ist ganz bei sich selbst und bei den anderen Menschen, seine Beziehungen sind lebendig und bringen sein Wesen zum Gedeihen (siehe auch das Konzept des Florishing).[76] Sein ist für Fromm «eine Existenzweise, in der man nichts hat und nichts zu haben begehrt, sondern voller Freude ist, seine Fähigkeiten produktiv nutzt und eins mit der Welt ist».[77] Unabhängigkeit, Freiheit und kritische Vernunft sind für Fromm die Bedingungen für die Existenzweise des Seins.

In der dominierenden Haltung des Habens sieht Fromm eine Ursache für die gesellschaftliche Krise seiner Zeit und fordert einen Wandel hin zu einer Existenzform des Seins. Er geht davon aus, dass nur mit einer Haltung des Seins individuell psychische Gesundheit und gesellschaftlicher Frieden und ein Leben im ökologischen Gleichgewicht erreicht werden kann.

Dazu erachtet er einen umfassenden Wandel der Charakterstruktur des Menschen als eine Grundvoraussetzung. Zudem fordert er eine Umkehrung des Verhältnisses Mensch–Wirtschaft dahingehend, dass die Wirtschaft den Bedürfnissen der Menschen dienen müsse und nicht umgekehrt. Nach Fromm fördert massloser Konsum die Passivität und ist Ausdruck einer inneren Flucht vor sich selbst. Auch das Ziel unbegrenzten wirtschaftlichen Wachstums müsse aufgegeben werden. Im Zentrum habe die Frage zu stehen, was gut sei für den Menschen, und nicht, was dem Wirtschaftswachstum diene. Die Beziehung zwischen Mensch und Natur müsse kooperativ werden und nicht länger auf Ausbeutung beruhen. Das Verhältnis der Menschen untereinander solle durch Solidarität und nicht durch Gegnerschaft gekennzeichnet sein. Das übergreifende Ziel der menschlichen Gesellschaft müsse das gute Leben aller und die Verhinderung von Leiden sein.

Mit Bezug auf Fromm entwickelte der Sozialpsychologe Jens Förster eine «selbstregulatorische Theorie vom Haben und Sein» (2015). Er unterscheidet Habenziele (HZ), die materielle Güter umfassen, und Seinsziele (SZ), die vordergründig nichts mit Materiellem zu tun haben, sowie die entsprechenden Haben- und Seinsmittel (HM bzw. SM).

Förster erarbeitet in seiner Theorie vier Persönlichkeitstypen:[78]
a) Haben, um zu haben (*Beispiel: Ich erwerbe Güter [HM], um reich zu sein [HZ].*)
b) Haben, um zu sein (*Beispiel: Ich erwerbe Güter [HM], um ein gutes Image zu haben [SZ].*)
c) Sein, um zu haben (*Beispiel: Ich lerne mehr über Achtsamkeit [SM], um mit dem Wissen mehr Geld zu haben [HZ].*)
d) Sein, um zu sein (*Beispiel: Ich lerne mehr über Achtsamkeit [SM], weil mich das in der Entwicklung meiner Persönlichkeit weiterbringt [SZ].*)

Haben- und Seinsmittel sind in dieser Theorie frei kombinierbar mit Haben- oder Seinszielen. Ziele können somit sowohl durch Habenmittel als auch durch Seinsmittel erreicht werden, sodass man sich für das eine oder andere entscheiden kann.[79]

In diesem Kapitel wurden Konzepte von gutem Leben vorgestellt, die sich mit einem suffizienten Lebensstil verbinden lassen. Im Folgenden geht es nun darum aufzuzeigen, aus welchen didaktischen Ansätzen und Konzepten sich eine BSL speist.

2.3 Didaktische Ansätze und Konzepte einer Bildung für einen suffizienten Lebensstil

2.3.1 Bildung für eine nachhaltige Entwicklung (BNE)

Kurzzusammenfassung

«Bildung für eine nachhaltige Entwicklung soll Menschen befähigen, sich verantwortlich und kreativ auf der Grundlage eines fundierten Wissens über komplexe Zukunftsfragen an der Gestaltung von Gegenwart und Zukunft im Sinne einer nachhaltigen Entwicklung zu beteiligen.»[80]

Dabei wird von einem Bildungsverständnis ausgegangen, das Bildung als einen aktiven und lebenslangen Prozess betrachtet, der zwar von jedem Individuum selbstbestimmt, selbst gesteuert und eigentätig geleistet wird, der jedoch immer in einem sozialen Austausch und in einem kulturellen Kontext stattfindet und dadurch geprägt wird.

Um das Ziel von BNE zu erreichen, sind Lernprozesse auf der Wissens-, Gefühls- und Handlungs- sowie auf der Metaebene von Bedeutung. Dabei geht es auf der ersten Ebene um die Aneignung von verfügbarem Wissen, auf der zweiten um eine differenzierte Wahrnehmung von Gefühlen und auf der dritten Ebene um die Erkenntnis von Handlungsoptionen und um die Bereitschaft, diese mithilfe vorgängiger Erfahrungen umzusetzen. Lernprozesse auf der Metaebene können die Reflexion über Denkweisen, Werte, Entscheidungen und die Konstruktion von Wissen befördern.

Insgesamt ist der Prozess darauf ausgerichtet, «sich in der Welt zurecht zu finden, gute Beziehungen aufzubauen, das eigene Leben zu gestalten und in der Gesellschaft Verantwortung zu übernehmen».[81]

Verwendung

Für die Konzipierung einer BSL nutzen wir das BNE-Konzept wegen seiner grundlegenden Orientierung an einer nachhaltigen Entwicklung. Dabei fokussieren wir zum einen das Kernelement des guten Lebens für alle jetzt und in Zukunft lebenden Menschen (anthropozentrische Sichtweise) und zum anderen Suffizienz als eine der drei Nachhaltigkeitsstrategien neben Effizienz und Konsistenz. In Bezug auf das Lehrende-Lernende-Verhältnis ist Partizipation ein wesentliches Anliegen, das im BNE-Konzept eine hohe Bedeutung hat. Dies bedeutet, dass die Lernenden von Anfang an in den Lernprozess einzubeziehen sind.

Bedingt durch unsere Fokussierung der Suffizienzstrategie, ist BSL inhaltlich zugespitzter als BNE. Im Gegensatz zu den beiden Nachhaltigkeitsstrategien Effizienz und Konsistenz steht bei der Suffizienz das Individuum mit seinen Werten und seinem Verhalten im Zentrum. Eine BSL richtet sich also an Individuen und will diese dazu befähigen, den eigenen Lebensstil hinsichtlich des Ressourcenverbrauchs zu reflektieren und sich an intra- und intergenerationeller Gerechtigkeit unter Beachtung der planetaren Grenzen zu orientieren. Des Weiteren zielt eine BSL darauf ab, Fragen nach dem rechten Mass und dem guten Leben zu thematisieren und das Potenzial eines suffizienten Lebensstils für ein gutes Leben deutlich zu machen.

2.3.2 Transformatives Lernen

> «*Wissen beginnt [...] mit der Zerstörung von Täuschungen, mit der ‹Enttäuschung›.*»
>
> Fromm 2000, S. 48

Kurzzusammenfassung

Das transformative Lernen zielt darauf ab, Bedeutungsperspektiven,[82] die die Wahrnehmung und die Interpretation individueller Realität strukturieren und wegweisend für das individuelle Handeln sind, ins Bewusstsein zu heben und einem grundlegenden Wandel zugänglich zu machen. Da die Bedeutungsperspektiven auch die Identität des Individuums massgeblich prägen, ist der Wandel ein tief reichender und entsprechend schwierig zu initiieren. Durch krisenhafte Erfahrungen können die Bedeutungsperspektiven erschüttert und so einer Veränderung zugänglich gemacht werden.[83]

Grundsätzlich können zwei Ausprägungen transformativen Lernens unterschieden werden: transformatives Lernen als Wandel individueller Bedeutungsperspektiven und transformatives Lernen als kollektiver Bewusstwerdungs- und Emanzipationsprozess.

Bezüglich der ersten Ausprägung unterscheidet Mezirow (1997) drei aufeinander aufbauende Phasen:

- Phase 1 – *Dekonstruktion*: Erschütterung der individuellen Bedeutungsperspektive. Dies geschieht z. B. durch die Konfrontation mit Dilemmasituationen.
- Phase 2 – *Rekonstruktion*: Neue Perspektiven aufbauen, indem Erfahrungen geteilt und gemeinsam reflektiert werden mit dem Ziel, Neues auszuprobieren und dadurch neue Kompetenzen zu entwickeln.
- Phase 3 – *Integration* neuer Bedeutungsperspektiven und der neuen Kompetenzen in das eigene Leben und dadurch konstruktive Lösung des anfänglichen Dilemmas.

Brookfield (2000) erweitert das theoretische Fundament Mezirows durch eine Fokussierung auf die gesellschaftlichen Ausgangsbedingungen von Bedeutungsperspektiven, die als implizite Alltagsideologien die individuellen Wahrnehmungen und Aushandlungsprozesse in Gesellschaften prägen. Diese sollen explizit gemacht werden, damit eine tiefergehende Diskussion insbesondere von Glaubenssätzen, Bewertungen und Erfahrungen möglich wird. Durch diese Offenlegung werden implizite Herrschafts- und Machtverhältnisse reflektiert.

Bei der zweiten Ausprägung steht das Wechselspiel von Aktion und Reflexion mit dem Ziel gemeinschaftlichen Handelns für die Verbesserung gesellschaftlicher Verhältnisse im Vordergrund.

Verwendung

Vom Ansatz des transformativen Lernens machen wir uns die Dekonstruktion, die Offenlegung und die Reflexion der individuellen und kollektiven Bedeutungsperspektiven zunutze.[84] Die anschliessende Rekonstruktion eröffnet möglicherweise neue Perspektiven und auf diesem Wege neue Handlungsoptionen.

Die oben genannten Ziele des transformativen Lernens sind zwar auch Teil einer BSL, aber nicht deren Endziel. Der Bezug zum eigenen guten Leben, der für unser Konzept grundlegend ist, wird beim transformativen Lernen nicht explizit thematisiert. Das Ziel einer BSL besteht darin, die Lernenden für einen suffizienten Lebensstil zu sensibilisieren und Kompetenzen für dessen Realisierung aufzubauen. Das nachfolgende Fünf-Phasen-Modell des Lernens nach Rogers und Tough (1996) zeigt auf, wie transformatives Lernen erfolgen kann.

2.3.3 Fünf Phasen des Lernens nach Rogers und Tough

Kurzzusammenfassung
«Learning about various possible futures is often an unsettling, five-stage process. In addition to cognitive changes and personal choices for action, this multifaceted process can involve strong emotions and deep existential questions of meaning and worldview.»[85]

Lernprozesse über mögliche Zukunftsszenarien lassen sich nach Rogers und Tough in folgende fünf Phasen unterteilen:

Phase 1: Kognitive Phase
Hier geht es darum, Faktenwissen aufzubauen und neue Ideen, Trends, Szenarien und Bilder der Zukunft kennenzulernen. Lehrpersonen sind beim Verstehen und Sortieren der Sachinformationen behilflich. Sie sollen dazu befähigen, eine Perspektive einzunehmen, die weit in die Zukunft reicht, und mit neuen Perspektiven, aber auch Widersprüchen und kontraintuitiven Einsichten umgehen zu können. Und schliesslich sollen die Lehrenden die Lernenden darin unterstützen, ihre Weltbilder nach Bedarf zu modifizieren oder zu rekonstruieren.

Phase 2: Emotionale Phase
In der emotionalen Phase befinden sich Lernende dann, wenn das kognitive Wissen dazu führt, dass sie sich persönlich und emotional betroffen fühlen. Dabei kann es zu einem breiten Spektrum an teilweise auch widersprüchlichen Emotionen kommen. Lehrpersonen haben die Aufgabe, Ausdrucksmöglichkeiten für diese vielfältigen Gefühle aufzuzeigen. Auf diese Weise sollen Gefühle akzeptiert und als normal im Prozess der Auseinandersetzung mit der Zukunft wahrgenommen werden. Es ist lehrreich, Emotionen mit anderen Personen zu teilen, die in dieselben Prozesse involviert sind oder diese bereits durchlaufen haben. Des Weiteren geht es auch darum, das Schöne und Positive in der Welt nicht aus den Augen zu verlieren, dies mit dem Ziel, negative Emotionen in konstruktive Bahnen zu lenken.

Phase 3: «Phase der Seele»
In der «Phase der Seele» sind die Grundwerte des Menschen sowie Sinn und Bedeutung seiner Existenz involviert. In der Auseinandersetzung mit der Zukunft können Werthaltungen oder Sinnkonstruktionen, die bisher einem Leben Halt verliehen haben, infrage gestellt werden, sich als ungenügend erweisen oder ganz in sich zusammenbrechen. Es kann zu Sinnkrisen kommen oder zu der Einsicht, dass das eigene Handeln den eigenen Einstellungen und Werten widerspricht. Nach einer Phase der Verunsicherung kommt es in der Regel zum Aufbau von neuen, nun besser reflektierten und der Realität angepassteren Sinnkonstruktionen, Werten und Lebenszielen. Lehrpersonen kommt in dieser Phase die Aufgabe zu, den Lernenden dabei zu helfen, ihre Gefühle zu verstehen und sie beim Aufbau neuer Werte, Sinn- und Bedeutungsinhalte zu unterstützen.

Phase 4: Befähigungsphase
Wenn die Betroffenheit der Lernenden in ein Gefühl von Verantwortlichkeit mündet und in den Willen, selbst aktiv zu werden, ist die Phase der Befähigung erreicht. Es beginnt die Auseinandersetzung mit der Frage, was das Individuum dazu beitragen kann, die Zukunft nachhaltig zu gestalten. Lehrende sollten in dieser Phase die Lernenden in ihren Hoffnungen und ihrer Energie ermutigen und bestärken. Insbesondere geht es darum, die Möglichkeiten, aber auch die Grenzen von individuellem Engagement aufzuzeigen. Zudem geht es darum, positive Zukunftsszenarien zu zeichnen, um die Erkenntnis der Sinnhaftigkeit von persönlichem Engagement zu fördern. Lernende sollten im Sinne von Rogers und Tough auch erfolgreiche Projekte im Bereich nachhaltiger Zukunftsgestaltung kennenlernen. Sie müssen insbesondere spüren und erfahren, dass auch Einzelne «einen Unterschied» machen können.

Phase 5: Aktivitätsphase
In der letzten Phase geht es darum, Lernende bei ihren persönlichen Entscheidungen und Handlungen zu unterstützen. Dabei muss klar sein, dass die Freiheit des Individuums auf jeder Stufe des Lernens zu gewährleisten ist und keinerlei doktrinärer Zwang ausgeübt werden darf. Vielmehr geht es in dieser Phase insbesondere darum, Lernende darin zu unterstützen, Prioritäten zu setzen und sich über ihre Werte, Wünsche, Fähigkeiten und Talente klar zu werden.

Verwendung
Für eine BSL erachten wir das Durchlaufen aller fünf Phasen als erforderlich, wobei die Phasen in ihrer Abfolge variieren können. Entsprechend finden sich die fünf Phasen in den in Kapitel 3 begründeten Bildungszielen einer BSL wieder (kognitives Bildungsziel: Phase 1; affektives Bildungsziel: Phasen 2 und 3;[86] motivationales Bildungsziel: Phase 4; aktionales Bildungsziel: Phase 5).

2.3.4 Bildung für nachhaltigen Konsum durch Achtsamkeitstraining (BiNKA)

Kurzzusammenfassung

Das Projekt «Bildung für nachhaltigen Konsum durch Achtsamkeitstraining» (BiNKA) bringt Bildung für nachhaltigen Konsum (BNK) und Achtsamkeitstraining zusammen, um mithilfe von Achtsamkeitstrainings nachhaltigen Konsum zu stärken.

BNK zielt darauf ab, Menschen zu nachhaltigem Konsum zu befähigen, und beschäftigt sich im Kern mit der Frage, wie die Diskrepanz zwischen Umweltbewusstsein und tatsächlichem Handeln («Einstellungs-Verhaltens-Lücke») überwunden werden kann. Die Projektverantwortlichen erachten BNK als einen «relevanten Hebel zur Umsetzung einer nachhaltigen Entwicklung».[87]

Das BiNKA-Projekt identifiziert Achtsamkeitstrainings, die zur Verringerung der Einstellungs-Verhaltens-Lücke beitragen sollen. Geeignet sich solche Trainings, die das Bewusstsein für die persönlich als zentral erachteten Werte und Einstellungen sowie das eigene Handeln stärken und insofern kompetentes Verhalten ermöglichen, das in Übereinstimmung mit den eigenen Überzeugungen steht.[88]

Verwendung

Auch in einer BSL kommt der Auseinandersetzung mit materiellem Konsum im Allgemeinen und dem eigenen Konsumverhalten eine grosse Bedeutung zu, da viele Konsumhandlungen mit einem hohen Ressourcenverbrauch einhergehen. Darüber hinaus gehen wir mit dem BiNKA-Ansatz darin einig, dass eine Haltung der Achtsamkeit die Kluft zwischen Umweltwissen und Umwelthandeln verringern kann. Dies liegt zum einen im grundlegenden Verständnis von Achtsamkeit begründet: «Achtsamkeit ist definiert als das unvoreingenommene Gewahrsein, welches durch das absichtsvolle und kontinuierliche Beachten eigener augenblicklicher Erfahrungen mit einer offenen, annehmenden, wohlwollenden und mitfühlenden Haltung entsteht.»[89] Achtsam zu sein gegenüber den eigenen Beweggründen, Gefühlen, Bedürfnissen, inneren Konflikten und Widersprüchen, insbesondere aber auch gegenüber dem eigenen Verhalten kann zu einer stärkeren Kohärenz zwischen inneren Zuständen und äusseren Handlungen führen. Darüber hinaus umfasst Achtsamkeit nach Grossman (2013, 2015) ethische Haltungen wie Freundlichkeit, Wohlwollen, Toleranz und Mitgefühl. Nilsson und Kazemi (2016) definieren Achtsamkeit sogar als sozial orientierte Praxis, die Gerechtigkeit, Frieden und ökologisches Gleichgewicht fördert.

Im Zusammenhang mit Achtsamkeitstrainings ist zu bedenken, dass der kognitiven Wissensvermittlung bei diesem Ansatz enge Grenzen gesteckt sind. Der Achtsamkeitspraxis geht es hauptsächlich darum, mithilfe von Körperwahrnehmung den «Kopf im Körper zu verankern», das heisst, den eigenen Gedanken keine Aufmerksamkeit mehr zu schenken und so den Geist zur Ruhe kommen zu lassen. Damit soll das Bewusstsein für körperliche Zustände geschärft werden. «Übermässige geistige Aktivitäten» wie Denken oder gemeinsame Austauschrunden können dem entgegenwirken.[90]

Achtsamkeitstrainings sind ein zentrales BSL-Element. Allerdings nutzen wir sie nicht ausschliesslich für das Thema «Konsum», sondern für alle essenziellen Themen einer BSL (z.B. auch Wohnen, Freizeitverhalten, Mobilitätsverhalten). So lässt sich beispielsweise der Bezug zu Nahrungsmitteln durch die sinnliche Erfahrung bei bewusstem Essen und Trinken intensivieren.

2.3.5 Unterrichtsfach Glück

Kurzzusammenfassung

Das Unterrichtsfach Glück zielt auf die Förderung von Lebenskompetenzen ab. Im Fokus steht die Erhöhung des subjektiven Wohlbefindens der Lernenden durch Erkenntnisse aus der positiven Psychologie.[91] Vermittelt werden einerseits Kompetenzen im Bereich gesunder Ernährung, andererseits soll der Einfluss von körperlicher Bewegung auf das Wohlbefinden erfahrbar gemacht werden.[92]

Nach Fritz-Schubert ist das wichtigste Ziel des Unterrichtens die Lernenden zu unterstützen, eigene Werte und Haltungen zu entwickeln, die sie zur Übernahme von Verantwortung befähigen. Weiter sollen sie bestärkt werden, einen Sinn im Leben zu konstruieren, neugierig zu sein, Freude am Lernen zu entwickeln, Ziele zu formulieren und den eigenen Platz in der Gesellschaft zu finden. Sich und sein Leben selbstverantwortlich zu bestimmen und den Erfolg der eigenen Bemühungen zu verspüren, sind nach Fritz-Schubert die «notwendigen Voraussetzungen für ein gelingendes Leben».[93] Entsprechend nehmen Lehrpersonen im Unterrichtsfach Glück eher die Rolle von Lernprozessbegleitenden und weniger von Expertinnen und Experten für Lerninhalte ein.

Die Stärkung des Selbst geht dabei über den Selbstzweck hinaus, da das Ziel auch darin besteht, nicht nur eine gute Beziehung zu sich selbst, sondern auch zur Mitwelt auszubilden. Die reflexive und affektive Auseinandersetzung mit der eigenen Person, ihren Beziehungen zu ihrer Mitwelt und ihren Werten und Einstellungen ist von zentraler Bedeutung. Grundsätzlich wird im Schulfach Glück eine Kombination von kognitiven und emotionalen Lernsequenzen angestrebt.

Verwendung

Die Überlegungen zur Rolle der Lehrperson und zum Lernverständnis sowie die Unterrichtsideen (z.B. Übungen in der Gruppe zur Vertrauensbildung oder die Auseinandersetzung mit den eigenen Stärken und Schwächen) des Unterrichtsfaches Glück sind für unsere Zwecke, insbesondere bei der Thematik des guten Lebens, von Bedeutung.

BSL orientiert sich an Suffizienz im Rahmen einer nachhaltigen Entwicklung. Es werden daher nur Konzeptionen von Glück und gutem Leben berücksichtigt, die mit Prinzipien der Suffizienz vereinbar sind. BSL thematisiert konkrete soziökologische Probleme und entsprechende Lösungsansätze in Form von individuellen Verhaltensänderungen und fragt explizit danach, inwiefern das eigene gute Leben zu Konflikten mit dem guten

Leben anderer Lebewesen und der Natur führen kann. Das Aufzeigen von Verhaltensoptionen zur Lösung solcher Konflikte steht im Zentrum einer BSL.

2.3.6 Pädagogik der Lebenskunst

Kurzzusammenfassung

Das grundsätzliche Ziel von Bildung, so Schmid,[94] besteht seit der Antike darin, das Individuum zu befähigen, sich selbst und das eigene Leben bewusst und reflektiert zu gestalten. Der Begründer der neuzeitlichen Pädagogik, Johann Amos Comenius, nimmt im 17. Jahrhundert das Hauptanliegen der antiken Pädagogik wieder auf: Bildung als Anleitung zur Selbstsorge, zur Formung und Selbstformung des Menschen mit dem Ziel, dass dieser sich selbst führen lernen soll. Selbst zu denken, bedingt die Kultivierung des Gebrauchs des eigenen Verstandes. Es soll bei Bildung im umfassenden Sinn also nicht nur um epistemische, sondern immer auch um eine ethisch-asketische Arbeit des Selbst im Sinne der Selbstkultivierung gehen. Nur so kann Selbstmächtigkeit und individuelle Autonomie entwickelt werden. Eine Pädagogik der Lebenskunst ist also zunächst und vor allem eine Bildung durch Selbstbildung. «Die Pädagogik der Lebenskunst unterstützt das Subjekt bei der Arbeit, die Freiheit zur eigenen Lebensgestaltung zu erlangen, aber auch selbst der Freiheit die Form zu geben, deren sie bedarf, um als Freiheit gelebt werden zu können und das eigene Leben zum Kunstwerk zu machen.»[95]

Ein Verständnis des Lebens und des Selbst bildet sich nach Schmid in der Auseinandersetzung mit bestehenden Strukturen des Verstehens. Durch die individuelle Interpretation dieser Strukturen entsteht eine je eigene Perspektive, die es dem Individuum ermöglicht, Dinge und Ereignisse von einem bestimmten Punkt aus zu betrachten und zu deuten. Daneben ist aber auch die Übernahme von Perspektiven anderer für die Lebenskunst von zentraler Bedeutung. Zum einen, weil ein Perspektivenwechsel gemäss Schmid die Voraussetzung dafür bildet, den Interessen und Bedürfnissen anderer Lebewesen gerecht werden zu können. Und zum anderen, weil es für die Selbsterkenntnis und die Weiterentwicklung der eigenen Persönlichkeit wichtig sein könne, hie und da auf Distanz zur eigenen Perspektive zu gehen und sich selbst und das eigene Leben «von aussen» zu betrachten.

Verwendung

Von der Pädagogik der Lebenskunst übernehmen wir die grundsätzliche Ausrichtung auf das gute Leben des Individuums sowie den Glauben an die Möglichkeit der weitgehenden Selbstbestimmtheit und Gestaltbarkeit des eigenen Lebens. Auch eine BSL sieht es als wichtige Aufgabe an, durch die Initiierung von Perspektivenwechseln eine einseitige Fokussierung auf die eigene Perspektive zu überwinden sowie die Rücksichtnahme gegenüber anderen zu fördern.

BSL geht in gleicher Weise über die Pädagogik der Lebenskunst hinaus, wie wir dies beim Unterrichtsfach Glück dargelegt haben.

2.3.7 Didaktiken der Philosophie und Ethik

Kurzzusammenfassung

Das Ziel des Philosophieunterrichts besteht nach Pfister (2006) nicht primär darin, Kenntnisse über das zu erlangen, was die Philosophinnen und Philosophen gesagt haben, sondern vor allem darin, selbst philosophieren zu lernen. Die Philosophie sucht mithilfe der Begriffsanalyse – in einem weiten Sinn des Klärens, Zerlegens und Verknüpfens von Begriffen – nach der Bedeutung von allgemeinen Begriffen und mithilfe der Logik – im Sinne von Argumentationslehre – nach der Begründung von allgemeinen Meinungen. Philosophie gewinnt ihre Erkenntnisse somit nicht durch empirische Methoden, sondern durch Nachdenken. In Anlehnung an Langhans[96] verstehen wir die Ethik als Teilbereich der Philosophie. Im Sinne einer praktischen Philosophie geht die Ethik den Fragen «Was soll ich tun?» und «Wie soll ich leben?» nach. Moralische Fragestellungen bilden die Basis menschlichen Zusammenlebens und bedingen konstante Aushandlungsprozesse mit sich selbst und den Mitmenschen. Es geht um Fragen nach dem guten Leben, der Verantwortung gegenüber sich selbst und anderen, dem rechten Umgang mit sich und anderen usw., die auch in einer BSL eine übergeordnete Rolle spielen.

Verwendung

Viele Fragen, die wir in den Unterrichtsvorschlägen thematisieren (siehe ab Kapitel 5), stammen aus der Ethik. Zudem übernehmen wir aus der Philosophiedidaktik einige grundlegende Methoden, insbesondere aus dem Bereich der Gesprächsführung (z. B. das sokratische Gespräch, siehe Kapitel 4), sowie die Grundregeln des logischen Argumentierens und Schliessens.

Während Philosophie und Ethik rationales Denken besonders gewichten, geht es einer BSL nicht nur um Argumente und logisches Schliessen, sondern auch um die affektive, die motivationale sowie die Handlungsdimension. Aus diesem Grund ist auch das Methodenrepertoire einer BSL umfangreicher als dasjenige der Philosophiedidaktik.

2.3.8 Konzept psychischer Ressourcen nach Hunecke

Kurzzusammenfassung

Hunecke (2013) setzt sich mit der Frage auseinander, wie es möglich ist, ein gutes Leben im Einklang mit Prinzipien der Nachhaltigkeit zu führen. Dabei definiert er gutes Leben als subjektives Wohlbefinden, worunter er Genusserleben, Zielerreichung und Sinnkonstruktion versteht. Die Förderung der sechs psychischen Ressourcen Genussfähigkeit, Selbstakzeptanz, Selbstwirksamkeit, Achtsamkeit, Sinnkonstruktion und Solidarität stärkt nach Hunecke das subjektive Wohlbefinden und führt gleichzeitig dazu, dass sich Menschen eher an immateriellen Zufriedenheitsquellen als an materiellen orientieren. Dabei ist zu berücksichtigen, dass den drei fundierenden (im Sinne eines Fundaments einer starken Persönlichkeit) Ressourcen Genussfähigkeit, Selbstakzeptanz und

Selbstwirksamkeit die drei Ressourcen Achtsamkeit, Sinnkonstruktion und Solidarität an die Seite gestellt werden müssen. Nur so erhöht sich gemäss Hunecke die Wahrscheinlichkeit einer Hinwendung zu immateriellen Zufriedenheitsquellen. Das grösste Gewicht im Hinblick auf eine Ausrichtung an Nachhaltigkeitszielen kommt nach Hunecke der Kultivierung von Achtsamkeit zu, da diese das grösste Potenzial in sich trage, «eine universalistische Perspektive zu entwickeln».[97]

Verwendung

Da Hunecke ein ähnliches Ziel verfolgt wie wir – den Zusammenhang zwischen einem nachhaltigen (in unserem Sinne einem suffizienten) und einem guten Leben sichtbar zu machen bzw. beides gleichermassen zu fördern –, erachten wir seinen Ansatz als eine der zentralen Grundlagen für die Entwicklung einer BSL. Sowohl Hunecke als auch uns ist es ein zentrales Anliegen, Individuen zu einer gewissen Unabhängigkeit von Status-, Leistungs- und Konkurrenzdenken zu befähigen sowie ein gutes Leben zu fördern, das sich auf immaterielle Zufriedenheitsquellen stützt.

Bei Huneckes Konzept geht es allerdings ausschliesslich um die Förderung der oben genannten sechs Ressourcen. Das BSL-Konzept geht insofern darüber hinaus, als es die Förderung weiterer Ressourcen bzw. Kompetenzen anstrebt (siehe Kompetenzenkatalog in Kapitel 3). Zudem ist dem BSL-Konzept der Vermittlungsaspekt inhärent. Die didaktische Aufbereitung bildet daher ein zentrales Element.

Aus der Darstellung der verschiedenen Ansätze, aus denen sich eine BSL speist, wird deutlich, dass es sich bei BSL um ein Bildungskonzept handelt, das den Menschen ganzheitlich, das heisst (mit Pestalozzi) als ein Wesen mit Kopf, Herz und Hand, versteht. Entsprechend sind die Bildungsziele sowie die daraus abgeleiteten Kompetenzen einer BSL zu formulieren.

Anmerkungen

19   Stengel 2011, S. 140.
20   Linz 2012, S. 13.
21   Vgl. Sachs 1993.
22   A.a.O., S. 70.
23   Vgl. Aristoteles 1985, S. 35.
24   Vgl. ebd.
25   Vgl. a.a.O., S. 36.
26   Vgl. Jenny 2014, S. 83.
27   Vgl. Rössel & Otte 2012.
28   Vgl. Leng, Schild & Hofmann 2016.

29 Ethik meint hier diejenige philosophische Disziplin, die sich mit Fragen nach dem Glück und dem guten Leben beschäftigt.
30 Vgl. z.B. Nussbaum 2010.
31 Vgl. Steinfath 1998.
32 Die Unterscheidung von Theorien guten Lebens in hedonistische Theorien, Präferenz- oder Wunsch-Theorien und Objektive-Listen-Theorien geht ursprünglich auf Derek Parfit (1984) zurück.
33 Rinderspacher 2014, S. 1.
34 Vgl. Holzinger 2006, S. 6.
35 U.a. Binswanger 2006; Kasser 2002.
36 Vgl. Kasser 2002, S. 42.
37 Vgl. a.a.O., S. 22.
38 Vgl. Binswanger 2006, S. 58.
39 Vgl. a.a.O., S. 49.
40 Vgl. a.a.O., S. 68–83.
41 Vgl. a.a.O., S. 85–107.
42 Vgl. a.a.O., S. 107–126.
43 Vgl. a.a.O., S. 48.
44 Vgl. ebd. S. 14.
45 A.a.O., S. 127.
46 Zitiert nach Kasser 2002, S. 108.
47 Vgl. a.a.O., S. 129 ff.
48 A.a.O., S. 102.
49 Vgl. a.a.O., S. 24.
50 Vgl. Scherhorn 2002b, S. 95.
51 Das Wohlstandsverständnis wird teils noch weiter differenziert, so bei Holzinger 2006 neben Zeit-, Raum- und Beziehungswohlstand zudem in Tätigkeitswohlstand, Ernährungswohlstand, Informationswohlstand, Demokratiewohlstand und nach wie vor in den Güterwohlstand. Garhammer (2008) unterscheidet zudem den kulturellen und sozialen Wohlstand.
52 Rinderspacher 2014, S. 3.
53 Vgl. a.a.O., S. 5.
54 A.a.O., S. 7.
55 A.a.O., S. 7.
56 Vgl. Binswanger 2006, S. 122.
57 Z.B. Held & Geissler 1998; Geissler 2004.
58 Vgl. Binswanger 2006, S. 123.
59 Schmid 1998, S. 355.
60 Vgl. Seneca 2003.
61 A.a.O., S. 361.
62 Scherhorn 2002b, S. 105.
63 Vgl. ebd.
64 Vgl. Kasser 2002.

65 Vgl. a.a.O., S. 61 ff.
66 Vgl. a.a.O., S. 72.
67 Rosa 2016, S. 279.
68 Vgl. a.a.O., S. 280.
69 Vgl. a.a.O., S. 246ff.
70 Vgl. Scheuerle 2013.
71 Vgl. Rizzolatti & Sinigaglia 2008, S. 105f.
72 Rosa 2016, S. 257.
73 A.a.O., S. 296.
74 A.a.O., S. 297.
75 Vgl. Fromm 2000, S. 100, 104.
76 «Florishing» ist ein bedeutendes Konzept in der positiven Psychologie, das von Cory Keyes und Barbara Frederickson entwickelt wurde. Florishing ist ein Seinszustand und verwandt mit dem Eudaimonia-Konzept von Aristoteles. Im Seins-Zustand des Florishing ist der Mensch glücklich und zufrieden, erachtet sein Leben als sinnvoll, akzeptiert sich selbst in jeglicher Hinsicht und sieht seine Handlungen als autonom und selbstbestimmt. Siehe dazu auch Csikszentmihalyi 2001 und 2004.
77 Fromm 2000, S. 30.
78 Vgl. Förster 2015, S. 279ff.
79 Vgl. a.a.O., S. 222.
80 Stoltenberg & Burandt 2014, S. 573.
81 éducation21 2016, S. 2.
82 Unter einer Bedeutungsperspektive verstehen wir nach Mezirow (1997, S. 35) «ein Bündel gewohnheitsmässiger Erwartungen, das einen zur Orientierung dienenden Bezugsrahmen darstellt, den wir zur Projektion unserer Symbolmodelle verwenden und der als [gewöhnlich stillschweigendes] System von Überzeugungen zur Interpretation und Bewertung der Bedeutung von Erfahrung dient».
83 Vgl. Singer-Brodowski 2016.
84 Nach Bateson 1972. Dabei ist uns bewusst, dass Veränderungsprozesse auch auf umgekehrtem Weg erfolgen können.
85 Rogers & Tough 1996, S. 491.
86 Aufgrund der aus unserer Sicht mangelnden Trennschärfe der Phasen 2 und 3 verschmelzen diese bei uns zu einer Dimension (affektive Dimension).
87 Kurzbeschreibung des Projektes: «Bildung für nachhaltigen Konsum durch Achtsamkeitstraining» (BiNKA). http://platzhalter.de-web.cc/wordpress/wp-content/uploads/2015/09/BiNKA_Kurzbeschreibung.pdf (Zugriff: 22.6.2017).
88 Kurzbeschreibung des Projektes: «Bildung für nachhaltigen Konsum durch Achtsamkeitstraining» (BiNKA). http://platzhalter.de-web.cc/wordpress/wp-content/uploads/2015/09/BiNKA_Kurzbeschreibung.pdf (Zugriff: 22.6.2017).
89 Böhme 2016, S. 5.
90 Vgl. Harfensteller 2016, S. 42.
91 Siehe z. B. Seligman 2005 und 2012.
92 Vgl. Fritz-Schubert, Saalfrank & Leyhausen 2015.

93 Fritz-Schubert 2015, S. 9.
94 Vgl. Schmid 1998.
95 Ebd., S. 311.
96 Vgl. Langhans 2017, S.11.
97 Hunecke 2013, S. 53.

3. Bildungsziele und Kompetenzen

3.1 Kognitives Bildungsziel

3.2 Affektives Bildungsziel

3.3 Motivationales Bildungsziel

3.4 Aktionales Bildungsziel

Das übergreifende Ziel einer BSL besteht in der Unterstützung eines gesamtgesellschaftlichen Transformationsprozesses in Richtung Nachhaltigkeit durch Suffizienz, was auch Veränderungsprozesse verschiedenster Art auf individueller Ebene bedingt. Die theoretischen Grundlagen, aus denen sich eine BSL speist, machen deutlich, dass Transformationsprozesse in der kognitiven, affektiven, motivationalen und aktionalen Dimension[98] angestossen oder unterstützt werden müssen. Nur so kann es zu einem tiefgreifenden Wandel in Richtung Suffizienz kommen. Oder wie Hicks formuliert: «Learning should suggest three awakenings – of the mind, the heart and the soul.»[99] Demgemäss werden im Folgenden zuerst die Bildungsziele für die kognitive und die affektive Dimension formuliert.

Frei nach Konfuzius (551–479 v. Chr.), dem das folgende Zutat zugesprochen wird: «Erzähle mir, und ich vergesse. Zeige mir, und ich erinnere mich. Lass mich tun, und ich verstehe!», kommt zusätzlich auch der Befähigung zu suffizientem Handeln ein hoher Stellenwert zu. Entsprechend folgen auch Bildungsziele für die motivationale sowie die aktionale Dimension.

Davon abgeleitet werden die Kompetenzen für die vier Dimensionen präsentiert, die die Lernenden aufbauen und vertiefen sollen. Dabei verstehen wir in Anlehnung an Franz E. Weinert unter Kompetenzen «die bei Individuen verfügbaren oder durch sie erlernbaren kognitiven Fähigkeiten und Fertigkeiten, um bestimmte Probleme zu lösen, sowie die damit verbundenen motivationalen, volitionalen und sozialen Bereitschaften und Fähigkeiten, um die Problemlösungen in variablen Situationen erfolgreich und verantwortungsvoll nutzen zu können».[100]

Unser übergreifendes Bildungsziel beruht auf einem ganzheitlichen Bildungsverständnis und einem entsprechenden Menschenbild und umfasst die oben genannten vier Bildungszieldimensionen. Die Kompetenzen werden bewusst den einzelnen Bildungszieldimensionen zugeordnet, um ihre Operationalisierung zu vereinfachen. Eine Operationalisierung wird allerdings weniger zum Zwecke der reinen Leistungsbeurteilung angestrebt als vielmehr mit dem Ziel, dass die Lernenden ihre Lernprozesse in den einzelnen Kompetenzen erkennen können (Metakognition).

3.1 Kognitives Bildungsziel

In der kognitiven Dimension besteht das Bildungsziel einer BSL in der Offenlegung, Kontextualisierung und kritischen Reflexion von Konzeptionen von gutem Leben und der gesellschaftlichen Bedeutungszuschreibung von materiellem Wohlstand und Konsum. Ein weiteres Ziel besteht darin, einen suffizienten Lebensstil als alternativen Deutungszusammenhang sowie sein Potenzial für eine gesamtgesellschaftliche Transformation in Richtung Suffizienz zu erkennen.

Kompetenzen:
1. Lernende sind fähig, Wissen zu Suffizienz im Kontext nachhaltiger Entwicklung, zu einem suffizienten Lebensstil und Konzepten von gutem Leben (insbesondere Konzepte, die immaterielle Zufriedenheitsquellen und Seins- statt Habenziele fokussieren, und alternative Wohlstandskonzepte wie Zeit-, Raum- und Beziehungswohlstand) sowie zum Zusammenhang zwischen einem suffizienten Lebensstil und einem guten Leben aufzubauen.
2. Lernende sind sich der historischen, kulturellen und sozialen Bedingtheit und Kontextabhängigkeit von gesellschaftlichen Normen, Werten und Leitbildern (insbesondere hinsichtlich der Rolle von materiellem Wohlstand für ein gutes Leben) bewusst und sind fähig, sich kritisch damit auseinanderzusetzen.
3. Lernende sind sich ihres eigenen Lebensstils bewusst und sind fähig, ihn hinsichtlich seiner Auswirkungen auf die natürliche und soziale Mitwelt sowie seines Potenzials für ein gutes Leben zu hinterfragen.
4. Lernende sind in der Lage, kritisch-konstruktiv, systemisch und vernetzt zu denken und Gegebenes nicht einfach hinzunehmen beziehungsweise die richtigen Fragen zu stellen.
5. Lernende haben die Fähigkeit, Werte (Was ist mir wichtig?) und Ziele (Wohin will ich?) zu definieren und Sinnkonstruktionen aufzubauen (Warum ist mir etwas wichtig, und warum will ich wohin?), an denen sie ihr Leben ausrichten wollen.
6. Lernende sind fähig, das Potenzial und die Wichtigkeit eines suffizienten Lebensstils für eine entsprechende gesamtgesellschaftliche Transformation sowie persönliche und kollektive Handlungsspielräume und -möglichkeiten zu erkennen.

3.2 Affektives Bildungsziel

In der affektiven Dimension besteht das Bildungsziel darin, ein Gefühl der Verantwortung für die Mitwelt und für Solidarität mit der Mitwelt zu entwickeln.

Kompetenzen:
7. Lernende sind sensibel für die negativen Auswirkungen des ressourcenintensiven Lebensstils des Globalen Nordens auf Ökologie und Soziales.
8. Lernende haben die Fähigkeit, einen überpersonalen Standpunkt einzunehmen, der den Blick für nicht selbstbezogene Werte (Mitgefühl, Solidarität und Verantwortung) öffnet, und sie sind geübt darin, sich in die Perspektive anderer Lebewesen einzufühlen.
9. Lernende sind in der Lage, affektive Qualitäten wie Akzeptanz, Wertschätzung und Mitgefühl gegenüber der eigenen Person zu entwickeln – dies auch als Bedingung für die Ausbildung derselben gegenüber anderen Lebewesen.
10. Lernende sind geübt in einer achtsamen Haltung gegenüber sich selbst, den eigenen Wünschen, Gefühlen und Bedürfnissen sowie der Mitwelt.

11. Lernende sind fähig, sich mit ihren Bedürfnissen und Wünschen sowie unbewussten Reaktionsmustern auseinanderzusetzen, und haben ein Gefühl für das rechte Mass entwickelt.
12. Lernende sind gestärkt in ihrer Sensibilität für sinnliche beziehungsweise ästhetische Erlebnisse sowie in ihrer Genussfähigkeit.
13. Lernende sind fähig, mit Gefühlen des Mangels und des Verlangens konstruktiv, d.h. nicht nur konsumtiv umzugehen.
14. Lernende haben die Fähigkeit, positive Emotionen der Zugehörigkeit, des Eingebundenseins und des Vertrauens als Folge ihres sozialen Engagements und solidarischen Handelns zu empfinden.
15. Lernende sind sich ihrer persönlichen Ressourcen bewusst, können Herausforderungen bewältigen und erkennen den Erfolg der eigenen Bemühungen. Dadurch empfinden sie sich als selbstwirksam.

3.3 Motivationales Bildungsziel

In der motivationalen Dimension besteht das Bildungsziel einer BSL darin, den Willen zu entwickeln, einen sorgsamen Umgang mit sich selbst und der Mitwelt zu pflegen.

Kompetenzen:

16. Lernende sind neugierig und motiviert, Gewohnheiten aufzubrechen, Praktiken eines suffizienten Lebensstils auszuprobieren sowie die einem suffizienten Lebensstil zugrunde liegenden Einstellungen und Werte für die eigene Lebensführung zu bedenken.
17. Lernende sind motiviert, Verantwortung in der Gesellschaft zu übernehmen und die Zukunft (gemeinsam mit anderen) nachhaltig zu gestalten.

3.4 Aktionales Bildungsziel

In der aktionalen Dimension besteht das Bildungsziel einer BSL darin, Verantwortung für sich selbst und in der Gesellschaft zu übernehmen und sich aktiv, kreativ und eigenständig in das gesellschaftliche Leben für eine Transformation in Richtung Nachhaltigkeit durch Suffizienz einzubringen.

Kompetenzen:

18. Lernende erleben sich selbst und die soziale und natürliche Mitwelt als ein zusammenhängendes Ganzes, begegnen anderen und anderem mit Respekt und Rücksichtnahme und beziehen die Interessen anderer bei ihren Handlungen mit ein.
19. Lernende sind in der Lage, ihr Leben verantwortungsvoll zu gestalten sowie als Teil der Gesellschaft Mitverantwortung für deren zukünftige Entwicklung zu übernehmen und sich für eine Transformation in Richtung einer nachhaltigen Gesellschaft zu engagieren.

20. Lernende sind geübt darin, ihr Leben konsistent mit ihren Werten, Zielen und Sinnkonstruktionen zu führen, innere sowie äussere Widerstände auszuhalten und dabei handlungs- und entscheidungsfähig zu bleiben.
21. Lernende sind in der Lage, gemeinsam mit anderen Projekte zu suffizienzrelevanten Themen zu konzipieren, durchzuführen und zu evaluieren.

Ausgehend von den Bildungszielen und insbesondere den Kompetenzen, wird in Kapitel 4 dargestellt, wie die Lernumgebung gestaltet werden sollte, damit die Ziele erreicht beziehungsweise die Kompetenzen aufgebaut werden können.

Anmerkungen

98 So lassen sich die fünf Lernphasen nach Rogers & Tough (1996) den vier Dimensionen zuordnen, wenn, wie wir vorgeschlagen haben (siehe Kapitel 2), die ‹Phase der Seele› zusammen mit der emotionalen Phase unter den affektiven Bereich subsumiert wird.
99 Hicks 2002, S. 102.
100 Weinert 2001, S. 27f.

4. Die Lernumgebung einer Bildung für einen suffizienten Lebensstil

4.1 Anforderungen an die Lernumgebung
4.1.1 Geeignete Methoden – eine Auswahl
4.1.2 Geeignete Sozialformen
4.1.3 Das Lernende-Lehrende-Verhältnis und die Rolle der Lehrperson
4.1.4 Lernorte und Gefässe

4.2 Leistungsbeurteilung

4.3 Bildung für einen suffizienten Lebensstil im Fächerkanon

«Si tu veux construire un bateau, ne rassemble pas tes hommes et femmes pour leur donner des ordres, pour expliquer chaque détail, pour leur dire où trouver chaque chose. Si tu veux construire un bateau, fais naître dans le cœur de tes hommes et femmes le désir de la mer.» (Antoine de Saint-Exupéry)

Ein suffizienter Lebensstil erfordert tiefgreifende Änderungen unserer bisherigen Art zu leben, zu arbeiten, zu wirtschaften, vor allem aber auch unserer Art zu denken, wahrzunehmen, zu fühlen, zu werten und zu entscheiden (siehe auch Kapitel 3 zu den Bildungszielen und den zu fördernden Kompetenzen). Weder das Anhäufen von Wissen noch das Erlernen spezifischer Praktiken steht im Vordergrund, sondern das Wecken der Sehnsucht nach einem guten Leben für alle jetzt und in Zukunft. Im Kontext einer BSL heisst dies, sich aktiv damit auseinanderzusetzen, wie ein gutes Leben innerhalb der planetaren Grenzen und mit Berücksichtigung von inter- und intragenerationeller Gerechtigkeit aussehen und erreicht werden kann.

In diesem Kapitel gehen wir darauf ein, welche Anforderungen an die Lernumgebung beachtet werden sollten, damit eine BSL zielführend umgesetzt werden kann. Die Gestaltung der Lernumgebung umfasst Fragen nach geeigneten Methoden, Sozialformen, Lernende-Lehrende-Verhältnissen bzw. Rollenverständnissen sowie Lernorten einer BSL. Nach Überlegungen zu Sinn, Zweck und Form von Leistungskontrollen sowie Vorschlägen zur Beurteilung und Diagnose von Lernprozessen schliesst das Kapitel mit Überlegungen dazu, welche Gefässe sich besonders für eine BSL eignen und wie eine BSL in den Unterricht integriert werden kann. Dieser letzte Teil weist auf Anbindungsmöglichkeiten an die einzelnen Schulfächer hin und bietet Ideen für interdisziplinäres Zusammenarbeiten.

Bei der Gestaltung einer geeigneten Lernumgebung für eine BSL ist insbesondere auch die vorhandene Heterogenität der Lernenden zu berücksichtigen; sowohl Wissensstand als auch Werte und Einstellungen der Lernenden variieren hinsichtlich eines suffizienten Lebensstils erheblich. Bereits vorhandene Affinitäten zu einem suffizienten Lebensstil gilt es zu fördern und konstruktiv in den Unterricht einzubinden, indem entsprechende Lernende beispielsweise von ihren Erfahrungen mit suffizienten Alltagspraktiken erzählen oder ihre Motivation dafür darlegen. Wo noch wenig Wissen über einen suffizienten Lebensstil vorliegt, geht es darum, diesen Lebensstil erfahrbar zu machen und mögliche Zusammenhänge zwischen diesem und dem eigenen guten Leben sichtbar werden zu lassen. Im Zusammenhang mit Widerständen – das heisst etwa mit Praktiken, die Jugendliche für ihr gutes Leben als wichtig erachten, die jedoch im Widerspruch stehen zu Prinzipien der Suffizienz (z.B. ressourcenintensiver Konsum oder unökologisches Reisen) – soll gemeinsam mit den Lernenden eruiert werden, worin sie die Zusammenhänge zwischen ihren nicht suffizienzzuträglichen Werten, Einstellungen oder Praktiken und einem guten Leben sehen. Auf dieser Grundlage können entweder allfällige Irrtümer (z.B., dass mehr Geld grundsätzlich das gute Leben befördert) offengelegt und kritisch reflektiert oder Erfahrungen ermöglicht werden, wie Bedürfnisse auch ressourcenleichter befriedigt werden können. Wichtig ist aber, dass Widersprüche nicht zwingend aufgelöst werden können und müssen und Einstellungen und Werte auch so stehen gelassen werden. Allerdings besteht der Anspruch einer BSL darin, solche Widersprüche offenzulegen und kritisch zu reflektieren.

Die von uns ausgewählten Methoden versuchen, diesen unterschiedlichen Ausgangslagen Rechnung zu tragen, indem sie Raum schaffen für eine intensive und kritische Auseinandersetzung mit den eigenen Bedürfnissen, Werten, Einstellungen, Gefühlen und Wünschen sowie für das Erkennen und Reflektieren von gesellschaftlichen Narrativen.

Je nach Reflexionsniveau der Lernenden soll die Lehrperson den Lernprozess mehr oder weniger stark unterstützen.

4.1   Anforderungen an die Lernumgebung

Unter Lernumgebung fassen wir Methoden, Sozialformen, Lernende-Lehrende-Verhältnisse beziehungsweise Rollenverständnisse und Lernorte.

Ausgehend von den Bildungszielen einer BSL (siehe Kapitel 3), wird nachfolgend beschrieben, welchen Anforderungen die Lernumgebung genügen sollte, um sich als geeignet für die vier Bildungszieldimensionen (kognitiv, emotional, motivational und aktional) zu erweisen.

Grundsätzlich gilt, so Leitschuh (2014), dass Lernprozesse, die Veränderungen nach sich ziehen sollen (wie z. B. eine gesellschaftliche Transformation in Richtung Nachhaltigkeit durch Suffizienz), Zeit und Raum zum Experiment benötigen. Deshalb sollte ein Lernsetting das Erkennen von und den Umgang mit offenen Fragen, ungelösten Problemen und Widersprüchen fördern sowie zu deren Beantwortung, Lösung und Auflösung beitragen.

Ausserdem sei es für den Lernprozess förderlich, so Leitschuh weiter, Auszeiten einzuplanen, da diese die Aufnahmebereitschaft erhöhten, das Überdenken und Besprechen ermöglichten und neue Fragen entstehen liessen.

Zudem sei es wichtig, den Lernenden Partizipationsmöglichkeiten an allen Prozessen des Lerngeschehens zu eröffnen, angefangen bei den Unterrichtsinhalten über die Formulierung von Lernzielen, die Mitgestaltung der Lernumgebung bis hin zur Beurteilung des Lernprozesses und Lernergebnisses. Auf diese Weise können die Lernenden den Lernprozess in die eigene Hand nehmen. Dies bedingt einen schrittweisen Übergang von einer instruktivistischen zu einer konstruktivistischen Didaktik. Das heisst, dass das zu erlernende Wissen als etwas definiert wird, was den Lernenden nicht als «fertiges Paket» serviert wird, sondern im Rahmen des Lernprozesses gemeinsam konstruiert wird. Entsprechend verschiebt sich die Rolle der Lehrperson von der Wissensvermittlung hin zu Unterstützung und Beratung der Lernenden im Lernprozess, wie es beispielsweise im Konzept des selbstorganisierten Lernens (SOL) vorgesehen ist.

Ausgehend von den Bildungszielen und den Kompetenzen einer BSL soll die Lernumgebung bezüglich der vier Bildungsdimensionen die folgenden Anforderungen erfüllen.

a) *auf kognitiver Ebene:*
   1. Die Lernumgebung unterstützt die Erkenntnis individueller Denkmuster, Einstellungen und Werte der Lernenden und fördert deren kritische Reflexion, Analyse, Dekonstruktion und gegebenenfalls Neukonstruktion.
   2. Sie unterstützt die Erkenntnis gesellschaftlicher Denkmuster, Einstellungen, Werte sowie Rahmenbedingungen und deren Einfluss auf das individuelle Denken und Wahrnehmen und fördert so deren kritische Reflexion und Dekonstruktion.
   3. Sie fördert Kreativität und visionäres Denken in Bezug auf alternative Deutungsmuster (individuell und gesellschaftlich).
   4. Sie unterstützt die Fähigkeit, Sinn und Zweck von als selbstverständlich Hingenommenem kritisch zu reflektieren sowie das individuelle und gesellschaftliche Veränderungspotenzial zu erkennen.

b) *auf emotionaler Ebene:*
   5. Sie fördert die Sensibilität der Lernenden für das Leid und die Schäden, die ein ressourcenintensiver Lebensstil bei Mensch und Natur verursacht.
   6. Sie weckt das Interesse für einen suffizienten Lebensstil mit seinem Potenzial für ein gutes Leben.
   7. Sie fördert Achtsamkeit sowie einen mitfühlenden und freundlichen Umgang mit sich selbst und der Mitwelt.
   8. Sie ermöglicht, positive Emotionen im Sinne von Verbundenheit und Solidarität in der Beziehung mit der Mitwelt zu erfahren.
   9. Sie löst bei den Lernenden Irritationen aus, um fremdbestimmte Gefühls- und Wahrnehmungsmuster abzulegen und authentischere aufzubauen.

c) *auf motivationaler Ebene:*
   10. Sie motiviert zu Veränderungen in Richtung Suffizienz, macht Veränderungsresistenzen sichtbar und zeigt Möglichkeiten auf, diese zu überwinden.
   11. Sie aktiviert und fördert Gefühle der Selbstwirksamkeit.
   12. Sie motiviert dazu, individuelle sowie gesellschaftliche Handlungsspielräume zu nutzen oder neu zu eröffnen.

d) *auf der aktionalen Ebene:*
   13. Sie eröffnet eigene Erfahrungsmöglichkeiten und regt dazu an, neue Handlungsweisen auszuprobieren.
   14. Sie hilft, neue Gewohnheiten zu entwickeln und zu internalisieren.
   15. Sie unterstützt Gruppenprozesse wie gemeinsam lernen, diskutieren, etwas aushandeln, gemeinsam nach Lösungen suchen, Pläne zusammen mit anderen umsetzen.

4.1.1 Geeignete Methoden – eine Auswahl

Die folgenden Ausführungen zeigen eine Auswahl von Methoden, die wir als besonders geeignet für eine BSL erachten. Es handelt sich dabei nicht um einen abgeschlossenen Katalog.

Bei der Reihenfolge der Methoden haben wir die folgenden Kriterien zugrunde gelegt. Als Erstes werden diejenigen Methoden genannt, die alle vier Bildungsdimensionen abdecken. Unter diesen Methoden wurde nach der Anzahl der Anforderungen, die eine Methode erfüllt, sortiert. Im Weiteren nimmt sowohl die Zahl der angesprochenen Bildungsdimensionen als auch der Anforderungen insgesamt ab. Bei Gleichrangigkeit wurde alphabetisch geordnet. Die Klammer mit Kleinbuchstabe und Zahl bezieht sich auf die Liste auf Seite 48.

a) *Begegnung/Exkursion*
Wenn die Begegnung mit Menschen im Vordergrund steht, sprechen wir von Begegnung, ansonsten von Exkursion.

Kognitive Ebene:
- Die Begegnung/Exkursion unterstützt die Fähigkeit, Sinn und Zweck von als selbstverständlich Hingenommenem kritisch zu reflektieren sowie das individuelle und gesellschaftliche Veränderungspotenzial zu erkennen. (a4)

Emotionale Ebene:
- Die Begegnung/Exkursion fördert die Sensibilität der Lernenden für das Leid und die Schäden, die ein ressourcenintensiver Lebensstil bei Mensch und Natur verursacht. (b5)

Motivationale Ebene:
- Die Begegnung/Exkursion motiviert zu Veränderungen in Richtung Suffizienz, macht Veränderungsresistenzen sichtbar und zeigt Möglichkeiten auf, diese zu überwinden. (c10)

Aktionale Ebene:
- Die Begegnung/Exkursion eröffnet eigene Erfahrungsmöglichkeiten und regt dazu an, neue Handlungsweisen auszuprobieren. (d13)

Die Begegnung/Exkursion findet in der Regel an Lernorten ausserhalb des Schulgebäudes statt. Sie kann genutzt werden, um externe Personen über einen bestimmten Themenbereich referieren zu lassen, aber auch, um neue Lebenswelten beziehungsweise Möglichkeiten der Lebensführung kennenzulernen.

Die Begegnung/Exkursion ist von zentraler Bedeutung für eine BSL, da sie den Lernenden in der Regel erlaubt, das Setting der Schule zu verlassen und vor Ort durch entdeckendes Lernen neue Lerninhalte zu erschliessen und Neues zu erfahren. Dabei ist vor allem wichtig, dass die Exkursion die Lernenden aktiviert. Geführte Besichtigungen, die einen rein passiven Konsum ermöglichen und bestenfalls die kognitive Ebene ansprechen, sind deshalb zu vermeiden. Indem die Lernenden beispielsweise Menschen, die einen suffizienten Lebensstil pflegen, in deren Umfeld kennenlernen (Begegnung) und Praktiken eines suffizienten Lebensstils selbst ausprobieren, soll ihr Interesse für einen solchen Lebensstil geweckt werden. Zudem lässt sich so das Potenzial eines suffizienten Lebensstils für ein gutes Leben entdecken.

Weiter kann beispielsweise ein Rundgang durch die Stadt zu unterschiedlichen Geschäften, die sich für nachhaltigen Konsum einsetzen, Konsumalternativen aufzeigen. Auf diese Weise wird dem eigenen Kaufverhalten die Selbstverständlichkeit genommen, es wird als beeinflussbar erlebt.

Eine Begegnung/Exkursion kann ein Anstoss sein, Veränderungsprozesse einzuleiten und neue Gewohnheiten zu entwickeln. Dass solche neuen Gewohnheiten nicht unbedingt leicht und in kurzer Zeit entstehen, sollte im Rahmen einer BSL unbedingt thematisiert werden, um Frustrationen entgegenzuwirken und gemeinsam zu überlegen, wie diesen begegnet werden kann. Bei der Diskussion von nachhaltigen Konsumoptionen können die Produktionsketten von nachhaltigen und nicht nachhaltigen Produkten aufgezeigt werden. So wird sichtbar, wo Verantwortlichkeiten liegen (Idee: Der Kauf bzw. der Verzicht auf den Kauf eines Produkts lässt sich als «Abstimmung an der Kasse» darstellen. Die Lernenden diskutieren die positiven und negativen Konsequenzen, wenn viele in gleicher Weise «abstimmen»). Die Frage der Verantwortlichkeit kann beispielsweise auch bei Exkursionen zu Nichtregierungsorganisationen wie *Public Eye* thematisiert und anschaulich gemacht werden, sodass die Lernenden nicht nur neues Wissen erlangen, sondern auch für die negativen Folgen von übermässigem und ressourcenintensivem Konsum sensibilisiert werden. Zudem sollte eine Begegnung/Exkursion idealerweise ermöglichen, dass die Lernenden auch selbst aktiv werden und Praktiken eines suffizienten Lebensstils (z. B. etwas reparieren, etwas umnähen, gärtnern) in verschiedenen Bereichen ausprobieren können.

b) *Provokation*
Kognitive Ebene:
- Die Provokation unterstützt die Erkenntnis gesellschaftlicher Denkmuster, Einstellungen, Werte sowie Rahmenbedingungen und deren Einfluss auf das individuelle Denken und Wahrnehmen und fördert so deren kritische Reflexion und Dekonstruktion. (a2)
- Sie fördert Kreativität und visionäres Denken in Bezug auf alternative Deutungsmuster (individuell und gesellschaftlich). (a3)
- Sie unterstützt die Fähigkeit, Sinn und Zweck von als selbstverständlich Hingenommenem kritisch zu reflektieren sowie das individuelle und gesellschaftliche Veränderungspotenzial zu erkennen. (a4)

Emotionale Ebene:
- Die Provokation löst bei den Lernenden Irritationen aus, um fremdbestimmte Gefühls- und Wahrnehmungsmuster abzulegen und authentischere Muster aufzubauen. (b9)

Motivationale Ebene:
- Die Provokation motiviert zu Veränderungen in Richtung Suffizienz, macht Veränderungsresistenzen sichtbar und zeigt Möglichkeiten auf, diese zu überwinden. (c10)

Die Methode der Provokation[101] zielt darauf ab, die Lernenden durch eine herausfordernde Äusserung, einen Witz, ein Lied, ein Zitat oder ein provokatives Bild zu irritieren und dadurch zu einer Auseinandersetzung mit einem Thema zu animieren. Geeignet sind Materialien, die zum Widerspruch anregen, Betroffenheit auslösen oder die Klasse in Pro- und Kontra-Positionen spalten. Es bieten sich vor allem Themen an, zu denen die Lernenden bereits eine Meinung oder Voreinstellung haben, die durch die Provokation infrage gestellt wird. Auch Dilemmasituationen eignen sich gut, um Irritationen auszulösen und zum Nachdenken anzuregen. Die Methode erfordert pädagogisches Geschick im Umgang mit starken, auch als negativ wahrgenommenen Emotionen vonseiten der Lernenden. Hilfreich ist, wenn die Lernenden und die Lehrperson sich gut kennen und das Verhältnis von gegenseitigem Vertrauen und von Offenheit geprägt ist. So kann die Methode der Provokation ihr ganzes Potenzial entfalten.

Das Ziel der Provokation besteht darin, persönliche sowie gesellschaftliche Normen, Werte, Einstellungen und Glaubenssätze ins Bewusstsein zu heben und zu hinterfragen. Die Provokation und der daran anschliessende Diskurs (z. B. in Form eines sokratischen Gesprächs) sollen Lernende dazu animieren, sich kritisch mit ihren Gedanken und Gefühlen auseinanderzusetzen und Bedeutungsperspektiven,[102] die sich als problematisch, widersprüchlich oder als heteronom (d.h. von aussen kommend) und in diesem Sinne nicht authentisch erweisen, zu dekonstruieren. Weiter kann die Provokation als Ausgangspunkt dienen, neue, besser durchdachte, widerspruchsfreiere und authentischere Bedeutungsperspektiven zu konstruieren.

Im Kontext einer BSL geht es darum, Bedeutungsperspektiven, die einen suffizienten Lebensstil behindern (z.B. eine Engführung von hohem materiellem Wohlstand und gutem Leben), zu hinterfragen und im Idealfall (aber stets unter Berücksichtigung des Indoktrinationsverbotes und mit dem Anspruch, andere Sichtweisen vonseiten der Lernenden zuzulassen) Bedeutungsperspektiven aufzubauen, die einen suffizienten Lebensstil unterstützen. Die Neukonstruktion von authentischeren Bedeutungsperspektiven kann zudem den Wunsch nach gesellschaftlichen Veränderungen erzeugen und zu entsprechendem Handeln motivieren.

c) *Selbstexperiment*

Emotionale Ebene:
– Das Selbstexperiment weckt das Interesse für einen suffizienten Lebensstil mit seinem Potenzial für ein gutes Leben. (b6)

Motivationale Ebene:
– Das Selbstexperiment motiviert zu Veränderungen in Richtung Suffizienz, macht Veränderungsresistenzen sichtbar und zeigt Möglichkeiten auf, diese zu überwinden. (c10)

Aktionale Ebene:
– Das Selbstexperiment eröffnet eigene Erfahrungsmöglichkeiten und regt dazu an, neue Handlungsweisen auszuprobieren. (d13)
– Es hilft, neue Gewohnheiten zu entwickeln und zu internalisieren. (d14)

Im Selbstexperiment erproben Lernende über eine gewisse Zeitdauer eine (Suffizienz-)Praktik ihrer Wahl. Das Moment der freien Wahl ist zentral, weil ein Selbstexperiment nur dann tiefgreifende Veränderungen bewirken kann, wenn es aus intrinsischer Motivation heraus umgesetzt wird. Das Experiment wird protokolliert, und zum Schluss wird ein Erfahrungsbericht mit Reflexion verfasst.

Das Selbstexperiment hat zum Ziel, Erfahrungen mit neuen Handlungsweisen zu ermöglichen und diese im Hinblick auf ihren Beitrag zu einem guten Leben zu reflektieren sowie Wege einer allfälligen Integration ins eigene Leben aufzuzeigen. Daneben bietet die Methode das Potenzial, Gewohnheiten und Automatismen aufzubrechen und sich den eigenen Wünschen und Vorstellungen entsprechend zu verändern oder weiterzuentwickeln.

Neben individuellen Selbstexperimenten bietet es sich an, diese Methode auch in der Gruppe anzuwenden, weil dadurch deutlich wird, mit welchen Gewohnheiten, Automatismen usw. sich die anderen Gruppenmitglieder auseinandersetzen müssen und wie sie dies tun. Darüber hinaus kann das Gemeinschaftsgefühl gestärkt werden.

Beim Selbstexperiment ist es wichtig, immer auch die Grenzen zu thematisieren, an welche die Lernenden stossen. Das können eigene Hemmnisse (z. B. Automatismen), Barrieren bis hin zu gesellschaftlich bedingten Hindernissen sein. Im gemeinsamen Austausch kann auch diskutiert werden, wie solchen Grenzen entgegengewirkt werden kann und soll. Gleichermassen sollen auch Chancen thematisiert werden.

Dadurch, dass die Lernenden im Selbstexperiment suffizienzrelevante Praktiken selbst ausprobieren – zum Beispiel ernähren sie sich eine Zeit lang vegetarisch oder vegan, essen Teile vom Tier, die bisher ausser Acht gelassen wurden («nose to tail»), kaufen sich eine Weile nichts oder begeben sich in eine Handy-Abstinenz –, kann ihr Interesse für einen suffizienten Lebensstil geweckt werden. Zudem kann erkannt werden, welches Potenzial für ihr eigenes gutes Leben einem suffizienten Lebensstil innewohnt. Dadurch kann das Bedürfnis entstehen, den eigenen Lebensstil verstärkt in diese Richtung zu entwickeln. Durch das Experimentieren mit Suffizienzpraktiken werden zudem Veränderungsresistenzen sichtbar und Möglichkeiten ausgelotet, diese zu überwinden.

d) *Rollenspiel*
Kognitive Ebene:
- Das Rollenspiel fördert Kreativität und visionäres Denken in Bezug auf alternative Deutungsmuster (individuell und gesellschaftlich). (a3)

Emotionale Ebene:
- Das Rollenspiel fördert die Sensibilität der Lernenden für das Leid und die Schäden, die ein ressourcenintensiver Lebensstil bei Mensch und Natur verursacht. (b5)

Aktionale Ebene:
- Das Rollenspiel unterstützt Gruppenprozesse wie gemeinsam lernen, diskutieren, etwas aushandeln, gemeinsam nach Lösungen suchen, Pläne zusammen mit anderen umsetzen. (d15)

Im Rollenspiel lösen sich die Lernenden von der eigenen Perspektive und schlüpfen in andere Rollen. Sie versuchen, sich Gedanken, Gefühle, Motivationen, Interessen und Bedürfnisse bewusst zu eigen zu machen und diese gegen aussen diskursiv zu vertreten. Dabei ist das Ziel, zu Lösungen zu gelangen, die den verschiedenen Interessen aller Beteiligten gerecht werden.

Das Rollenspiel eignet sich für eine BSL, da die Lernenden dazu befähigt werden, durch die Einnahme einer anderen Perspektive die Bedürfnisse und Interessen anderer Lebewesen aus der Innenperspektive zu erfassen. Dies fordert die Lernenden dazu auf, ihre eigenen Sichtweisen und Bedürfnisse in den Hintergrund zu rücken, sich auf kognitiver Ebene in die Lage eines anderen Menschen zu versetzen und dessen gegenwärtiger Situation sowie seiner Zukunftsvorstellungen und -erwartungen gewahr zu werden. Darüber hinaus stärkt das Rollenspiel insbesondere auch die Empathiefähigkeit. Indem sie nicht beispielsweise lediglich von einem Konflikt um den Zugang zu sauberem Trinkwasser hören, sondern selbst in die Rolle einer von Wassermangel und Krankheit bedrohten Landwirtschaftsfamilie schlüpfen und ihre Argumente in eine Diskussion einbringen müssen, können die Lernenden das Leid dieser Familie nicht nur intellektuell verstehen, sondern auch auf der affektiven Ebene wahrnehmen. Dies kann zu einer Entwicklung ihrer Moral beitragen.[103]

Ein weiteres Beispiel: Die Lernenden nehmen die Perspektiven verschiedener Akteure des Produktionsprozesses (inkl. Kauf und Konsum) eines Produkts ein. Dabei stellen sie die verschiedenen Interessen einander gegenüber. Dies kann dazu führen, dass der gesamte Prozess im Hinblick auf Fragen der (Verteilungs-)Gerechtigkeit, der Solidarität mit anderen, des Umgangs mit Ressourcen bis hin zu Regelungen von Handel und Markt kritisch hinterfragt wird und idealerweise mögliche Alternativen diskutiert werden.

Im Rollenspiel erfolgen solche Prozesse immer im Austausch mit anderen, was auch die Fähigkeit fördert, sich mit anderen über heterogene Bedürfnisse und Ziele auszutauschen.

Dies macht es für die Lernenden erlebbar, dass eine gute Lösung für alle oder zumindest möglichst viele partizipative Prozesse voraussetzt. Für eine BSL kommt dem Rollenspiel daher auch für den Transfer auf die gesellschaftliche Ebene eine hohe Bedeutung zu.

e) *Zukunftswerkstatt*

Kognitive Ebene:
- Die Zukunftswerkstatt fördert Kreativität und visionäres Denken in Bezug auf alternative Deutungsmuster (individuell und gesellschaftlich). (a3)

Motivationale Ebene:
- Die Zukunftswerkstatt motiviert dazu, individuelle sowie gesellschaftliche Handlungsspielräume zu nutzen oder neu zu eröffnen. (c12)

Aktionale Ebene:
- Die Zukunftswerkstatt unterstützt Gruppenprozesse wie gemeinsam lernen, diskutieren, etwas aushandeln, gemeinsam nach Lösungen suchen, Pläne zusammen mit anderen umsetzen. (d15)

Bei dieser Methode entwickeln Lernende ihre persönliche Vision der Zukunft. Nach Mattes[104] geht es um folgende zwei Fragen: 1. Wie kann eine bessere Zukunft aussehen? 2. Welche Wege führen dorthin? Lernende stehen als Gruppe vor der Herausforderung, ein ungelöstes (Gesellschafts-)Problem anzugehen und Lösungswege aufzuzeigen.

Mattes[105] schlägt einen fünfphasigen Ablauf vor. In der ersten Phase steht die Lehrperson im Zentrum des Unterrichtsgeschehens und erläutert das Vorgehen. In der zweiten Phase beginnt das Brainstorming. Mattes nennt diese Phase die «Kritikphase», da sich alle Beteiligten kritisch zum Problem äussern sollen. In der Fantasiephase werden Wünsche geäussert, wie eine bessere Zukunft aussehen könnte, und in der nächsten Phase wird entschieden, welche Wünsche verwirklicht werden sollten. Alle diese Wünsche werden visualisiert. In der letzten Phase werden die Gedanken und Produkte konsolidiert und präsentiert. Im Fokus stehen Fragen wie: Was können wir an unserem Verhalten ändern?

Für eine BSL besteht das Potenzial dieser Methode insbesondere darin, die Lernenden herauszufordern, Vorstellungen ihrer Zukunft im Sinne eines guten und gleichzeitig ressourcenschonenden Lebens zu entwickeln. Wichtig ist dabei, die Zukunft nicht als blosse Verlängerung der Gegenwart weiterzudenken, sondern auch Alternativen oder sogar Utopien in Betracht zu ziehen. Im Rahmen einer BSL ist es von zentraler Bedeutung, die Bahnen etablierter Denk- und Handlungsmuster bewusst zu verlassen und mithilfe von Fantasie und Kreativität Visionen einer besseren Welt zu entwickeln.

Bei dieser Methode werden sich die Lernenden zunächst bewusst, wie die Zukunft gemäss ihren Wünschen aussehen sollte. Anschliessend versuchen sie, in suffizienzkompatiblen Projekten einen Teil dieser Wünsche umzusetzen. Dabei erkennen sie einerseits Handlungsspielräume für individuelle Veränderungen, werden sich aber auch bewusst, dass gemeinsam mit anderen im Hinblick auf Suffizienz oft mehr erreicht werden kann als alleine.

f) *Projektarbeit*

Motivationale Ebene:
- Die Projektarbeit aktiviert und fördert Gefühle der Selbstwirksamkeit. (c11)
- Sie motiviert dazu, individuelle sowie gesellschaftliche Handlungsspielräume zu nutzen oder neu zu eröffnen. (c12)

Aktionale Ebene:
- Die Projektarbeit eröffnet eigene Erfahrungsmöglichkeiten und regt dazu an, neue Handlungsweisen auszuprobieren. (d13)
- Sie unterstützt Gruppenprozesse wie gemeinsam lernen, diskutieren, etwas aushandeln, gemeinsam nach Lösungen suchen, Pläne zusammen mit anderen umsetzen. (d15)

Die Projektarbeit eignet sich gut, um sich in einer Gruppe über eine längere Zeitdauer hinweg mit einer Thematik auseinanderzusetzen. Dabei steht das entdeckende Lernen im Vordergrund.

Eine Projektarbeit kann in mehrere Phasen unterteilt werden, beispielsweise in folgende:[106] Zunächst wird die Projektidee in der Gruppe konkretisiert und in einem weiteren Schritt die Projektskizze erstellt. In einer nächsten Phase erfolgt das Aufteilen der einzelnen Projekttätigkeiten auf die Gruppenmitglieder, was in einem weiteren Schritt zur Umsetzung des Projektplans führt. Die darauffolgende Phase beinhaltet Fixpunkte (gemeinsame Treffen) und Zwischengespräche, die während des ganzen Projektverlaufs von Bedeutung sind. Zum Abschluss wird das Projekt präsentiert.

In einer BSL kann die Methode der Projektarbeit insbesondere dann eingesetzt werden, wenn die Lernenden aufgefordert sind, Praktiken eines suffizienten Lebensstils gemeinsam auszuprobieren bzw. sich in suffiziente Anliegen einzubringen (z.B. Aufbau eines Repair-Cafés, einer Kleidertauschbörse, Vegetarisierung der Schulmensa, Aufbau eines Schulgartens). Diese Methode kann Lernende motivieren, ihre eigenen Handlungsspielräume für suffizienzrelevante Anliegen zu nutzen; sie eröffnet eigene Erfahrungsmöglichkeiten und kann so zu Selbstwirksamkeitserfahrungen beitragen.

g) *Achtsamkeitsübungen*

Emotionale Ebene:
- Achtsamkeitsübungen fördern Achtsamkeit sowie einen mitfühlenden und freundlichen Umgang mit sich selbst und der Mitwelt. (b7)
- Sie ermöglichen, positive Emotionen im Sinne von Verbundenheit und Solidarität in der Beziehung mit der Mitwelt zu erfahren. (b8)

Aktionale Ebene:
- Achtsamkeitsübungen eröffnen eigene Erfahrungsmöglichkeiten und regen dazu an, neue Handlungsweisen auszuprobieren. (d13)

Bei Achtsamkeitsübungen handelt es sich (noch) nicht um eine gängige Unterrichtsmethode, obwohl ihre Anwendung zunehmend Eingang in Schulen und andere Bildungsinstitutionen findet.[107] Das primäre Ziel von Achtsamkeitsübungen besteht darin, sich selbst bewusst und differenziert wahrzunehmen und im gegenwärtigen Augenblick zu verweilen, ohne die Geschehnisse zu bewerten oder ändern zu wollen. Dies erfolgt dadurch, dass die Konzentration beispielsweise auf den Atem, das Gewahrwerden einzelner Bereiche des Körpers oder auf die eigenen Gedanken oder Gefühle gelenkt wird. Sekundäre Ziele sind, sich freier zu fühlen im Umgang mit den eigenen Gefühlen und Gedanken (Disidentifikation, Resilienz), weniger Stress zu empfinden, sich besser und länger konzentrieren und fokussieren zu können, aber auch, sich intensiver und offener auf andere und anderes einlassen zu können und Mitgefühl zu empfinden. «Das Ziel der Achtsamkeitsarbeit ist [...], dass eine Bewusstheit für das eigene Erleben und für das Mitteilen der persönlichen Meinungen und Erlebnisse entsteht.»[108]

Dabei ist zu beachten, dass die Lehrperson sich genügend Zeit nimmt, um frei von Vorurteilen und Bewertungen zuzuhören, sich auf die Lernenden einzulassen, die Diskussion angemessen zu moderieren (z. B. auf als destruktiv wahrgenommene Zwischenrufe mitfühlend zu reagieren) und die Balance zu finden zwischen Nähe und Distanz. Es besteht auch die Möglichkeit, eine ausgebildete Achtsamkeitslehrperson beizuziehen.[109]

Achtsamkeitsübungen beinhalten ein grosses Potenzial für eine BSL, da sie die Selbstwahrnehmung und die Wahrnehmung anderer sowie die Sensibilität für sich und andere stärken und fördern können. Dadurch kann sich das eigene Verhältnis zur Welt grundlegend verändern, was im Idealfall auch zu Veränderungen auf der Verhaltensebene führt. Auf der kognitiven Ebene bilden Achtsamkeitsübungen die Grundlage für die Auseinandersetzung mit Fragen danach, was für ein gutes Leben erforderlich, was einem wichtig und wovon wie viel nötig ist (Fragen nach dem rechten Mass). Weiter unterstützt das Bewusstmachen der eigenen Gefühle, Gedanken, Bedürfnisse und Wünsche die kritische Reflexion und eine allfällige Veränderung hin zu (mehr) Suffizienz. Zugleich stärken Achtsamkeitsübungen die Fähigkeit des Sein- und Loslassens. Indem Zustände des Verweilens im gegenwärtigen Moment, frei von Analyse und Bewertung, angestrebt werden, entsteht eine Gegensphäre zu gesellschaftlich wirkenden Imperativen nach Optimierung, Leistungs- und Effizienzsteigerung. Achtsamkeitsübungen kultivieren Mitgefühl und Freundlichkeit gegenüber sich selbst und anderen. So fördern sie einen rücksichts- und verantwortungsvollen Umgang mit der Mitwelt in Solidarität und Verbundenheit.

h) *Fantasiereise*
Kognitive Ebene:
– Die Fantasiereise fördert Kreativität und visionäres Denken in Bezug auf alternative Deutungsmuster (individuell und gesellschaftlich). (a3)
– Sie unterstützt die Fähigkeit, Sinn und Zweck von als selbstverständlich Hingenommenem kritisch zu reflektieren sowie das individuelle und gesellschaftliche Veränderungspotenzial zu erkennen. (a4)

Motivationale Ebene:
- Die Fantasiereise motiviert dazu, individuelle sowie gesellschaftliche Handlungsspielräume zu nutzen oder neu zu eröffnen. (c12)

Fantasiereisen können genutzt werden, um Ängste zu thematisieren und Wünsche zu offenbaren. Sie helfen, Spannungen bezüglich eines Themas abzubauen, und fördern die Kreativität. Fantasiereisen tragen dazu bei, neue Perspektiven zu eröffnen und andere Sichtweisen zu verstehen. Bei Fantasiereisen wird eine symbolische, bildliche Sprache verwendet, die grundlegend mit der Lebenswelt der Lernenden in Verbindung gebracht werden kann. Insgesamt ist darauf zu achten, dass eine vertrauensvolle Atmosphäre geschaffen wird, damit die Lernenden bereit sind, sich zu öffnen. Um eine altersgerechte Umsetzung dieser Methode zu gewährleisten, kann insbesondere mit der Entwicklung von Utopien gearbeitet werden.

Das Potenzial der Fantasiereise für eine BSL zeigt sich insbesondere, wenn es darum gehen soll, Lernende zu ermuntern, sich ein anderes Leben, eine bessere Welt und eine gute Zukunft vorzustellen. Denkbar wären Aufgabenstellungen wie: Stell dir ein Leben ohne Geld vor; stell dir eine Welt vor, in der alle Menschen nur zu 50 Prozent einer Erwerbsarbeit nachgehen; stell dir eine Welt vor, in der alle in grossen Gemeinschaften wohnen und vieles teilen. Die Fantasiereise vermag gesellschaftliche Muster aufzudecken und kreative Denkprozesse anzuregen. Durchleben die Lernenden zum Beispiel eine Fantasiereise zum Thema «Leben als freiwillige Selbstversorgerin oder als freiwilliger Selbstversorger», erkennen sie einerseits, dass Leben in der Einfachheit möglich ist, und andererseits, dass zu einem guten Leben nicht unbedingt viel materieller Besitz gehören muss. Dies kann dazu führen, dass Lernende sich Gedanken darüber machen, durch wen oder was ihre Handlungen (z. B. Kaufhandlungen) gesteuert werden, und diese hinterfragen. Zudem kann die Fantasiereise dazu motivieren, vorhandene gesellschaftliche Handlungsspielräume zu erkennen und nutzen zu lernen.

i) *World-Café*
Kognitive Ebene:
- Das World-Café unterstützt die Erkenntnis individueller Denkmuster, Einstellungen und Werte der Lernenden und fördert deren kritische Reflexion, Analyse, Dekonstruktion und gegebenenfalls Neukonstruktion. (a1)

Aktionale Ebene:
- Das World-Café unterstützt Gruppenprozesse wie gemeinsam lernen, diskutieren, etwas aushandeln, gemeinsam nach Lösungen suchen, Pläne zusammen mit anderen umsetzen. (d15)

Beim World-Café geht es darum, in Gruppen verschiedene Aspekte eines Themas zu diskutieren, wobei nach einer bestimmten Zeit die Gruppen rotieren. Ziel ist, dass jede

Gruppe jeden Aspekt diskutiert und dabei auf den Ergebnissen der anderen Gruppen aufbaut.

Eine Person pro Diskussionsgruppe ist die Gastgeberin oder der Gastgeber und hält die jeweiligen Ergebnisse schriftlich fest (Plakat). Diese Person bleibt jeweils beim selben Plakat und informiert die neue Gruppe über den bisherigen Diskussionsverlauf und -stand. Die anderen Gruppen gehen zum nächsten Plakat weiter. Dank der Visualisierung der Ergebnisse kann die Diskussion am Ende im Plenum vertieft und erweitert werden.

Diese Methode eignet sich für eine BSL, da in Gruppen unterschiedlicher Zusammensetzung verschiedene Aspekte einer Thematik (z.B. Frage nach dem guten Leben, dem rechten Mass) diskutiert werden können. Im Austausch mit den Überlegungen anderer können sich die Lernenden ihrer eigenen Gedanken, Gefühle, Wahrnehmungen, Einstellungen und Werte bewusst werden. Sie können diese ausformulieren, ausdifferenzieren, kritisch reflektieren und dabei neue Einsichten erlangen. Diese Methode lässt sich sehr gut nach einer Fantasiereise im Sinne einer Reflexion derselben einbauen. Des Weiteren eignet sich ein World-Café dazu, grundlegende (übergreifende) Fragen zum Thema «Suffizienz» zu diskutieren (z.B. «Inwiefern kann Suffizienz zu einem guten Leben beitragen?», «Ist ein suffizienter Lebensstil eher top-down – d.h. durch die Implementierung politischer Massnahmen – oder eher bottom-up – d.h. ausgehend von den Individuen und ihrem Verhalten – zu realisieren?», «Wie stark dürfen politische Massnahmen in die persönliche Freiheit von Individuen eingreifen? Wo liegen die Grenzen?»).

j) *Das sokratische Gespräch*
Kognitive Ebene:
– Das sokratische Gespräch unterstützt die Erkenntnis individueller Denkmuster, Einstellungen und Werte der Lernenden und fördert deren kritische Reflexion, Analyse, Dekonstruktion und gegebenenfalls Neukonstruktion. (a1)
– Es unterstützt die Erkenntnis gesellschaftlicher Denkmuster, Einstellungen, Werte sowie Rahmenbedingungen und deren Einfluss auf das individuelle Denken und Wahrnehmen und fördert so deren kritische Reflexion und Dekonstruktion. (a2)
– Es unterstützt die Fähigkeit, Sinn und Zweck von als selbstverständlich Hingenommenem kritisch zu reflektieren sowie das individuelle und gesellschaftliche Veränderungspotenzial zu erkennen. (a4)

Das sokratische Gespräch als philosophische Methode ist eine besondere Art der Gesprächsführung. Die Lehrperson vermittelt darin keine Inhalte, sondern lenkt die Diskussion in der Klasse, behält die Frage im Auge, strukturiert, fragt vertiefend und präzisierend nach und hilft so, als eine Art «Hebamme» geistige Erkenntnisse zu «gebären». Die Aufgabe der Lehrperson besteht darin, die Lernenden in ihrem Lern- und Erkenntnisprozess «*von Anfang an* auf sich zu stellen, sie das *Selbstgehen* zu lehren, ohne dass sie darum *allein* gehen, und diese Selbständigkeit so zu entwickeln, dass sie eines Tages das Alleingehen wagen dürfen, weil sie die Obacht des Lehrers durch die eigene Obacht ersetzen (Hervorh. im Original)».[110]

Die Methode eignet sich für Fragestellungen, die eine differenzierte und reflektierte Auseinandersetzung mit einem Thema erfordern. Durch eine sokratische Gesprächsführung unterstützt die Lehrperson die Lernenden darin, sich ihrer Gedanken, Gefühle, Bedürfnisse, Einstellungen und Werte bewusst zu werden, diese klar und präzise zu formulieren und einer kritischen Reflexion zu unterziehen mit dem Ziel, zu begründeten und in den Horizont von Erfahrungen eingebetteten Auffassungen und Antworten zu gelangen.

Diejenigen Teile von Unterrichtssequenzen, die darauf abzielen, mit den Lernenden Fragen zu diskutieren wie z.B. «Was ist ein gutes Leben?», «Welchen Stellenwert nimmt Konsum dabei ein?», «Sind wir aus Gründen inter- und intragenerationeller Gerechtigkeit dazu verpflichtet, uns einzuschränken?», «Falls ja, wie weit?» und «Schliessen sich Einschränkung bzw. Verzicht und gutes Leben gegenseitig aus?», lassen sich gut anhand sokratischer Gespräche durchführen. Lernende sollen auch in einer BSL dazu angeleitet werden, sich selbstständig mit solchen Fragen auseinanderzusetzen, Deutungsperspektiven zu dekonstruieren und neue Perspektiven aufzubauen. Die Lernenden werden sich im Gespräch der Bedingtheit und Kontextabhängigkeit von scheinbar Selbstverständlichem bewusst und erschliessen sich allfälliges individuelles sowie gesellschaftliches Veränderungspotenzial.

Im Rahmen einer BSL weichen wir insofern von den Regeln eines sokratischen Gesprächs ab, als wir ausgehend von entsprechenden Fragen an die Lernenden mögliche Lösungen aufzeigen möchten. Zum Beispiel wollen wir die Lernenden dafür sensibilisieren, dass sich Verzicht bzw. Einschränkung und gutes Leben nicht ausschliessen müssen und dass Konsumreduktion und Ressourcenschonung zu mehr Lebenszufriedenheit führen können.

Die verschiedenen präsentierten Methoden decken unterschiedliche Anforderungen an die Lernumgebung ab, wobei nicht jede Methode Kriterien aus allen vier Bildungsdimensionen erfüllt. Wichtig ist, die Methoden insgesamt so zusammenzustellen, dass alle vier Bildungsdimensionen berücksichtigt werden. Die Methoden lassen sich gut miteinander kombinieren. So können Themen wie «Suffizienz und gutes Leben» mit einer Fantasiereise erschlossen, mit einer Begegnung/Exkursion weitergeführt, durch ein World-Café oder ein Selbstexperiment vertieft und mit einer Projektarbeit abgeschlossen werden.

4.1.2 Geeignete Sozialformen

In einer BSL ist es wichtig, soziale Kompetenzen zu fördern wie Kritikfähigkeit, Kompromissfähigkeit, einander zuhören, aufeinander eingehen, abweichende Meinungen als solche respektieren sowie Perspektiven anderer einnehmen (siehe z.B. Kompetenzen 8 und 18 in Kapitel 3). Auch kreative Ideen entstehen häufig im Austausch mit anderen. In Zusammenarbeit mit anderen wird zudem ein Gemeinschaftsgefühl gefördert, das wiederum die Motivation für gemeinsames Handeln anregen kann. Deshalb stellen in einer BSL Partner- und Gruppenarbeiten wesentliche Sozialformen dar.

Phasen der Einzelarbeit kommen dort zum Tragen, wo es darum geht, das Bewusstwerden der eigenen Gedanken, Gefühle, Werte, Einstellungen, Bedürfnisse und Wünsche sowie die kritische Reflexion derselben zu fördern. Zwar ist diesbezüglich der Austausch mit anderen für eine BSL von zentraler Bedeutung, jedoch soll auch der individuellen Auseinandersetzung mit der eigenen Person Raum gegeben werden, dies insbesondere dort, wo die durch eine BSL angeregten und initiierten Erfahrungen mit Praktiken eines suffizienten Lebensstils in kognitiver und affektiver Hinsicht für sich bewertet, eingeordnet und gegebenenfalls internalisiert werden.

Auch die Arbeit im Plenum ist Bestandteil einer BSL. Dabei unterscheiden wir verschiedene Varianten vom klassischen Lehrendenvortrag über Vorträge von einzelnen Lernenden oder Lernendengruppen bis hin zu verschiedenen Formen von Gesprächen zwischen Lernenden und Lehrenden mit je unterschiedlichen Sprech- und Steuerungsanteilen. Allen Formen gemeinsam ist, dass stets die ganze Klasse und die Lehrperson beteiligt sind. Da sich eine BSL an einem konstruktivistischen Lehr- und Lernverständnis orientiert, kommt der Lehrendenvortrag nur am Rande zum Einsatz, um eine möglichst grosse Methodenvielfalt zur Vermittlung von Grundlagenwissen rund um die Thematik «Suffizienz und gutes Leben» zu gewährleisten. Prinzipiell sollen sich die Lernenden dieses Wissen, das für die Formulierung kritischer Fragen und deren Diskussion unabdingbar ist, selber erschliessen, aufbereiten und in der Rolle von Expertinnen und Experten dem Plenum darbieten. Darüber hinaus eignen sich Plenumsphasen auch dazu, Inhalte und Fragen zu diskutieren, zu analysieren und zu reflektieren, sich über Erfahrungen, Wünsche, Ängste und Bedürfnisse auszutauschen und Visionen für die Zukunft zu entwickeln. Die Grösse der Gruppe (die ganze Klasse) sowie die Anwesenheit der Lehrperson ermöglichen darüber hinaus einen durch die Lehrperson angeleiteten und strukturierten Austausch, der von der grossen Anzahl unterschiedlicher Perspektiven und Innenwelten lebt. Indem die Lehrperson die «richtigen Fragen» stellt, kann sie die Diskussion vertiefen oder Irritationen hervorrufen, welche die Dekonstruktion von herkömmlichen Bedeutungsperspektiven anregen und den Aufbau neuer Deutungszusammenhänge fördern (Neukonstruktion).

4.1.3 Das Lernende-Lehrende-Verhältnis und die Rolle der Lehrperson

Die hohe Bedeutung von Partner- und Gruppenarbeiten in einer BSL erfordert eine Aufweichung der klassischen Rolle der Lehrperson als Vermittlerin von Wissen und bedingt ein Reflektieren ihrer verschiedenen Funktionen.

Grundsätzlich sollte das Lernende-Lehrende Verhältnis in einer BSL von gegenseitigem Respekt, von Vertrauen, Offenheit, Akzeptanz, Toleranz und Authentizität sowie der Bereitschaft, voneinander zu lernen, geprägt sein. Deshalb ist es wichtig, dass die Lehrperson von ihrer Expertenfunktion abrückt und die Lernenden möglichst häufig nicht nur am Unterrichtsgeschehen, sondern bereits an der Planung von Lernprozessen, der Festlegung von Zielen sowie Beurteilungskriterien und -formen partizipieren lässt.

Die Anforderungen an eine Lehrperson für BSL sind vielfältig. Die Lehrperson fungiert zunächst einmal als *Organisatorin* von Lernprozessen, die es Lernenden ermöglicht, sich mit Problemen auseinanderzusetzen, Fragestellungen zu entdecken, zu experimentieren und selbstständig mit Lernmaterialien umzugehen. Dabei soll die Verantwortung für das Lernen zunehmend den Lernenden übertragen werden. Zudem sollen die Lernenden in einzelnen Sequenzen die Rolle der Expertin bzw. des Experten selbst übernehmen und den Mitlernenden sowie auch der Lehrperson neues Wissen erschliessen. In einer BSL müssen sich die Lehrpersonen dessen bewusst sein, dass ihr Verhalten zur Aufrechterhaltung unerwünschter gesellschaftlicher Verhältnisse wie auch zur deren Veränderung beitragen kann. In Anlehnung an Bönsch (1994) müssen Lehrende daher sowohl selbst eine kritisch-aufklärerische Analyse der konkreten gesellschaftlichen Verhältnisse, in denen sie leben, vornehmen als auch die Lernenden dazu befähigen, dies zu tun. Die Lernenden sollten für Abhängigkeitsverhältnisse sensibilisiert werden und lernen, Autoritätsansprüche kritisch zu reflektieren; ebenso sollten sie in angstfreiem und kritischem Denken gefördert werden.[111] Die Lehrperson übernimmt dabei die Rolle der *Provokateurin*, die etablierte Bedeutungsperspektiven erschüttert, dann aber zur *Türöffnerin* wird, die Alternativen sichtbar werden lässt. Auf diese Weise hilft sie den Lernenden, ihr kreatives Potenzial zu erschliessen und so neue Bedeutungsperspektiven aufbauen zu können.

Inwiefern Lehrpersonen einer BSL Vorbildcharakter haben sollten und was das genau bedeutet, ist eine heikle und schwierig zu beantwortende Frage. Die Lehrperson muss in jedem Fall authentisch sein in dem, was sie sagt und tut. Zugleich sollte sie sich mit ihrer Meinung aber nicht in den Vordergrund stellen und dadurch gegebenenfalls den Lernenden die Chance nehmen, sich eine eigene Meinung zu bilden. Es kann von Lehrenden nicht verlangt werden, dass sie selbst einen suffizienten Lebensstil leben. Allerdings ist eine BSL nur glaubwürdig und kann nur dann transformatorische Kraft entfalten, wenn sie die Auseinandersetzung mit Fragen nach dem rechten Mass im Hinblick auf die Nutzung natürlicher Ressourcen, ein Gefühl der Verantwortung gegenüber aktuell und zukünftig existierendem Leben, (Selbst-)Reflexionsfähigkeit sowie eine kritische Haltung gegenüber Egoismus und nicht nachhaltigen Werten, Einstellungen und Verhaltensweisen einfordert.

Die Rollen der Lernenden in einer BSL sind ebenso vielfältig wie die der Lehrenden. Die Lernenden sind nicht nur Empfangende von Wissen, sondern Hauptverantwortliche für ihren Lernprozess. Sie sind *Forschende*, die sich ihr Wissen selbst erschliessen; *Spezialist/-innen der Selbstkultivierung*, indem sie sich mit ihrer Gefühlswelt aktiv auseinandersetzen und lernen, sich selbst zu führen; *Interpretierende* und *Dekonstruierende* etablierter gesellschaftlicher Deutungsmuster; *Neukonstruierende* und *Visionäre* alternativer mentaler Infrastrukturen (Welzer 2011) und Zukunftsszenarien sowie *Experimentierende* im Feld suffizienter Handlungspraktiken.

Wir verstehen eine BSL als ein gemeinsames Experiment der Lernenden, an dem auch die Lehrperson teilnimmt.

4.1.4 Lernorte und Gefässe

Sowohl die Methoden als auch die Sozialformen und das Lehrende-Lernende-Verhältnis mit der Rolle der Lehrperson können erst dann ihr Potenzial für eine BSL entfalten, wenn auch der Wahl des Lernorts eine besondere Aufmerksamkeit geschenkt wird.

Eine der wichtigsten Funktionen von Lernorten in einer BSL besteht darin, den Lernenden eigene Erfahrungsmöglichkeiten zu bieten und sie zum aktiven, praktischen Lernen anzuleiten.

Ausserschulische Lernorte

Dazu eignen sich ausserschulische Lernorte besonders, da sie unmittelbares Erleben ermöglichen und an der Alltagswelt der Lernenden anknüpfen können. Beispielsweise können Personen, deren Leben sich an Suffizienzkriterien orientiert, besucht werden. Auch können Selbstexperimente an dafür geeigneten Orten durchgeführt werden, wie z. B. vor dem eigenen Kleiderschrank, den es zu entrümpeln gilt, auf dem Gemüsemarkt, in der Küche, im Garten oder in einer Werkstatt.

Schulische Lernorte

Der Gestaltungsfreiheit der schulischen Lernorte sind oftmals enge Grenzen gesteckt (z. B. Platznot, häufige Raumwechsel, vorgegebene Möblierung).[112] Jedoch können durch kleine Veränderungen grosse Wirkungen erzielt werden. So ist es beispielsweise sinnvoll, bei der Sitzordnung im Schulzimmer darauf zu achten, dass alle Lernenden sowie die Lehrperson direkten Blickkontakt zueinander haben, damit ein «Wir-Gefühl» entstehen kann.[113] Auch Gruppentische ermöglichen eine andere Unterrichtskultur als die herkömmlichen, auf das Lehrerpult ausgerichteten Sitzreihen. Die Lernräume sollten ermöglichen, sich ganzheitlich und nicht nur z. B. als denkendes Wesen wahrzunehmen. Das heisst, es sollten Räume für Bewegung, handwerkliche Tätigkeiten, zum Sinnieren, Reflektieren und Fantasieren, zum Entspannen und Regenerieren, zum Austausch mit anderen usw. zur Verfügung stehen. Zudem sollte jeder Lernende die Möglichkeit haben, zwecks Horizonterweiterung und Perspektivenwechsel, den Blick in die Ferne schweifen zu lassen. Eine möglichst naturbelassene Umgebung wäre dem zuträglich und könnte zudem das Nachdenken über nachhaltigkeitsrelevante Themen, insbesondere ökologische, fördern.

Gefässe

Wie aus den bisherigen Ausführungen deutlich wird, benötigt BSL, umfassend gedacht, Zeit. Und idealerweise werden bei den Lernenden wie auch bei den Lehrenden Prozesse angestossen, an denen möglichst über einen längeren Zeitraum ohne Unterbrechungen gearbeitet werden kann. Daher erachten wir Gefässe wie Blockwochen, Projekttage und vor allem interdisziplinäre Projekte als besonders geeignet.

Abschliessend ist es wichtig zu sehen, dass weder einzelne Methoden noch einzelne Sozialformen oder Lernorte bzw. Gefässe alle Anforderungen an die Lernumgebung (15 Punkte in Abschnitt 5.1) auf einmal abdecken können, sondern dass die Lernumgebung als Ganzes dies leisten muss.

4.2 Leistungsbeurteilung

Schliesslich gehören zum schulischen Lernprozess verschiedene Formen der Beurteilung. Damit der Lernprozess im Sinne einer BSL gelingen kann, ist es erforderlich, Sinn, Zweck und Ausgestaltung auch der Beurteilungen an den in Kapitel 3 formulierten Bildungszielen und zu fördernden Kompetenzen auszurichten. Dies heisst, insbesondere Formen der Beurteilung zu bevorzugen, die auf die Reflexion des Lernprozesses abzielen, und weniger konventionelle Arten der Leistungsbeurteilung mit Notengebung einzusetzen, die das Leistungsprinzip widerspiegeln. Neben Kommentaren der Lehrperson schliesst dies auch Formen ein, in denen die Lernenden ihren Lernprozess selbst beurteilen oder einander gegenseitig ein Feedback geben.

Mit dem Ziel, intrinsische Motivation zu fördern und die Lernenden zu befähigen, Verantwortung für ihren Lernprozess zu übernehmen, ist für die Leistungsbeurteilung insbesondere zu beachten, dass die Lernenden in die Beantwortung der Frage einbezogen werden, was als Leistung verstanden und gemäss welchen Kriterien beurteilt oder zurück gemeldet wird. Dabei ist es sinnvoll, nicht nur Lernprodukte, sondern vor allem Lernprozesse zu bewerten. Zudem sollen die verschiedenen Formen der Beurteilung nicht als Kontrolle oder als externe Form der Belohnung oder Bestrafung verstanden werden, sondern als Information über den Lernprozess. Mischformen von Noten mit ergänzenden verbalen Kommentaren und anschliessender Beratung bieten sich an.

Wichtig ist, dass die Beurteilung, Sichtung oder Kommentierung nicht nur durch die Lehrperson erfolgt, sondern dass die Lernenden sich sowohl gegenseitig beobachten, kommentieren und evaluieren als auch befähigt werden, sich selber Ziele zu setzen und diese zu erreichen bzw. Lernprozesse zu beobachten, zu evaluieren und aus den Erfahrungen zu lernen (siehe Abschnitt 4.1).

Geeignete Formen von Leistungs- bzw. Entwicklungsbeurteilungen und -beobachtungen sind selbstreflexive Lerndiagnosen wie insbesondere Portfolio,[114] Lerntagebücher, Prozessprotokolle und Reflexionspapiere. Die Lernenden könnten auch Essays verfassen, in denen sie ihren Lernfortschritt aus der eigenen Perspektive reflektieren. Diese sind vorteilhaft, um den Lernenden aufzuzeigen, wo sie sich im Lernprozess befinden, wo ihre Stärken sind (Positives verstärken statt Negatives betonen) und wo ihr Entwicklungspotenzial liegt. Dies geschieht nicht direktiv durch die Lehrperson, sondern wird den Lernenden durch die Selbstreflexion ersichtlich. Dabei muss insbesondere die Gefahr der sozialen Erwünschtheit berücksichtigt werden. Es könnten auch Beurteilungsgespräche zwischen Lernenden und der Lehrperson stattfinden, um den Lernprozess zu bewerten.

Exemplarisch wird nachfolgend eine besonders für eine BSL geeignete Variante einer Leistungsbeurteilung – das Portfolio – vorgestellt:

Beim Portfolio handelt sich um eine Form der Leistungsbeurteilung, bei der die Bewertungs- und die Unterrichtsfunktion integriert werden. Ein wichtiges Prinzip ist, dass vor allem solche Kompetenzen gefördert werden, die auch zur Lösung entsprechender Aufgaben im Alltag erforderlich sind (siehe Kompetenzen in Kapitel 3). Das Portfolio kann gleichzeitig als Lehr-Lern-Instrument und als (Selbst-)Beurteilungsinstrument eingesetzt werden, verbindet daher das Lehren und Lernen mit dem (Selbst-)Beurteilen. Portfolios ergänzen die übliche Fremdbeurteilung durch die Leistungs- bzw. Kompetenzdarstellung der Lernenden. Wichtig ist, dass nicht nur das Lernergebnis, sondern auch der Lernprozess abgebildet wird, damit das eigene Lernen durch Selbstbeobachtung, Selbstbeurteilung und Metakognition besser gesteuert werden kann. Der Fokus liegt nicht mehr auf dem, was die Lernenden *nicht* können, sondern auf dem, was sie können. Dies reduziert das Versagensrisiko und fördert zudem die Kommunikation zwischen Lehrenden und Lernenden über die erbrachten Leistungen.

Das Portfolio zeichnet sich somit durch folgende drei Aspekte aus: Es fördert die Kommunikation über Leistungen, die Transparenz hinsichtlich der Leistungsanforderungen sowie die Partizipation der Lernenden bei der Erstellung und Anwendung von Beurteilungskriterien sowie der Beurteilung selbst. Das Portfolio gilt nicht zuletzt aufgrund dessen als «Reforminstrument zur Weiterentwicklung der Lern-Lehr-Kultur».[115]

4.3   Bildung für einen suffizienten Lebensstil im Fächerkanon

Auf der inhaltlichen Ebene finden sich in den Schulfächern zahlreiche Anknüpfungspunkte für eine BSL. Wie in Kapitel 2 dargelegt, ist BNE in der Sekundarstufe II bereits gut verankert. So stellt BNE beispielsweise im Lehrplan 17 für die Gymnasien des Kantons Bern eine fächerübergreifende Dimension dar, zu der jedes Fach einen Beitrag zu leisten hat. In diesem Lehrplan wird zu jedem einzelnen Unterrichtsfach aufgeführt, wo es Anknüpfungspunkte zu einer BNE gibt. An diese Vorgaben von BNE lässt sich mit einer BSL gut anknüpfen.

Wir verzichten daher an dieser Stelle darauf, die vielfältigen Anknüpfungspunkte in den einzelnen Fächern aufzuzeigen, und fokussieren einen anderen Bereich – den der interdisziplinären Zusammenarbeit.

Besonders dieser Bereich bietet ein grosses Potenzial für die Förderung einer BSL, weil verschiedene disziplinäre Perspektiven zusammenkommen, was einem ganzheitlichen Verständnis einer Thematik zuträglich ist, Offenheit und Reflexionsfähigkeit sowie kreative Prozesse des Lernenden fördern kann.

Vorschläge für interdisziplinäres Zusammenarbeiten:
- **Psychologie + Latein:** Konstanten menschlicher Regungen (z.B. Gier) als Antriebskraft der Geschichte psychologisch analysieren und in Relation zum gegenwärtigen Konsumismus setzen (*Eine kleine Begriffsgeschichte der Gier* im Sinne des «Nicht-genug-haben-Könnens»)
- **Psychologie + Religion + Philosophie:** Religiöse und philosophische Konzepte von Genügsamkeit in Bezug setzen zu aktuellen psychologischen Konzepten von Begierde versus Genügsamkeit (mit Durchführung psychologischer Experimente)

- **Wirtschaft und Recht + Geografie + Religion:** Vergleich von BIP und alternativen Wohlstandskonzepten wie «Bruttonationalglück» (Bhutan) und «Buen Vivir» (Bolivien, Ecuador) in Bezug auf Vorstellungen von gutem Leben, Wirtschaftssystemen, religiös-spirituellem Überbau und verschiedenen Menschenbildern
- **Deutsch + Geschichte:** Die literarische Rezeption der Beziehung des Menschen zur Natur in verschiedenen Epochen untersuchen
- **Religion + Biologie + Physik + Deutsch:** Sprachliche Bilder und ihre Konnotationen in Bezug auf die Wahrnehmung und Deutung der Erde als «Schöpfung», «Mutter Erde» o.Ä. versus Planet mit einer biologischen «Ausstattung» und seiner Entstehung untersuchen
- **Bildnerisches Gestalten + Chemie:** Kunstobjekte aus Abfallmaterialien erstellen
- **Biologie + Bildnerisches Gestalten:** Achtsamkeitsübungen zur sinnlichen Wahrnehmung eines Objekts in der Natur und dessen künstlerische Darstellung, vernetzt mit den biologischen Hintergründen
- **Musik + Biologie:** Der Natur «zuhören» und das Gehörte aufnehmen, eine Komposition daraus kreieren («Soundscapes»)[116] und vernetzen mit den biologischen Hintergründen

Anmerkungen

101 www.sn.schule.de/~sud/methodenkompendium/module/1/5_4.htm (Zugriff: 25.10.2018).

102 Zum Begriff der Bedeutungsperspektive siehe Abschnitt 2.3.2.

103 Nach Kohlberg (1996) stellt die Fähigkeit zur Distanzierung von den eigenen Bedürfnissen und Interessen ein wichtiges Kriterium einer hohen moralischen Entwicklungsstufe dar.

104 Vgl. Mattes 2011, S. 176.

105 Vgl. a.a.O., S. 177.

106 Vgl. Frey & Frey-Eiling 2016.

107 So bietet z. B. der Universitätssport Bern Achtsamkeitstrainings an. Siehe dazu: www.unibe.ch/universitaet/campus_und_infrastruktur/universitaetssport/sportangebot/sport_a_z/meditation/index_ger.html (Zugriff: 24.11.2018). Zudem werden Achtsamkeitsübungen auf Sekundarstufe II in diversen Gefässen (z. B. im Rahmen von Gesundheitswochen oder im Sportunterricht) angewendet.

108 Kaltwasser 2016, S. 68.

109 Kontakte siehe: https://mindfulness.swiss/der-verband/mbsr-lehrende/ (Zugriff: 17.10.2018).

110 Nelson 2002, S. 47.

111 Vgl. Bönsch 1994.

112 Vgl. a.a.O. S. 79.

113 Vgl. Leitschuh 2014.

114 Zum Portfolio siehe Hilbe & Herzog 2011, S. 28.

115 Häcker 2005, S. 8.

116 Z.B. https://www.srf.ch/kultur/musik/bernie-krause-sammelt-den-sound-der-natur (Zugriff: 12.11.2019).

B
Unterrichtsvorschläge

Bildung für ein gutes Leben in einer endlichen Welt

(7 Module)

5. Unterrichtsvorschläge für eine Bildung für ein gutes Leben in einer endlichen Welt

5.1 Einleitung

5.2 Überblick über das Grundlagenmodul und die Themenmodule

5.1 Einleitung

Jedes der nachfolgenden Module enthält, abgeleitet aus den vier Bildungszieldimensionen einer BSL (siehe Kapitel 3), einen Vermittlungsteil, einen Reflexionsteil, einen Erlebnisteil, einen Motivations- und einen Eigenaktivitätsteil.

Darin werden gefördert:
- **Eigenaktivität**: z. B. Selbstexperimente, selbstständig Projekte durchführen
- **Erleben:** z. B. Begegnungen/Exkursionen, Best-Practice-Beispiele kennenlernen
- **Reflexion:** z. B. Reflexion und Diskussion v. a. von Fragen und Problemen bezüglich des Zusammenhangs zwischen einem suffizienten Lebensstil und einem guten Leben
- **Motivation:** z. B. Stärkung von psychischen Ressourcen und Kompetenzen (Befähigung) im Hinblick auf ein gutes Leben im Kontext einer nachhaltigen Entwicklung mit Fokus auf Suffizienz
- **Wissensaufbau:** z. B. Sachinformationen zu Suffizienz, einem suffizienten Lebensstil und dem guten Leben

Das Grundlagenmodul fokussiert den inhaltlichen Kern unseres Bildungskonzepts und bietet daher eine Einführung in die Thematik «Suffizienz, suffizienter Lebensstil und gutes Leben». Es ist somit für das Verständnis der darauf aufbauenden Themenmodule notwendig und daher jeder Unterrichtssequenz der Themenmodule voranzustellen.

Auf das Grundlagenmodul folgen sechs in sich abgeschlossene Wahlmodule zu verschiedenen Themen. Diese können gut einzeln oder in beliebiger Reihenfolge durchgeführt werden. Sie ermöglichen aber auch, dass Teile daraus herausgelöst und anders als von uns vorgeschlagen kombiniert werden.

Die sechs Wahlmodule sind:
- Materieller Konsum in einer endlichen Welt
- Ernährung in einer endlichen Welt
- Mobilität in einer endlichen Welt
- Wohnen in einer endlichen Welt
- Arbeit und Engagement in einer endlichen Welt
- Freizeit in einer endlichen Welt

Zu Beginn jedes Themenmoduls werden die Lernziele aufgeführt.

Die Struktur der einzelnen Themenmodule folgt den vier Leitfragen:[117]
- A) *Welche Rolle spielt der jeweilige Bereich für ein gutes Leben?*
- B) *Zu welchen ökologischen und sozialen Problemen trägt das eigene Verhalten im jeweiligen Bereich bei?*
- C) *Worin besteht ein suffizienter Lebensstil im jeweiligen Bereich?*
- D) *Worin liegt das Potenzial eines suffizienten Lebensstils im jeweiligen Bereich für ein gutes Leben?*

Wir haben darauf keine abschliessenden Antworten. Unsere Vorschläge sollen bloss eine Richtung vorgeben. Sie geben lediglich die Richtung vor.

Die Wahlmodule setzen sich mit suffizienzrelevanten Themen auseinander. Gleichzeitig handelt es sich dabei auch um Themen, die den inhaltlichen Kern von Lebensstilen bilden, besteht Leben in modernen Gesellschaften doch im Allgemeinen darin, sich zu ernähren, zu wohnen, zu arbeiten, seine Freizeit zu gestalten, unterwegs zu sein und sich mit Dingen oder Dienstleistungen zu versorgen.

Da es in unserem Bildungskonzept nicht in erster Linie darum geht, bestimmte Handlungsweisen zu erwirken, sondern vielmehr darum, eine bestimmte Haltung zu entwickeln, die sich in allen Bereichen (durchaus durch entsprechendes Handeln) niederschlagen soll, wird bei den Themenmodulen keine Gewichtung, beispielsweise nach der Bedeutung des jeweilgen Themas für den Ressourcenverbrauch, vorgenommen.

Es besteht auch kein Anspruch, die Themenmodule trennscharf voneinander abzugrenzen. Es ist davon auszugehen, dass die Lehrpersonen gezielt solche Module auswählen werden, die sich für ihren Unterricht thematisch besonders eignen, und seltener die Möglichkeit haben werden, mehrere oder gar alle Module durchzuführen. Insofern ist es auch nicht erforderlich, Trennschärfe anzustreben; vielmehr sollte die inhaltliche Bandbreite innerhalb der Themen möglichst gross sein.

5.2 Überblick über das Grundlagenmodul und die Themenmodule

Grundlagenmodul

Das Grundlagenmodul umfasst vier bis sechs Lektionen. Es zielt darauf ab, dass sich die Lernenden mit ihren Vorstellungen, was ein gutes Leben ausmacht, auseinandersetzen. Vor diesem Hintergrund sollen sie sich möglicher Zusammenhänge mit einem suffizienten Lebensstil bewusst werden. Weiterhin sollen die Lernenden befähigt werden, sich Grundlagenwissen zu Suffizienz und einem suffizienten Lebensstil (v.a. Verständnis, Notwendigkeit, Konzepte guten Lebens, die mit einem suffizienten Lebensstil kompatibel sind) zu erschliessen.

Das Grundlagenmodul sollte deshalb durchgeführt werden, bevor sich die Lernenden mit spezifischen thematischen Bereichen eines suffizienten Lebensstils auseinandersetzen. Hintergrundinformationen zum Grundlagenmodul finden sich in Kapitel 2.

Schwerpunkte der Unterrichtssequenz: Suffizienz und das gute Leben
- Auseinandersetzung mit der Frage nach dem eigenen guten Leben im Kontext von Suffizienz
- Auseinandersetzung mit dem Konzept der Genügsamkeit und Fragen nach dem rechten Mass bei der Nutzung von natürlichen Ressourcen

- Aufbau von Grundlagenwissen zu den drei Nachhaltigkeitsstrategien Effizienz, Konsistenz und insbesondere Suffizienz
- Neugierde wecken für einen suffizienten Lebensstil und motivationale Anreize schaffen, Praktiken eines solchen Lebensstils selbst auszuprobieren

Themenmodul: Materieller Konsum in einer endlichen Welt

Zugang 1: Der Mensch und seine Dinge

In diesem Zugang stehen die Beziehungen zu materiellen Dingen im Allgemeinen im Zentrum. Er eignet sich daher besonders als Einstieg in die Thematik «Konsum in einer endlichen Welt». Die Lernenden sollen sich ihres Umgangs mit materiellen Dingen sowie deren Bedeutung für ein gutes Leben bewusst werden, beide Aspekte beleuchten und kritisch reflektieren. Die Frage nach dem rechten Mass lässt sich zunächst rein quantitativ auf die Menge der Dinge beziehen. In diesem Zugang geht es daneben aber auch um die ästhetische Frage, durch welche Eigenschaften diese Dinge anziehend wirken. Es soll ein kritischer Blick auf die in modernen Gesellschaften vorherrschenden Schönheitsideale geworfen werden, die das Neue favorisieren und Alters- oder Verschleissspuren an Gegenständen negativ konnotieren. Insofern können diese Schönheitsideale als eine der Ursachen für übermässiges Konsumieren angesehen werden und bedürfen daher aus Suffizienzperspektive einer kritischen Reflexion.

Schwerpunkte der Unterrichtssequenz A: Hundert Dinge zum Leben
- Auseinandersetzung mit der Frage, welche Dinge wirklich erforderlich sind, um ein gutes Leben zu führen
- Reflexion der Bedeutung von materiellen Dingen in modernen Gesellschaften

Schwerpunkte der Unterrichtssequenz B: Anders schön
- Kritische Auseinandersetzung mit gängigen Schönheitsidealen, wie sie zum Beispiel durch die Werbung transportiert werden
- Kennenlernen von alternativen Schönheitsidealen, die das Potenzial haben, einen ressourcenschonenden Umgang mit materiellen Dingen zu fördern

Zugang 2: Kauflust – Kauffrust?

In diesem Zugang steht die Reflexion des eigenen Konsumverhaltens im Zentrum. Die Lernenden werden dazu befähigt, ein Bewusstsein darüber zu entwickeln, aus welchen Gründen sie Dinge kaufen und mit welchen Gedanken und Emotionen Kaufakte bei ihnen einhergehen. Des Weiteren geht es in diesem Zugang darum, alternative Arten des Erwerbs von Gegenständen wie Teilen und Tauschen kennenzulernen, insbesondere auch praktische Erfahrungen damit zu machen und deren Vor- und Nachteile zu reflektieren. Und schliesslich erfolgt eine Auseinandersetzung mit Abfall, einer oft vernachlässigten Begleiterscheinung des Konsums. Die Lernenden werden so sensibilisiert für die Menge und die Arten der von uns produzierten Abfälle und können verschiedene Möglichkeiten ausloten, Abfall zu verringern.

Schwerpunkte der Unterrichtssequenz A: Ich kaufe nicht, also bin ich?
- Kritische Auseinandersetzung mit dem eigenen Kaufverhalten und den diesem zugrunde liegenden Bedürfnissen, Wünschen und allfälligen inneren Konflikten
- Bewusstwerden der unterschiedlichen Empfindungen, die mit Kaufakten einhergehen

Schwerpunkt der Unterrichtssequenz B: Teilen und Tauschen
- Kennenlernen und Ausprobieren von ressourcenschonenden Möglichkeiten der Bedürfnisbefriedigung wie z. B. Tauschen und Teilen

Schwerpunkte der Unterrichtssequenz C: Abfallen vom Abfall
- Reflexion des Begriffs «Abfall» und unseres Umgangs mit materiellen Dingen, die nicht mehr unseren Anforderungen entsprechen
- Kennenlernen von Möglichkeiten ressourcenschonenden Umgangs mit «Abfall»
- Einüben von Techniken wie Reparieren, Umnähen, Recyceln, Upcyceln, Zweckentfremden

Themenmodul: Ernährung in einer endlichen Welt

Zugang 1: Du bist, was du isst

In diesem Zugang geht es zum einen darum, sich der eigenen Ernährungsgewohnheiten und der Bedürfnisse, Werte und Einstellungen rund um das Thema «Essen und Trinken» bewusst zu werden und die Achtsamkeit beim Essen und Trinken zu fördern. Zum anderen werden diese Aspekte mit ethischen Fragen zur weltweiten Nahrungsmittelproduktion verknüpft. Ziel ist es, ein Bewusstsein für das Thema «Ernährung» zu schaffen und die damit zusammenhängenden Fragen und Probleme zu reflektieren und Lösungsansätze zu finden, zu diskutieren und insbesondere auch selbst auszuprobieren. Die verschiedenen Möglichkeiten der Verschränkung von bewusstem, genussvollem und ethisch vertretbarem Essen und Trinken bilden den inneren Kern dieses ersten Zugangs.

Schwerpunkte der Unterrichtssequenz A: Das Gewissen isst mit
- Auseinandersetzung mit den persönlichen Gründen und Präferenzen für Nahrungsmittel
- Intensivierung und Differenzierung der sinnlichen Wahrnehmung im Hinblick auf Essen und Trinken
- Neugierde wecken für die Herkunft, die Produktionsweisen und -bedingungen unserer Lebensmittel
- Auseinandersetzung mit der Rolle von moralischen Überlegungen hinsichtlich der Wahl von Nahrungsmitteln

Schwerpunkte der Unterrichtssequenz B: Erdbeeren im Winter
- Auseinandersetzung mit Sinn- und Zweckhaftigkeit eines uneingeschränkten Zugangs zu Lebensmitteln
- Auseinandersetzung mit Fragen nach dem rechten Mass im Kontext von Ernährung
- Kennenlernen von Alternativen zu tierischen Produkten

Zugang 2: Essen als Grenzerfahrung

Dieser Zugang thematisiert zwei unterschiedliche, aber eng miteinander zusammenhängende Themen. In der ersten Sequenz geht es um die Problematik von Food-Waste und deren Lösung in Form von Kochen mit Abfällen u. a. Die Lernenden sollen dafür sensibilisiert werden, dass die Möglichkeiten zum Genuss von Lebensmitteln grösser sind, als vielfach angenommen, d.h., dass Lebensmittel über ihr Verfallsdatum hinaus genossen und Rüstabfälle auf kreative Art und Weise verarbeitet werden können.

Eine Auseinandersetzung mit Grenzen anderer Art bietet die Sequenz B, in welcher der Konsum von Insekten im Zentrum steht. Aus ökologischer Sicht ist der Verzehr von Insekten als Alternative zu herkömmlichen Fleischprodukten, wie die Sequenz zeigt, durchaus sinnvoll. Neben ästhetischen Vorbehalten gibt es aber auch ethische Bedenken, die in dieser Sequenz thematisiert werden.

Schwerpunkte der Unterrichtssequenz A: Rotten – Kochen mit Abfall
- Erweiterung der Grenzen davon, was alles als Ernährung infrage kommt
- Bewusstsein dafür entwickeln, dass «nichtperfektes» Obst und Gemüse problemlos genossen werden kann

Schwerpunkte der Unterrichtssequenz B: Heuschrecken, Mehlwürmer, Grillen und Co.
- Erweiterung des Repertoires von möglichen (nachhaltigen) Lebensmitteln mit Produkten aus Insekten
- Kennenlernen von Argumenten für und gegen den Verzehr von Insekten

Schwerpunkt der Unterrichtssequenz C: Die Food-Revolution an der Schule
- Die eigene Schule im Bereich «Ernährung» nachhaltiger gestalten durch Projekte, die von den jeweiligen Interessen der Lernenden ausgehen

Themenmodul: Mobilität in einer endlichen Welt

Zugang 1: Anders mobil

In diesem Zugang geht es darum, sich dessen bewusst zu werden, woher das Bedürfnis nach Mobilität kommt und wie, d.h. vor allem, mithilfe welcher Fortbewegungsmittel es befriedigt wird. Bei der Thematisierung verschiedenster Fortbewegungsmittel wird sowohl der Einfluss auf das eigene gute Leben als auch auf das gute Leben der Mitwelt reflektiert. Der unmittelbaren Erfahrung von Langsamkeit wird in diesem Zusammenhang ein besonderes Augenmerk geschenkt. Das Fahrrad dürfte eines der Hauptfortbewegungsmittel der Lernenden sein, doch ist davon auszugehen, dass nur wenigen bekannt ist, was dieses alles leisten kann. Die Lernenden sollen daher vielfältige Möglichkeiten, die Fahrradfahren eröffnet, kennenlernen. Übergreifend zeigt der Zugang auf, dass Mobilität grundlegend zu einem guten Leben gehört, dass es aber ebenso grundlegend für ein gutes Leben in einer endlichen Welt ist, sich ressourcenleicht fortzubewegen.

Schwerpunkt der Unterrichtssequenz A: Mobil sein – warum eigentlich?
- Reflexion der Gründe dafür, mobil sein zu wollen

Schwerpunkte der Unterrichtssequenz B: Ich bike, also bin ich!
- Kennenlernen und Ausprobieren verschiedenster Einsatzmöglichkeiten des Fahrrads

Schwerpunkte der Unterrichtssequenz C: Slow motion
- Reflexion der Bedeutung von Schnelligkeit und deren Gegenpol, der Langsamkeit, für das eigene gute Leben
- Reflexion der Werte, die die Lernenden mit Schnelligkeit und Langsamkeit verbinden
- Kennenlernen der unmittelbaren körperlichen Erfahrung von Langsamkeit
- Reflexionen darüber, wie sich Schnelligkeit und Langsamkeit auf das persönliche sowie auf das gute Leben der Mitwelt auswirken

Schwerpunkt der Unterrichtssequenz D: Mobil in der Mitwelt
- Reflexion der Auswirkungen des eigenen Mobilitätsverhaltens auf die Mitwelt (u.a. in Bezug auf Umweltfreundlichkeit, Kontaktmöglichkeiten und den Verbrauch natürlicher Ressourcen)

Zugang 2: Verdichtung einmal anders
Während beim Zugang 1 die Wahl der Fortbewegungsmittel im Vordergrund steht, geht es in diesem Zugang um die Frage, wie Wege vermieden bzw. stark verkürzt werden können. Dazu sollen die Lernenden Möglichkeiten eruieren, wie Wege verkürzt oder verhindert werden können und wie die räumlichen Ziele, die erreicht werden sollen, idealerweise an einem Ort zusammengebracht werden können.

Das Problem und Ärgernis unnötiger und unliebsamer Wege betrifft nicht nur die Lernenden, und die Vorstellung, an der Lösung eines gesamtgesellschaftlichen Problems mitzudenken und mitzuarbeiten, kann sowohl die Motivation als auch die Kreativität der Lernenden fördern und die Selbstwirksamkeit stärken.

Schwerpunkt der Unterrichtssequenz A: Kurze Wege in der Stadt
- Suche nach Möglichkeiten, wie Wege, die den Vorstellungen von einem guten Leben entgegenstehen, reduziert oder gar verhindert werden könnten

Schwerpunkt der Unterrichtssequenz B: Alles unter einem Dach
- Kennenlernen der Mehrfachnutzung von Räumen als ressourcenschonende Option, die es ermöglicht, verschiedenartige Bedürfnisse an ein und demselben Ort zu unterschiedlichen Zeiten zu befriedigen

Zugang 3: Reisen: Traum oder Albtraum?
In diesem Zugang werden die Lernenden dazu motiviert, ihren individuellen Sehnsüchten nach Reisen nachzuspüren und Möglichkeiten anzudenken, wie diese Bedürfnisse im Sinne eines guten Lebens für alle in einer endlichen Welt befriedigt werden können, wobei das Fliegen – als gleichzeitig besonders beliebte und ressourcenintensive Fortbewegungsart – eine zentrale Rolle einnimmt.

Schwerpunkte der Unterrichtssequenz A: Sinn und Unsinn vom Reisen
- Reflexion der Beweggründe für das Reisen in Zusammenhang mit Vorstellungen des eigenen guten Lebens
- Offenlegung und Diskussion des Spannungsfeldes zwischen dem eigenen Bedürfnis und dessen Befriedigung in einer Welt endlicher und zunehmend knapper natürlicher Ressourcen
- Erarbeiten von Alternativen für die Wahl des Fortbewegungsmittels oder aber auch für die Art der Bedürfnisbefriedigung

Schwerpunkte der Unterrichtssequenz B: Geniessen statt Fliegen
- Erarbeitung der Steuerungsmechanismen (wer oder was steuert?), die dazu führen, dass das Flugzeug oft die erste Wahl bei Reisen ist
- Offenlegung, Diskussion und Reflexion, sowohl der persönlichen Beweggründe als auch der gesellschaftlichen Muster und Rahmenbedingungen, welche die obgenannte Wahl stark beeinflussen

Themenmodul: Wohnen in einer endlichen Welt

Zugang 1: Is my home my castle?
Im Fokus des vorliegenden Zugangs stehen Fragen nach der Bedeutung von Wohnen für ein subjektiv erlebtes gutes Leben. Des Weiteren werden Anreize gegeben, welchen Wohlfühleffekt ein entrümpeltes, genügsames Leben auszulösen vermag.

Schwerpunkte der Unterrichtssequenz A: «Hans im Schneckenloch hat alles ...»
- Kritische Auseinandersetzung mit den Themen «Wohnen, Wohlgefühl und Genügsamkeit», vorerst auf der Gefühlsebene
- Versuch, etwas an unstimmigen Wohnsituationen zu ändern
- Auseinandersetzung mit dem Gedanken, warum ein Zimmer oder eine Wohnung so wichtig für den Menschen ist

Schwerpunkte der Unterrichtssequenz B: «Seele» entrümpeln leicht gemacht
- Sich eine Methode aneignen, um Unwohlsein in den eigenen vier Wänden «zu bekämpfen»
- Sensibilisierung dafür, wie wenig der Mensch tatsächlich für sein subjektives Wohlgefühl benötigt
- In den Medien begehrte Inhalte hinterfragen lernen

Zugang 2: Smart Living, aber anders!
Dieser Zugang eignet sich, um sich der Bedeutung und Notwendigkeit gesellschaftlicher Transformation im Bereich Wohnen bewusst zu werden. Des Weiteren wird darauf eingegangen, wie Wohnen suffizienter gestaltet werden könnte.

Schwerpunkte der Unterrichtssequenz A: Was wäre denn wirklich «smart»?
- Die Bedeutung intelligenten Wohnens in all seinen Facetten eruieren
- Klärung zentraler Begriffe im Bereich suffizienten Wohnens
- Den Zusammenhang zwischen suffizientem Wohnen und einem subjektiv als gut empfundenen Leben erdenken

Schwerpunkt der Unterrichtssequenz B: Wohnen in hundert Jahren
- Siedlung der Zukunft in der Gruppe imaginieren beziehungsweise Visionen konkretisieren

Themenmodul: Arbeit und Engagement in einer endlichen Welt

Zugang 1: Ich arbeite, also bin ich!
Dieser Zugang geht der grundlegenden Frage nach, welche Rolle Arbeit für das individuelle gute Leben sowie für das gute Leben unserer Mitwelt einnimmt. Da in der heutigen Zeit der Begriff «Arbeit» weit überwiegend mit Erwerbsarbeit gleichgesetzt wird, nehmen auch die Reflexionen in diesem Modul ihren Ausgang bei dieser Setzung. Die Lernenden sollen dazu motiviert werden, die positiven und negativen Seiten der Erwerbsarbeit, so wie sie gegenwärtig in weiten Teilen des Globalen Nordens und der Schwellenländer gelebt wird, für das eigene gute Leben und das der Mitwelt kritisch zu reflektieren. Zudem lernen sie Möglichkeiten kennen, wie man die Rahmenbedingungen der aktuellen Erwerbsarbeit verbessern könnte, und werden dazu angeregt, diese Optionen hinsichtlich ihres eigenen guten Lebens und des Lebens anderer zu reflektieren und zu bewerten.

Schwerpunkt der Unterrichtssequenz A: Es ist nicht alles Gold, was glänzt!
- Auseinandersetzung mit den individuellen Erwartungen an die (zukünftige) Erwerbsarbeit und mit Faktoren, die als inakzeptabel bewertet werden

Schwerpunkt der Unterrichtssequenz B: Besser arbeiten im Hier und Jetzt
- Erarbeitung von Ansätzen, die das starre Erwerbsarbeitsraster, in dem man sich – wie in der Sequenz A aufgezeigt wurde – gefangen fühlen kann, aufbrechen und mehr Freiraum in unterschiedlichster Hinsicht bieten und somit zum guten Leben beitragen

Zugang 2: Mehr Zeit für Sinn
Dieser Zugang eignet sich dazu, das Begriffsverständnis von Arbeit zu reflektieren. Die Lernenden diskutieren, ob eine Reduktion von Arbeit auf Erwerbsarbeit angemessen und hinreichend ist, um Fragen nach dem guten Leben und dem Beitrag, den Arbeit dazu leisten kann oder soll, zu erörtern. Auf diese Weise sollen die Lernenden zu einem erweiterten Arbeitsbegriff gelangen, der auch Tätigkeiten umfasst, die nichts mit dem Erwerb zu tun haben. In der Unterrichtssequenz B wird untersucht, was die vielfältigen Tätigkeiten nach einem solchen erweiterten Arbeitsbegriff zu einem guten Leben beitragen können. Auf dieser Grundlage sollen die Lernenden in der Unterrichtssequenz B dazu motiviert werden, Visionen ihres persönlichen guten Arbeitslebens – umfassend verstanden – zu kreieren. Dies eröffnet die Möglichkeit, ein jeweils individuelles Zusammenspiel verschiedener Arbeitsarten zu entwickeln. Die Lernenden sollen zudem den Zusammenhang von Zeit und Arbeit vertieft reflektieren, und zwar vor dem Hintergrund des Anspruchs, dass Arbeit dem guten Leben zuträglich sein soll. Dabei lernen sie das Konzept des Zeitwohlstands kennen und werden motiviert, Überlegungen anzustellen, welche Tätigkeiten ein gewisses Mass an Zeit erfordern, wenn sie zielführend, sinnstiftend und dem guten Leben dienlich ausgeführt werden sollen (Unterrichtssequenz C).

Schwerpunkt der Unterrichtssequenz A: Die Vielfalt der Arbeit
- Aufarbeitung der Bedeutungsvielfalt des Begriffs «Arbeit»

Schwerpunkte der Unterrichtssequenz B: Und wo will ich wirklich hin?
- Entwicklung eines Idealbilds von Arbeit für das gute Leben (jenseits von möglichen Einschränkungen, Rahmenbedingungen, Erwartungen von anderen usw.)
- Reflexion darüber, ob und allenfalls wie das persönlich bevorzugte Modell hinsichtlich seiner Auswirkungen auf alle anderen Menschen übertragbar wäre

Schwerpunkte der Unterrichtssequenz C: Arbeit und Zeitwohlstand
- Erarbeitung eines Verständnisses der Konzepte Zeitwohlstand und Entschleunigung
- Reflexion möglicher Zusammenhänge dieser beiden Konzepte mit einem guten Leben

Zugang 3: Unsere Schule geht voran
Dieser Zugang ermöglicht Erfahrungen mit den Möglichkeiten suffizienzorientierter Projekte, welche die ganze Schule betreffen. Die Lernenden sollen erfahren, dass das gemeinsame Entwickeln von Ideen und Umsetzen von Projekten sinnvoll, wirksam und gleichzeitig eine Bereicherung für die persönliche Entwicklung sein kann. Dabei sollten sie erleben können, dass sich gemeinsames Engagieren lohnt und sie so zu Veränderungen beitragen können, die eine Einzelperson alleine nicht bewirken kann (Unterrichtssequenz A). Unterrichtssequenz B ermöglicht den Lernenden, sich mit der Schule als Akteurin in einer endlichen Welt auseinanderzusetzen. Dabei stehen Diskussionen an, welche Verantwortung die Schule beim Thema «Suffizienz» trägt und wie deren zukünftige Rolle aussehen könnte. Die Schule soll als handelnde Akteurin, die Möglichkeiten hat, sich für ein gutes Leben und suffiziente Anliegen einzusetzen, erfahren und begriffen werden.

Schwerpunkte der Unterrichtssequenz A: Wir konzipieren ein Projekt an unserer Schule
- Entwickeln und Umsetzen von Projekten, welche die ganze Schule betreffen
- Reflexion persönlicher Erfahrungen mit kollektivem Engagement und des Mehrwerts von kollektivem Engagement

Schwerpunkte der Unterrichtssequenz B: Unsere Schule in der endlichen Welt
- Reflexion der Rolle und Verantwortung der eigenen Schule vor dem Hintergrund der Diskussionen um die biophysikalischen planetaren Grenzen und die soziale Gerechtigkeit
- Erkunden der Möglichkeiten und Grenzen der Schule als Akteurin, sich für ein gutes Leben und suffiziente Anliegen einzusetzen

Themenmodul: Freizeit in einer endlichen Welt

Zugang 1: Das Leben gestalten
Zugang 1 steht unter dem Zeichen einer allgemeinen Auseinandersetzung mit dem Thema «Freizeit». Dabei stehen beispielsweise Überlegungen zum Freizeitbegriff im Zentrum: Die Lernenden diskutieren, in welchem Sinn es sich bei der Freizeit um eine «freie» Zeit handelt. Des Weiteren erfolgt eine Auseinandersetzung mit der Frage, wie man mit der eigenen freien Zeit umgehen möchte. Die Lernenden erhalten zudem einen Einblick in verschiedenen Möglichkeiten, wie Freizeit und das Leben insgesamt abseits des Mainstreams gestaltet werden können. Und schliesslich werden Anreize geschaffen, sich mit der Kunst des Verweilens zu beschäftigen und sich dieser im Rahmen kleinerer Experimente hinzugeben. Auf diese Weise hinterfragen die Lernenden den herrschenden Imperativ der Produktivität und der Geschäftigkeit und lernen andere Möglichkeiten des Seins in der Welt kennen, sie probieren diese aus und reflektieren deren Wert für das eigene gute Leben.

Schwerpunkte der Unterrichtssequenz A: Freizeit – freie Zeit?
- Auseinandersetzung mit dem Begriff der «Freizeit»
- Reflexion der eigenen Lebensgestaltung
- Nachdenken über die Rolle von Tempo sowie Aktivität und Passivität für die eigene Lebensgestaltung

Schwerpunkte der Unterrichtssequenz B: Die Kunst des Verweilens
- Auseinandersetzung mit der Bedeutung von Musse und Verweilen für das eigene gute Leben
- Reflexion des Lebenstempos der modernen Welt und Kennenlernen von entschleunigten Lebensweisen

Zugang 2: Fussabdruck der Freizeit
Dieser Zugang soll in einem ersten Teil (Unterrichtssequenz A) zu einer Auseinandersetzung mit der Ressourcenintensität verschiedener Freizeitbeschäftigungen anregen. Es wird davon ausgegangen, dass heutige Jugendliche in ihrer Freizeit viel Zeit für Be-

schäftigungen aufwenden, deren Ausübung auf elektronische Geräte (Handy, Laptop, Tablet usw.) angewiesen ist.[118] Dabei geht es einerseits um die Relevanz solcher Beschäftigungen für das eigene gute Leben, andererseits aber auch um die Auswirkungen auf die Umwelt und andere Menschen. Es soll ein Bewusstsein dafür geschaffen werden, dass für die Herstellung und die Verwendung der elektronischen Geräte natürliche, oftmals auch nicht erneuerbare Ressourcen benötigt werden, deren Gewinnung und Verarbeitung zudem soziale Probleme verursachen.

In einem zweiten Teil (Unterrichtssequenzen B und C) geht es darum, die Lernenden für die Notwendigkeit gesellschaftlichen Engagements für suffiziente Anliegen zu sensibilisieren. Darüber hinaus sollen die Lernenden erfahren, dass gesellschaftliches Engagement für ihr eigenes gutes Leben Vorteile haben kann. Die Lernenden sollen weiter dazu angeregt und befähigt werden, sich über solche Erfahrungen auszutauschen, diese Erfahrungen zu reflektieren und sich mit den eigenen Wünschen und Möglichkeiten auseinanderzusetzen. Damit alle den Wert ihres Engagements konstruktiv reflektieren können, müssen bei diesem Zugang die ganze Bandbreite gesellschaftlichen Engagements mitgedacht und alle Formen gesellschaftlichen Engagements als gleichwertig betrachtet werden.

Schwerpunkte der Unterrichtssequenz A: Öfter mal offline?
- Auseinandersetzung mit der Frage nach der Relevanz von digitalen Medien für das eigene gute Leben
- Experimentieren mit ressourcenleichten Freizeitaktivitäten

Schwerpunkte der Unterrichtssequenz B: Engagement für Suffizienz
- Erkundung der eigenen Motivation zu individuellem Engagement für suffiziente Anliegen
- Erstellen eines Suffizienzprofils
- Sammeln und Reflektieren von Erfahrungen mit Engagement für suffiziente Anliegen anderer

Schwerpunkte der Unterrichtssequenz C: Mein Engagement jetzt und in fünf Jahren – mit Schnupper-Engagements
- Sammeln von eigenen Erfahrungen mit Engagement für suffiziente Anliegen im Rahmen von Schnupper-Engagements
- Reflexion der verschiedenen Erfahrungen mit Schnupper-Engagements
- Klärung der Frage, in welchen Bereichen sich die Lernenden engagieren möchten

Anmerkungen
117 Die Struktur des Moduls «Arbeit und Engagement in einer endlichen Welt» wurde leicht modifiziert (siehe Erläuterungen S. 158f.).
118 Siehe hierzu die James-Studie von 2018: Suter et al. 2018, https://www.zhaw.ch/de/psychologie/forschung/medienpsychologie/mediennutzung/james/ (Zugriff: 18.4.2019).

6. Grundlagenmodul

6.1 Unterrichtssequenz: Suffizienz und das gute Leben

LERNZIELE

- Die Lernenden setzen sich mit der Frage nach dem guten Leben auseinander und kennen und reflektieren ihre eigenen Vorstellungen von einem guten Leben.

- Sie kennen die drei Strategien nachhaltiger Entwicklung (NE) – Effizienz, Konsistenz und Suffizienz – und wissen, wie diese zusammenhängen.

- Sie setzen sich mit der Notwendigkeit von Suffizienz auseinander.

- Sie wissen, was einen suffizienten Lebensstil charakterisiert.

- Sie sind interessiert an einem suffizienten Lebensstil als Alternative zu konsumorientierten Lebensstilen.

- Sie sind motiviert, Praktiken eines suffizienten Lebensstils auszuprobieren.

Das Grundlagenmodul umfasst vier bis sechs Lektionen. Die Lernenden sollen sich dabei mit ihren Vorstellungen von einem guten Leben auseinandersetzen und sich vor diesem Hintergrund möglicher Zusammenhänge mit einem suffizienten Lebensstil bewusst werden. Zudem wird Grundlagenwissen zu Suffizienz und einem suffizienten Lebensstil (v.a. Verständnis, Notwendigkeit, Konzepte guten Lebens, die mit einem suffizienten Lebensstil kompatibel sind) aufgebaut.

Informationen dazu finden sich in Kapitel 2.

Typisch für unser Bildungskonzept ist, dass Wissen nicht einfach vermittelt, sondern vorwiegend selbst aufgebaut und erlebbar gemacht wird.

Im Folgenden handelt es sich um eine Unterrichtssequenz, die, vollständig durchgeführt, etwa sechs Lektionen umfasst. Um nötigenfalls das Modul in weniger Lektionen durchzuführen, bieten sich folgende Alternativen an:
– Die reale Begegnung mit einer suffizient lebenden Person kann ersetzt werden durch eine Videosequenz, beispielsweise eine Sequenz aus dem Film «Weniger ist mehr» (https://www.youtube.com/watch?v=hsliImkE87o, Zugriff: 14.11.2019).
– Die Fantasiereise kann weggelassen werden.

6.1 Unterrichtssequenz: Suffizienz und das gute Leben

Didaktische Überlegungen: Die Lernenden sollen im Grundlagenmodul dazu motiviert werden, sich mit der Frage nach ihrem guten Leben im Kontext von Suffizienz auseinanderzusetzen. Dabei geht es u.a. darum, die Rolle von Genügsamkeit für ein gutes Leben zu reflektieren. Zudem sollen sie erkennen, wie wichtig es ist, das rechte Mass finden und halten zu können, indem sie Beispiele aus ihrem eigenen Leben identifizieren und entsprechende Argumente kennenlernen, reflektieren und diskutieren. Weiter sollen die Lernenden erkennen, dass Selbstbeschränkung in Bezug auf die Nutzung von natürlichen, insbesondere nicht erneuerbaren Ressourcen eine Bedingung dafür darstellt, dass auch andere, aktuell und zukünftig lebende Menschen (und Tiere) ein gutes Leben führen können. In diesem Zusammenhang soll Grundlagenwissen zu den drei Nachhaltigkeitsstrategien Effizienz, Konsistenz und Suffizienz sowie zu einem suffizienten Lebensstil aufgebaut werden. Über das Wissen hinaus sollen auch Neugier geweckt und motivationale Anreize geschaffen werden, einen suffizienten Lebensstil über eine persönliche Begegnung mit einem «Pionier» bzw. einer «Pionierin» kennenzulernen und einzelne Praktiken selbst auszuprobieren.

Als Einstieg in die Thematik des guten Lebens bietet es sich an, den Lernenden einen Glückstest (AB 1) vorzulegen, der ihnen ihren «Glückspegel» aufzeigt. Die Lernenden sollen durch einen solchen Test etwas über sich selbst erfahren können und insbesondere auf einer Metaebene dazu angeregt werden, darüber nachzudenken, welche der Testfragen für ihr gutes Leben von Bedeutung sind, was ein gutes Leben eigentlich ausmacht, worin es besteht und ob «Glück» mit «gutem Leben» gleichgesetzt werden kann.

Nach der Auswertung und einer kurzen Diskussion der Ergebnisse wird darüber reflektiert, was ein gutes Leben im Allgemeinen ist. Dies kann anhand eines sokratischen Gesprächs erfolgen.

Sokratisches Gespräch

Diskutiert werden die folgenden Fragen: «Was haben die im Glückstest gestellten Fragen generell mit einem guten Leben zu tun? Erschöpft sich ein gutes Leben darin, dass man alle Fragen sehr positiv beantwortet? Warum, warum nicht? Fehlt eventuell etwas? Worin besteht Ihrer Ansicht nach ein gutes Leben?»

Um von der Auseinandersetzung mit der Frage nach dem guten Leben zur Bedeutung von Genügsamkeit für ein solches Leben überzuleiten, bietet sich eine Provokation an.

Provokation

Einkaufsstress am Black Friday: https://www.blick.ch/life/wissen/menschen/sales-am-freitag-den-23-november-2018-was-genau-ist-der-black-friday-id8883492.html

Im Anschluss daran kann ein Textausschnitt zum Thema «Genügsamkeit» gelesen werden (AB 2) und eine Auseinandersetzung darüber erfolgen, welcher Wert der Genügsamkeit für das eigene gute Leben zukommt.

Danach wird Grundlagenwissen zu den folgenden für Suffizienz relevanten Themen aufgebaut: nachhaltige Entwicklung (NE), die drei Strategien einer NE, die Notwendigkeit von Suffizienz, suffizienter Lebensstil (AB 3).

Die Motivation und das Interesse der Lernenden für diese Thematik kann durch einen weiteren Test verstärkt werden, der ihnen Aufschluss gibt, wo sie im Hinblick auf einen suffizienten Lebensstil bezüglich Verhalten, Einstellungen und Werten stehen (AB 4). Der Test veranschaulicht zudem das Wissen über einen suffizienten Lebensstil und ermöglicht es den Lernenden, dieses Wissen mit ihrer Person in Verbindung zu bringen. Auf dieser Grundlage lassen sich Fragen für die nachfolgende Begegnung mit einer suffizient lebenden Person entwickeln.

Im Anschluss an den Test ist es sinnvoll, einen suffizienten Lebensstil in der Praxis kennenzulernen. Zu diesem Zweck bietet sich die Begegnung mit einer Pionierin oder einem Pionier eines solchen Lebensstils an. Solche lassen sich beispielsweise finden im Global Ecovillage Network (GEN) (https://gen-suisse.ch/), in der Transition-Town-Bewegung und bei Permakultur (https://www.transition-initiativen.org/permakultur). Für die Kriterien, die einen suffizienten Lebensstil charakterisieren, siehe Kapitel 2.

Begegnung/Exkursion

Vorgängig formulieren die Lernenden Fragen an die suffizient lebende Person (Pionier/Pionierin) zu Aspekten von deren Leben, die sie besonders interessieren (z.B. die konkrete Alltagsgestaltung, ihre Einstellungen und Werte, ihre Motivation, ihren Umgang mit Konflikten und Widersprüchen, unterstützende Faktoren, Lebenszufriedenheit).

In diesem Zusammenhang ist es sinnvoll, die Frage nach dem Einfluss und den Auswirkungen des eigenen Lebensstils zu thematisieren (AB 5).

Gemäss dem Umweltbericht des BAFU sind es die drei Systeme Ernährung, Wohnen und Mobilität, die für rund zwei Drittel der Umweltbelastungen verantwortlich sind. Dabei stellen insbesondere der Klimawandel, der Verlust von Biodiversität, der Bodenschutz sowie die Abfall- und Ressourcenverluste grosse Herausforderungen dar. «Würden alle Länder so viele Ressourcen verbrauchen wie die Schweiz, wären die planetaren Grenzen deutlich überschritten»,[119] heisst es in dem Bericht.

Neben politischen Massnahmen, technischen Innovationen und wirtschaftlichen Veränderungen kann auch ein Wandel der Lebensstile zur Verringerung der Umweltbelastungen beitragen. Insbesondere in den Bereichen Ernährung und Mobilität ist der individuelle Handlungsspielraum gross, und Veränderungen können in kleinen und einfachen Schritten erfolgen. Dabei erachten wir es als sinnvoll, dass jede Person dort etwas zu verändern beginnt, wo sie motiviert ist und es ihr tendenziell leichtfällt. So ist es beispielsweise wenig realistisch, sich in kurzer Zeit vom Fleischliebhaber zum Vegetarier zu wandeln. Wer sich hingegen ohnehin gerne an der frischen Luft bewegt, dem wird es vermutlich nicht schwerfallen, vom Bus auf das Fahrrad zu wechseln.
    Wichtig in diesem Zusammenhang ist auch, sich bewusst zu machen, dass die Handlungen Einzelner, global gesehen, zwar nur einen kleinen Tropfen darstellen, dass aber viele Tropfen zum Fluss anschwellen können, der grosse Veränderungen in Bewegung setzen kann.

Die Begegnung mit einer Person, die einen suffizienten Lebensstil pflegt, sowie die Auseinandersetzung mit der Frage der Wirksamkeit individueller Handlungsweisen sollen die Lernenden zum Nachdenken darüber anregen, ob ihnen ein solches Leben in Teilbereichen oder auch gesamthaft als nachahmenswert erscheint. Ausgehend davon, sollen sie sich überlegen, wie sie ihr zukünftiges Leben gestalten sowie «was für Menschen» sie sein möchten. Dazu bietet sich eine Fantasiereise an.

Fantasiereise

Stellen Sie sich vor, Sie sind 65 Jahre alt und blicken auf Ihr bisheriges Leben zurück. Wie möchten Sie gelebt haben? An welchen Werten und Einstellungen möchten Sie Ihr Leben ausgerichtet haben? Was für ein Mensch möchten Sie gewesen sein? Über welche Eigenschaften und Qualitäten möchten Sie verfügt haben? Wie möchten Sie von anderen gesehen werden?
    Halten Sie Ihre Überlegungen schriftlich fest.

Diese Fantasiereise bildet den Abschluss des Grundlagenmoduls und gleichzeitig den Übergang zu den thematischen Modulen. Für die Lernenden stellen die Überlegungen, die sie im Zuge der Reise angestellt haben, die Hintergrundfolie dar, auf der sie weitere

Gedanken zum Zusammenhang zwischen einem suffizienten Lebensstil und ihrem guten Leben entwickeln können. Optional können die Texte in der Klasse ausgetauscht und in Gruppen oder im Plenum diskutiert werden.

Für eine vertiefte Auseinandersetzung mit aktuellen Ansätzen des guten Lebens, die die Kerngedanken von Suffizienz beinhalten, bietet es sich an, das AB 6 ergänzend zu bearbeiten.

Hintergrundinformationen

- https://www.bund-bawue.de/fileadmin/bawue/Dokumente/Themen/Nachhaltigkeit/Suffizienz_Gutes_Leben_fuer_Alle.pdf (Zugriff: 10.9.2019)
- https://www.wwf.ch/de/unsere-ziele/weniger-ist-mehr-so-geht-suffizienz (Zugriff: 10.9.2019)
- https://www.nachhaltigkeit.info/artikel/suffizienz_2034.htm (Zugriff: 10.9.2019)
- https://www.pusch.ch/fuer-gemeinden/suffizienz/ (Zugriff: 10.9.2019)
- https://www.stadt-zuerich.ch/gud/de/index/umwelt_energie/2000-watt-gesellschaft/hintergrund/Massnahmen.html (Zugriff: 10.9.2019)

Weitere Informationen zu einem suffizienten Lebensstil siehe u. a. Leng, Schild & Hofmann (2016): Genug genügt. Mit Suffizienz zu einem guten Leben. München: Oekom.

Anmerkung

119   Vgl. Umweltbericht BAFU 2018.

7. Themenmodul: Materieller Konsum in einer endlichen Welt

7.1 Zugang 1: Der Mensch und seine Dinge
7.1.1 Unterrichtssequenz A: Hundert Dinge zum Leben
7.1.2 Unterrichtssequenz B: Anders schön

7.2 Zugang 2: Kauflust – Kauffrust?
7.2.1 Unterrichtssequenz A: Ich kaufe nicht, also bin ich?
7.2.2 Unterrichtssequenz B: Teilen und Tauschen
7.2.3 Unterrichtssequenz C: Abfallen vom Abfall

LERNZIELE

- Die Lernenden reflektieren positive Funktionen, die der Konsum bei ihnen erfüllt.
- Sie erkennen die negativen Seiten des Konsums für das eigene gute Leben.
- Sie erkennen Zusammenhänge zwischen ihrem Konsumverhalten und lokalen bis globalen Auswirkungen auf eine nachhaltige Entwicklung.
- Sie suchen nach Möglichkeiten, die oben genannten positiven Wirkungen auf eine andere Weise als durch Konsum zu erzielen.
- Sie lernen suffiziente Praktiken im Bereich Konsum kennen und probieren diese exemplarisch selbst aus.
- Sie erkennen den Mehrwert von nichtmateriellen Zufriedenheitsquellen für das eigene Leben und somit das einem suffizienten Lebensstil innewohnende Potenzial für eine gesamtgesellschaftliche Transformation hin zu mehr Suffizienz.

A) Welche Rolle spielt der Bereich des materiellen Konsums für ein gutes Leben?

Im Folgenden wird Konsum verstanden als materieller Konsum, und zwar im Sinne des Kaufs materieller Gegenstände. Andere Aspekte, wie z.B. Kauf und Verzehr von Nahrungsmitteln, werden in anderen Wahlmodulen behandelt.

Materieller Konsum und der Besitz von Dingen können eine Vielzahl von Bedürfnissen erfüllen, die für ein gutes Leben von Belang sind. Zunächst einmal werden durch materiellen Konsum Grundbedürfnisse befriedigt. Darüber hinaus kann der Besitz z.B. von Kleidung, Fortbewegungsmitteln oder technischen Geräten ein wichtiger Bestandteil personaler Identität sein, aber auch die Zugehörigkeit zu einer bestimmten Gruppe oder gesellschaftlichen Schicht (Status) markieren, was mit einem Gefühl der Selbstbestätigung verbunden sein kann. Des Weiteren wird durch die Werbung suggeriert, dass nicht nur Produkte erworben werden, sondern gleichzeitig auch die damit assoziierten Werte wie Freiheit, Glück oder Schönheit. Daneben haben Konsumobjekte das Potenzial, Leben zu vereinfachen (z.B. in Form von Haushaltsgeräten) und somit zeitliche Freiräume zu schaffen, die anderweitig genutzt werden können. Zudem kann der Besitz eines materiellen Gegenstandes um seiner selbst willen geschätzt werden – sei dies aufgrund seiner Funktionalität, seiner Geschichte oder seiner Ästhetik. Schliesslich kann der Kaufakt selbst eine gute Stimmung auslösen, die ebenfalls zu einem guten Leben beitragen kann.

B) Zu welchen ökologischen und sozialen Problemen trägt das eigene Verhalten im Bereich Konsum bei?

Konsumieren wird dann zum Problem, wenn die Herstellung und der Handel der gekauften Produkte mehr Ressourcen verbraucht, als die Erde in einem definierten Zeitraum (siehe Earth Overshoot Day) reproduzieren kann, bzw. wenn nicht erneuerbare Ressourcen ausgeschöpft sind. Zudem wird eine Vielzahl der von uns konsumierten Gütern unter ungerechten Bedingungen (insbesondere im Globalen Süden) produziert und gehandelt. Das heisst, dass aktuell lebende Mitmenschen gezwungen sind, unter Bedingungen zu arbeiten, die mit Leid und Not verbunden sind, damit wir uns Güter kaufen können, die wir teilweise noch nicht einmal zwingend brauchen.

Ein weiteres Problem besteht auf der anderen Seite darin, dass Menschen aus unterschiedlichen Gründen zunehmend in eine gewisse Abhängigkeit von Konsumgütern oder auch Konsumakten geraten können. Zum einen sind es Statusüberlegungen und der soziale Vergleich, die dazu führen können, dass Menschen Dinge kaufen, die sie gar nicht brauchen (subsistenzüberschreitender Konsum), oder Konsumgüter ersetzen, die noch funktionsfähig sind. In diesem Zusammenhang verweist der Ökonom Mathias Binswanger auf die sogenannte «Anspruchstretmühle», die darin besteht, dass materielle Dinge nach einer gewissen Zeit ihren Reiz verlieren und durch neue ersetzt werden.[120] Auch die Koppelung von Identität und Konsum sowie kompensatorisches Konsumieren können dazu führen, dass immer mehr konsumiert wird. Neben dem Verschuldungsrisiko kann übermässiger Konsum auch zur Folge haben, dass entsprechend mehr Zeit in die

Erwerbsarbeit investiert werden muss, um das nötige finanzielle Kapital bereitstellen zu können, was wiederum zu Zeitnot, Stress und – im schlimmsten Fall – zu stressbedingten Krankheiten führen kann.

C) Worin besteht ein suffizienter Lebensstil im Bereich Konsum?

Ein suffizienter Lebensstil im Bereich Konsum zeichnet sich zunächst einmal dadurch aus, dass bei jeder Konsumhandlung die Frage nach dem rechten Mass gestellt wird. Stellt sich der Kauf als unnötig heraus, weil man das Produkt entweder nicht unbedingt braucht oder es z.B. ausleihen oder das zu ersetzende Produkt reparieren kann, wird auf den Kauf verzichtet. Konsumentscheide werden stets begleitet von Fragen wie: Aus welchen Gründen möchte ich das Konsumgut erwerben? Macht mich das Produkt wirklich und längerfristig glücklich bzw. benötige ich es für mein gutes Leben, oder handelt es sich dabei im Grunde um die Befriedigung anderer Bedürfnisse wie z.B. die Lust auf etwas Neues um des Neuen willens, die Beseitigung von Langeweile oder den Wunsch, sich selbst etwas Gutes zu tun – Bedürfnisse also, die auch anders (d.h. hier ressourcenschonender) befriedigt werden können? Insgesamt, also nicht bezogen auf einzelne Handlungen, sondern im Rahmen eines Lebensstils, muss das subjektiv empfundene rechte Mass sich innerhalb der planetaren Grenzen bewegen, und es muss sich am guten Leben für alle ausrichten.

Auf der Ebene des konkreten Handelns bedeutet dies für den Bereich Konsum, dass der Zugang zu und der Umgang mit materiellen Dingen so gestaltet wird, dass möglichst wenig natürliche Ressourcen verbraucht werden. Zielführende Möglichkeiten, die im Rahmen eines suffizienten Lebensstils häufig umgesetzt werden, sind das gemeinsame Nutzen bzw. Teilen von Gegenständen sowie deren Tausch, Leihe und der Erwerb aus zweiter Hand. Auch das Reparieren oder Reparierenlassen sowie das anderweitige Verwenden von Dingen (Zweckentfremdung) stellen Praktiken eines suffizienten Lebensstils dar. Letztendlich entscheidend ist aber nicht die einzelne Handlung, sondern die zugrunde liegende Haltung, die bei einem suffizienten Lebensstil auf Ressourcenschonung abzielt und gleichzeitig das gute Leben befördert.

D) Worin liegt das Potenzial eines suffizienten Lebensstils im Bereich materiellen Konsums für ein gutes Leben?

Zum einen führt die Frage danach, was in materieller Hinsicht wirklich gebraucht wird, dazu, dass Menschen sich mit sich selbst und der Frage, was für sie ein gutes Leben bedeutet, auseinandersetzen, sich und ihre Bedürfnisse besser kennenlernen und somit ihr Leben selbstbestimmter und fokussierter leben können. Zum anderen hat derjenige, der weniger Geld für materiellen Konsum benötigt, mehr Zeit, über die er nach eigenem Gutdünken verfügen kann, weil er weniger Zeit in die Erwerbsarbeit investieren muss. Teilweise Unabhängigkeit vom Verdienst kann auch bedeuten, eine Erwerbsarbeit zu wählen, die als sinnvoll empfunden wird, aber finanziell weniger einbringt. Daneben verfügt ein Leben unter dem Zeichen der Entrümpelung über eine gewisse Leichtigkeit,

Übersichtlichkeit und Einfachheit, weil man sich von überflüssigen Dingen trennt und sich nur mit Dingen umgibt, die einem wirklich wichtig sind. Diese positiven Aspekte eines suffizienten Lebensstils können sich ebenfalls ergeben, wenn auf einen Kauf verzichtet wird. Kaufentscheidungen, die sich an Kriterien der Nachhaltigkeit orientieren, reduzieren zudem die Anzahl der Kaufoptionen, wodurch das Entscheidungsverfahren erleichtert wird. Wie Studien zeigen, sind Menschen zufriedener und weniger gestresst, wenn sie aus einem zahlenmässig übersichtlichen Sortiment auswählen können.[121] Nicht nur durch den Wegfall komplizierter Kaufentscheide wird Zeit gewonnen, sondern ebenso dadurch, dass weniger Produkte gewartet, gepflegt oder erhalten werden müssen. Der Erwerb von langlebigen und qualitativ hochwertigen Konsumgütern kann ausserdem dazu führen, dass diese nicht fortwährend ausgewechselt und ersetzt werden, wodurch eine Beziehung zu ihnen aufgebaut wird, die sich positiv auf das Identitätsgefühl auswirken kann. Schliesslich wird auch das eigene Gewissen positiv beeinflusst, wenn man weiss, dass das eigene Kaufverhalten zur Lösung von sozialen und ökologischen Problemen beiträgt, indem zum Beispiel ungerechte Produktionsbedingungen oder umweltbelastende Herstellungsverfahren sanktioniert werden.

7.1 Zugang 1: Der Mensch und seine Dinge

Didaktische Überlegungen: In diesem Zugang stehen menschliche Beziehungen zu materiellen Dingen im Allgemeinen im Zentrum. Er eignet sich daher besonders als Einstieg in die Thematik «Konsum in einer endlichen Welt». Die Lernenden sollen dazu angeregt und befähigt werden, ihren Umgang mit materiellen Dingen sowie deren Bedeutung für ihr gutes Leben ins Bewusstsein zu heben, zu reflektieren und kritisch zu beleuchten. Neben der Frage nach dem rechten Mass hinsichtlich der Menge der Dinge geht es in diesem Zugang auch um die ästhetische Frage, was Dinge für uns anziehend macht. Es soll ein kritischer Blick auf die in modernen entwickelten Gesellschaften vorherrschenden Schönheitsideale geworfen werden, die das Neue favorisieren und Alters- oder Verschleissspuren an Gegenständen negativ konnotieren. Insofern können solche Schönheitsideale als eine der Ursachen für übermässiges Konsumieren angesehen werden und bedürfen daher einer kritischen Reflexion.

7.1.1 Unterrichtssequenz A: Hundert Dinge zum Leben

Didaktische Überlegungen: In der ersten Sequenz geht es darum, den Blick auf die Menge der Dinge, die unser Leben bestimmen oder zumindest begleiten, zu lenken. Die Lernenden sollen sich dabei mit der Frage nach dem rechten Mass und der Bedeutung der Dinge für das eigene gute Leben auseinandersetzen. Auf diese Weise werden sie sensibilisiert, dass es in diesem Bereich ein Zuviel geben und weniger manchmal mehr sein kann. Zudem wird so ein sorgsamer und bewusster Umgang mit materiellen Dingen gefördert, der auch das Wissen über deren Herkunft einschliesst. Sich gewahr zu werden, dass jeder einzelne Gegenstand oftmals von Menschen unter bestimmten Bedingungen und aus bestimmten Materialien hergestellt wurde und unter Aufwendung von weiteren Ressourcen zu uns gelangt ist, kann sich transformierend auf unser Verhältnis zu den Dingen auswirken.

Als Einstieg in diese Sequenz eignet sich eine Provokation.

Provokation
https://www.youtube.com/watch?v=iNDwYA1cT-Y

Es sollte beachtet werden, dass es hier keineswegs darum geht, das Thema «Messies» als psychologisches Krankheitsbild zu thematisieren oder gar sich über Menschen, die darunter leiden, lustig zu machen. Sinn und Zweck dieser Provokation ist es, sich der grossen Menge an Dingen bewusst zu werden, mit denen Menschen in modernen Gesellschaften tagtäglich konfrontiert sind, und sich mit der Frage auseinanderzusetzen, welche Dinge wirklich gebraucht werden und wie sich eine allfällige Reduktion der Dinge auf das eigene gute Leben auswirken könnte.

Die Provokation wird ergänzt durch den Hinweis darauf, dass all die Dinge von jemandem unter gewissen Bedingungen hergestellt wurden, diese Herstellung Ressourcen verbrauchte und die Produkte anschliessend in die Geschäfte transportiert werden mussten.

Im Anschluss daran sollen die Lernenden dazu animiert werden, sich zu überlegen, welche hundert Dinge sie wirklich für ihr gutes Leben brauchen und welche allenfalls überflüssig sind bzw. zu welchen sie in keinerlei Beziehung stehen. Dies soll einen Reflexionsprozess darüber anstossen, was sie wirklich benötigen, in welcher Beziehung sie zu den Dingen stehen und ob und, falls ja, wie sich die Beziehung ändern würde, wenn die Quantität abnähme. Dadurch kann es zu einer Verschiebung der individuellen Bedeutungsperspektiven hinsichtlich der Relevanz von materiellen Gütern für das eigene gute Leben kommen. Über die Auseinandersetzung mit solchen Fragen kann den Lernenden bewusst werden, dass Fragen dieser Art zwar langsam in die «mentalen Infrastrukturen»[122] moderner Gesellschaften einsickern, bei grossen Bevölkerungsteilen jedoch noch zu wenig bekannt sind. Dadurch wird ein Bewusstsein für die in modernen Gesellschaften vorherrschenden Normen in diesem Kontext geweckt. Dazu eignet sich die Methode des Selbstexperiments.

Selbstexperiment

Die Lernenden überlegen sich als Hausaufgabe während z.B. einer Woche, welche Dinge sie für ihr gutes Leben benötigen, und versuchen, diese auf hundert Stück zu reduzieren. Sie erstellen eine Liste, die sie in den Unterricht mitbringen.

Optionaler Zusatzauftrag: Um das Experiment zu veranschaulichen, wählen die Lernenden aus den hundert Dingen die zwanzig wichtigsten aus (gemäss Kriterien, die sie selbst erstellen) und machen ein Selfie inmitten ihrer wichtigsten Dinge. Dieses bringen sie ebenfalls in den Unterricht mit.

Ausgehend von den Listen und Fotos, kann eine Diskussion in der Klassengemeinschaft oder in Gruppen erfolgen, die sich mit den folgenden Fragen auseinandersetzt:
– Wie ist es mir beim Auswählen gegangen?
– Was waren meine Kriterien für die Auswahl der hundert bzw. zwanzig wichtigsten Dinge?
– Fiel es mir leicht, mich zu entscheiden, oder eher nicht?
– Wobei habe ich lange überlegt? Wobei nicht?
– Gibt es weitere wichtige Dinge, für die in der Auswahl von hundert bzw. zwanzig Dingen kein Platz mehr blieb? Wenn ja, welche?

Im Anschluss daran oder auch als Alternative zur Diskussion im Plenum kann ein Schreibauftrag in Form einer Fantasiereise erfolgen (AB 1), die sich um die Frage dreht, wie das eigene Leben aussähe, wenn man nur noch im Besitz von hundert Dingen wäre. Die Texte können anschliessend in Gruppen einander vorgelesen und diskutiert werden.

Bei Bedarf kann das Selbstexperiment in der Klasse oder in Gruppen folgendermassen weitergeführt werden: Die Lernenden stellen sich vor, sie dürften nur noch zwanzig Gegenstände besitzen. Es bietet sich nun an, darüber zu diskutieren, was auf welche Weise geteilt bzw. zusammen genutzt werden könnte und wie das gemeinsame Nutzen organisiert wird, damit es keine Konflikte gibt.

Durch die Konfrontation mit einem Medienbeitrag (siehe nachfolgende Weblinks) oder den unmittelbaren Kontakt mit einer Person, die mit weit weniger Dingen lebt als der Durchschnitt der Bevölkerung in den Industrienationen, soll den Lernenden ermöglicht werden, eine Alternative zu den gängigen Lebensstilen kennenzulernen. Sie erfahren, was es bedeuten kann, sich mit weniger Dingen zu umgeben bzw. weniger zu besitzen und dadurch gegebenenfalls in einer anderen Beziehung zu den Dingen zu stehen und den Alltag anders zu gestalten.

Bereits vor der eigentlichen Begegnung sollen die Lernenden Fragen entwickeln. Dadurch wird die Neugierde geweckt, einen anderen, weniger materialistischen Lebensstil kennenzulernen. Zudem werden die Lernenden sensibilisiert für die Bedeutung von Besitz für ihre eigene Identität und ihr eigenes gutes Leben als auch für das Ansehen in der Gesellschaft. Idealerweise wird eine direkte Begegnung mit einer minimalistisch lebenden Person organisiert.

Begegnung/Exkursion

Die Lernenden begegnen einer bewusst und freiwillig minimalistisch lebenden Person. (Für Kontakte siehe Liste unten.)

Vorgängig bereiten sie Fragen vor. Beispiele: «Wie gestaltet die Person ihren Alltag? Was für einen Bezug hat sie zu ihren Dingen? Vermisst sie etwas? Wenn ja, was und weshalb? Wo sieht sie die Vor- und Nachteile ihres Lebensstils? Wie reagieren andere Menschen auf die Person und ihren Lebensstil? Wie beurteilt sie ihr Ansehen in der Gesellschaft?»

Alternativ dazu kann auch eine Gemeinschaft besucht werden, die mit weniger materiellen Dingen lebt und vieles teilt und gemeinsam nutzt. (Für Kontakte siehe https://gen-suisse.ch.)

Die oben genannten Fragen könnten ergänzt werden im Sinne von: «Welche Dinge (inklusive Räume usw.) werden gemeinsam genutzt? Wie ist die Nutzung organisiert? Gibt es Konflikte? Wie wird mit diesen umgegangen?»

Medienbeiträge zum Thema Minimalismus / Leben mit hundert Dingen / Ein Jahr ein Kleid

https://www.srf.ch/sendungen/kassensturz-espresso/weniger-ist-mehr-ein-leben-mit-nur-119-dingen
https://www.srf.ch/sendungen/dok/mit-64-gegenstaenden-durchs-leben
https://www.simplify.de/sachen/ordnung/artikel/was-sie-vom-100-dinge-minimalisten-dave-bruno-lernen-koennen/ (Zugriff: 2.8.2020)
https://www.prosieben.ch/tv/galileo/videos/202012-mit-100-dingen-leben-macht-minimalismus-wirklich-gluecklicher-clip (Zugriff: 2.8.2020)
https://minimalismus.ch/blog/minimalismus-leben-dinge-zaehlen
https://www.tagesanzeiger.ch/panorama/vermischtes/diese-schweizerin-hatte-ein-jahr-lang-das-gleiche-kleid-an/story/31085981

Die Unterrichtssequenz kann mit einem Selbstexperiment abgeschlossen werden.

Selbstexperiment

Die Lernenden leben eine Woche lang, ohne Geld auszugeben, und dokumentieren dies in einem Tagebuch. Je nach Abmachung wird das Tagebuch «öffentlich», d. h. der Klasse oder der Lehrperson, zugänglich gemacht oder auch nicht.

Alternative: Mit der ganzen Klasse eine «Überlebenswoche»/«Überlebenstage» durchführen, während deren nur die nötigsten Dinge mitgeführt werden. Die Erlebnisse werden in Form eines Films dokumentiert. Dabei bietet es sich an, vorgängig zusammen mit den Lernenden auszuhandeln, welche Dinge als «die nötigsten» angesehen werden.

7.1.2 Unterrichtssequenz B: Anders schön

Didaktische Überlegungen: In dieser Sequenz sollen die Lernenden dazu angeregt werden, sich mit ihrem eigenen sowie dem in der Gesellschaft vorherrschenden Schönheitsempfinden in Bezug auf materielle Gegenstände auseinanderzusetzen. Sie sollen dazu befähigt werden, die eigenen Vorstellungen von Schönheit ins Bewusstsein zu heben und aufmerksam dafür zu werden, inwiefern diese Vorstellungen von den gängigen gesellschaftlichen Werten und Normen geprägt sind, wie sie beispielsweise durch die Werbung transportiert werden. Durch die Auseinandersetzung mit alternativen Konzepten von Schönheit werden die Lernenden zur Erkenntnis angeregt, dass das Schönheitsempfinden relativ und kontextabhängig ist. Daraus kann die Motivation erwachsen, die eigenen Vorstellungen von Schönheit zu erweitern oder zu verändern.

Als Einstieg in die Diskussion darüber, was Schönheit ist und was man selbst aus welchen Gründen als schön empfindet, eignet sich ein sokratisches Gespräch. Dieses zielt darauf ab, verschiedene Aspekte der Frage danach, was schön ist, zu beleuchten, sich der eigenen diesbezüglichen Überlegungen und Empfindungen bewusst zu werden, sie zu formulieren und die Perspektiven anderer Personen kennenzulernen. Im gemeinsamen Austausch sollen zudem Begrifflichkeiten geschärft und Gedanken weiterentwickelt werden.

Sokratisches Gespräch

Im sokratischen Gespräch diskutieren die Lernenden die Frage «Was ist schön?». Die Lehrperson lässt weiterführende Fragen einfliessen, wie zum Beispiel «Warum empfinden Sie etwas als schön? Wo sehen Sie Übereinstimmungen zwischen Ihren Vorstellungen und denen, die durch die Werbung transportiert werden? Wo sehen Sie Unterschiede? Ist Schönheitsempfinden Ihrer Ansicht nach universal, und gibt es Aspekte, die universell gültig sind? Welche Rolle spielen kulturelle, historische oder individuelle Unterschiede?»

Durch die anschliessende Auseinandersetzung mit einer Kritik am vorherrschenden Schönheitsideal werden als selbstverständlich angesehene Sichtweisen dekonstruiert (z.B. anhand von Überlegungen des Philosophen und Medientheoretikers Byung-Chul Han) (AB 2).

In konstruktivem Kontrast zu den Überlegungen werden die Lernenden auf andere Konzepte von Schönheit aufmerksam gemacht, die in dem Sinne als suffizient angesehen werden können, als sie nicht auf das Neue und Makellose fokussieren und somit nicht die «Notwendigkeit» von beständigem Neukauf implizieren, sondern Spuren des Gebrauchs, der Dysfunktionalität, der Reparatur, der Produktion und des Alters als schön ansehen (AB 3–4). Damit werden die Lernenden darin unterstützt, sich neue Bedeutungsperspektiven im Bereich der Ästhetik zu erschliessen. Diese sollen sie dazu motivieren, Dinge nicht alleine deswegen wertzuschätzen, weil sie neu sind, sondern auch die besondere Qualität eines lange Zeit in Gebrauch gewesenen oder nicht mehr ganz funktionsfähigen Gegenstands zu erkennen. Das eröffnet die Möglichkeit, das Konsumverhalten dahingehend zu modifizieren, dass nicht permanent Neues gekauft wird. Vielmehr soll dasjenige, was man bereits besitzt, so lange wie möglich gebraucht und geschätzt werden. Dadurch kann es zu einer Verschiebung der individuellen Bedeutungsperspektiven hinsichtlich des Schönheitsverständnisses kommen. Über derartige Auseinandersetzungen kann den Lernenden bewusst werden, dass Fragen dieser Art in modernen Gesellschaften zu wenig diskutiert werden. So wird ein Bewusstsein für die in modernen Gesellschaften herrschenden Normen und deren Einfluss auf das eigene Schönheitsempfinden geweckt.

Die Auseinandersetzung mit den Texten (AB 2–4) soll die Bedeutungsperspektiven der Lernenden hinsichtlich ihrer Vorstellungen der Ästhetik von Gegenständen erschüttern. In diesem Sinne fungieren sie als Provokation und als Anregung zum Hinterfragen der eigenen Vorstellungen und laden dazu ein, Schönheit neu oder anders zu denken.

Provokation

AB 2-4: Kritik gängiger Schönheitsvorstellungen und alternative Konzepte von Schönheit.

Als Abschluss der Sequenz bietet es sich an, die Lernenden einen alten oder kaputten Gegenstand so inszenieren zu lassen, wie ansonsten in der Werbung für neue, makellose Gegenstände geworben wird. Sie sollen also ein Werbekonzept entwickeln, das einen alten und kaputten Gegenstand in Wert setzt und begehrenswert macht, und das Konzept im Rahmen eines Werbespots oder in Form eines Werbeplakats umsetzen. Die Werbespots bzw. -plakate werden dem Plenum präsentiert, und es wird diskutiert, welche Gegenstände aus welchen Gründen besonders attraktiv und ansprechend erscheinen.

7.2 Zugang 2: Kauflust – Kauffrust?

Didaktische Überlegungen: In diesem Zugang steht zum einen die Reflexion des eigenen Konsumverhaltens im Zentrum. Die Lernenden entwickeln ein Bewusstsein dafür, aus welchen Gründen sie Dinge kaufen und mit welchen Gedanken und Emotionen Kaufakte bei ihnen einhergehen. Zum anderen geht es in diesem Zugang darum, Praktiken des Teilens und Tauschens als Alternativen zum Kaufen kennenzulernen, deren Vor- und Nachteile zu reflektieren und insbesondere auch praktische Erfahrungen damit zu machen. Schliesslich erfolgt eine Auseinandersetzung mit Abfall als einer Begleiterscheinung des Konsums materieller Gegenstände. Neben der Förderung von Sensibilität für den von uns produzierten Abfall geht es insbesondere um die Auslotung verschiedener Möglichkeiten, Abfall zu verringern.

7.2.1 Unterrichtssequenz A: Ich kaufe nicht, also bin ich?

Didaktische Überlegungen: In dieser Sequenz sollen die Lernenden dazu animiert werden, ihr eigenes Kaufverhalten und ihre konsumbezogenen Bedürfnisse, Wünsche und Konflikte wahrzunehmen und zu reflektieren. Auf der affektiven Ebene soll ihnen ermöglicht werden, zu erleben, welche Empfindungen und Gefühle ein Konsumgut in ihnen auslöst.

Um das eigene Konsumverhalten ins Bewusstsein zu heben, bietet es sich an, dieses zu Beginn der Sequenz zu eruieren und zu dokumentieren. Das kann in Form eines Fragebogens erfolgen (AB 5). Die Ergebnisse können in der Klasse ausgetauscht werden oder der Selbsterkenntnis dienen.

Durch eine Achtsamkeitsübung können die oftmals unbewusst ablaufenden Mechanismen vor und während eines Konsumakts ins Bewusstsein gehoben werden.

Achtsamkeitsübung

Die Lernenden werden (z.B. mit einem Podcast) zu einer Aufmerksamkeitsübung in einem Geschäft nach Wahl (bzw. einem Geschäft, in dem die grössten Verlockungen für die Lernenden liegen) angeleitet. Den Lernenden wird der Auftrag erteilt, sich im Geschäft umzusehen und dann die Aufmerksamkeit auf einen Gegenstand zu richten, den sie gerne kaufen würden. Nach einer gewissen Zeit sollen sie das Geschäft verlassen, ohne etwas gekauft zu haben. Die Achtsamkeitsübung läuft weiter und erstreckt sich darauf, wie sich die Situation jetzt und im weiteren Verlauf von rund dreissig Minuten anfühlt. Hinweise zur Konzipierung einer Achtsamkeitsübung siehe z.B.: *https://www.mbsr-kurs-koeln.de/downloads/3.%20Bodyscan_Anleitung.mp3* (Zugriff: 7.11.2019).

Der in dieser Übung vorgestellte Bodyscan kann gut auf die Situation in einem Geschäft übertragen werden und es kann während der Übung beispielsweise gefragt werden: «Welche Empfindungen nimmst du wahr, wenn du ein Produkt entdeckst, das du gerne kaufen möchtest? Wo sind die Empfindungen im Körper zu spüren? Wie fühlen sie sich an? Wie verändern sie sich? Was geschieht in dir, wenn du das Geschäft verlässt, ohne etwas gekauft zu haben? Wie verändern sich die Empfindungen? Was nimmst du rund dreissig Minuten nach dem Verlassen des Geschäfts wahr?»

Durch eine schriftliche oder mündliche Ausformulierung ihrer Erlebnisse im Rahmen der Achtsamkeitsübung sollen die Lernenden auf kognitiver und affektiver Ebene dazu befähigt werden, eine distanziertere Haltung zu ihren Konsumbedürfnissen einzunehmen – d.h. das Bedürfnis entweder auszuhalten, ohne ihm nachgeben zu müssen, oder aber sich bewusst und überlegt für den Kauf zu entschieden – und so mehr Freiheit zu erlangen.

Die auf dem AB 6 formulierten Fragen können entweder mündlich oder schriftlich reflektiert werden. Es bietet sich an, die Fragen mit einem Partner oder einer Partnerin nach Wahl auszutauschen. So kann gewährleistet werden, dass genügend Offenheit und Vertrautheit vorhanden ist, um auch über innere Konflikte, Wünsche oder Sehnsüchte zu sprechen. Der Austausch kann in einer Form stattfinden, die gleichzeitig das achtsame Zuhören und Sich-Einlassen auf eine andere Person fördert: Eine Person erzählt von ihren Überlegungen bezüglich ihres Konsumverhaltens, und die andere Person hört einfach zu, ohne zu kommentieren und möglichst ohne das Gehörte (auch nicht innerlich) zu bewerten. Dann werden die Rollen getauscht. Im Anschluss daran kann nach Bedarf über einzelne Aspekte diskutiert oder das Gesagte so stehen gelassen werden.

Ausgehend von den individuellen Erfahrungen und der Auseinandersetzung mit der Frage nach der Relevanz von materiellem Konsum für das eigene gute Leben, bietet es sich an, dazu überzuleiten, welche Konsequenzen unser Konsumverhalten auf das gute Leben anderer, d.h. die aktuell und zukünftig existierende Mitwelt hat. Durch eine anschauliche Auseinandersetzung mit der Thematik des fairen und ökologischen Handels bzw. der entsprechenden Produktion werden sich die Lernenden bewusst, wie schwierig und komplex es ist, sowohl die Kriterien festzulegen als auch den gesamten Lebenszyklus eines Produktes mitsamt den Produktionsbedingungen gemäss ökologischen und sozialen Kriterien zu gestalten. Dadurch sollen die Lernenden erkennen, dass sich die Frage nach dem «Genug» und dem rechten Mass alleine durch die Festlegung von und die Ausrichtung an Nachhaltigkeitskriterien nicht erübrigt. Sie sollen dafür sensibilisiert werden, dass nachhaltiger Konsum ethisch weniger problematisch ist als der Konsum von Produkten, die unter unfairen Bedingungen produziert und gehandelt wurden und keine Rücksicht auf ökologische Standards nehmen. Der gezielte Verzicht auf Konsum stellt oftmals die nachhaltigste Lösung dar.

Begegnung/Exkursion

Für diese Auseinandersetzung bietet es sich an, ein Fairtrade-Geschäft oder ein ökologisch ausgerichtetes Geschäft in den für die Lernenden besonders interessanten Bereichen (z. B. Kleider, elektronische Geräte) zu besuchen. Bei der Wahl des Geschäfts sollen die Lernenden einbezogen werden. Es kann ihnen auch die Kontaktaufnahme und das Vereinbaren eines Besichtigungstermins übertragen werden. Durch die Begegnung mit Personen, die sich von Berufs wegen mit Suffizienzfragen im Konsumbereich auseinandersetzen, soll die Glaubwürdigkeit der Problematik unterstrichen werden.

Beim Besuch (z. B. *Store* in Bern für Kleidung oder *Revendo* in Zürich oder Bern für Elektrogeräte) werden die Lernenden von einer zuständigen Person herumgeführt und über die Produkte, deren Herkunft, Herstellung, Materialien, damit verbundenen Handelsbeziehungen, Transportwege usw. informiert. Die Lernenden werden dazu motiviert, (kritische) Fragen zu stellen und nachzufragen, wenn sie etwas nicht verstehen oder etwas genauer wissen möchten.

Um die Erkenntnisse aus der Begegnung/Exkursion auf Fragen nach dem eigenen guten Leben zu übertragen, bietet es sich an, ein Rollenspiel durchzuführen.

Rollenspiel

Die Klasse wird in Gruppen eingeteilt. Dabei wird jeder Gruppe eine spezifische Rolle zugeteilt: a) Shopaholic (Ich kaufe, also bin ich), b) Asket/Asketin (Weniger ist mehr), c) Schnäppchenjäger/-jägerin (Geiz ist geil), d) Öko (Ich kaufe nur Öko und Fairtrade). Alle Gruppen tragen jeweils gemeinsam die Argumente für ihre Rolle zusammen. Sie positionieren sich und nehmen Stellung zum folgenden Zitat **«Wer sagt, Geld macht nicht glücklich, weiss nicht, wo einkaufen»**, das die Ausgangslage für die anschliessende Podiumsdiskussion bildet. Jede Gruppe wählt ein bis zwei Sprechende, welche die Position vertreten. Die anderen Lernenden dürfen sich aber nach Bedarf in die Diskussion einmischen.

Durch die Einnahme verschiedener Rollen und entsprechender Haltungen bezüglich der Bedeutung von Konsum für das gute Leben lernen die Lernenden verschiedene Argumente kennen. So werden sie sich ihrer eigenen Haltung bewusst und stärken diese durch zusätzliche Argumente. Möglicherweise werden sie gar zum Umdenken oder zur Einnahme einer anderen Position angeregt.

World-Café
Als Alternative können die Lernenden auch in Form eines World-Cafés über zwei einander widersprechende Zitate diskutieren: **«Geld macht nicht glücklich»** und «Wer sagt, Geld macht nicht glücklich, weiss nicht, wo einkaufen».

Um die Einsicht zu stärken, dass es auch für das eigene gute Leben wichtig sein kann, Gegenstände nicht permanent auszutauschen oder zu ersetzen, sondern lange Zeit in Gebrauch zu haben, bietet sich eine Auseinandersetzung mit der Frage an, welchen Stellenwert Gegenstände für das eigene gute Leben haben können (etwa, indem sie als Erinnerungsstück fungieren oder weil sie von einem selbst oder von jemandem, der einem wichtig ist, hergestellt wurden).

Plenumsdiskussion
Zu diesem Zweck bringen die Lernenden einen Gegenstand mit in den Unterricht, der ihnen besonders viel bedeutet, und erzählen der Klasse oder einer kleineren Gruppe, worin diese Bedeutung genau besteht.

Gruppenarbeit
Im Anschluss daran werden Gruppen gebildet, die eine ähnliche Art von Gegenstand mitgebracht haben. In Form eines Rechercheauftrags (AB 7) sollen die Lernenden in Gruppen möglichst viel über die Herkunft ihrer Gegenstände (d.h. Produktionsbedingungen, Material, Transportwege, Handel usw.) herausfinden – dies mit dem Ziel, sich dessen bewusst zu werden, welche Konsequenzen für die Umwelt und für andere Menschen aus unserem Umgang mit materiellen Gütern erwachsen. Die zusammengetragenen Erkenntnisse werden anschliessend der Klasse in Form eines Posters oder einer mündlichen Präsentation vorgestellt.

Die Sequenz kann damit abgerundet werden, dass die Lernenden erneut mit dem zu Beginn vorgelegten Fragebogen zu ihrem Kaufverhalten konfrontiert werden. Sie überlegen sich auf dieser Basis, was sich bei ihnen allenfalls verändert hat und welche Konsequenzen dies für ihr Konsumverhalten oder für ihr Leben insgesamt möglicherweise haben könnte. Dies halten sie in schriftlicher Form fest (AB 8).

7.2.2 Unterrichtssequenz B: Teilen und Tauschen

Didaktische Überlegungen: Die vorangehende Unterrichtssequenz hat gezeigt, dass auch nachhaltiger Konsum die Ressourcenproblematik nicht umfassend zu lösen vermag. Aus Suffizienz-Perspektive ist der beste Kauf derjenige, der gar nicht stattfindet. Konsumbedürfnisse können zwar transformiert, aber nicht vollständig negiert werden, wenn das gute Leben nicht beeinträchtigt werden soll. Deshalb gilt es, ressourcenschonende Möglichkeiten der Bedürfnisbefriedigung aufzuzeigen und erfahrbar zu machen. Dazu gehören beispielsweise das Tauschen und Teilen von Dingen.

Um diese Möglichkeiten kennenzulernen und auch direkt umzusetzen, bieten sich Projektarbeiten an, deren Thema innerhalb des Bereichs Teilen/Tauschen je nach Interessen gewählt werden kann. Auf diese Weise kann bei der intrinsischen Motivation der Lernenden angeknüpft werden. Dabei sollen die Projektarbeiten Selbstwirksamkeit erfahrbar und das kreative Potenzial des Teilens und Tauschens erlebbar machen.

Vor der Projektphase tauschen sich die Lernenden im Plenum oder in Gruppen darüber aus, welche Gegenstände für Tauschen und Teilen überhaupt infrage kommen. Ausgehend von dieser Diskussion erstellen sie eine Liste und entscheiden sich für einen Themenbereich, der als Basis für die darauffolgende Projektarbeit dient.

Projektarbeit

Die Lernenden konzipieren ein eigenes Projekt für die Schule im Bereich Teilen/Tauschen (z. B. öffentliche/offene Bücherschränke einrichten, Kleidertauschbörsen organisieren, Sportgeräte zum Teilen zur Verfügung stellen) und setzen es um.

In einem Lerntagebuch oder Portfolio wird die Projektarbeit dokumentiert. Am Ende des Projekts wird die Dokumentation evaluiert, Erfolge und Schwierigkeiten werden reflektiert. Diskutiert wird darüber hinaus, inwiefern das Projektprodukt ein fester Bestandteil der Schulkultur werden könnte und welche möglichen Folgeprojekte interessant wären.

7.2.3 Unterrichtssequenz C: Abfallen vom Abfall

Didaktische Überlegungen: In dieser Unterrichtssequenz geht es darum, den Begriff «Abfall» zu reflektieren. Dabei soll die Aufmerksamkeit darauf gerichtet werden, dass oftmals auch Dinge weggeworfen werden, die noch funktionsfähig sind oder mit wenig Aufwand wieder funktionsfähig gemacht oder auch einer anderen Funktion zugeführt werden könnten. Lernende gehen oftmals davon aus, dass sich der Begriff «Abfall» schlicht auf das bezieht, was weggeworfen wird, ohne darüber nachzudenken, aufgrund welcher Kriterien etwas als Abfall kategorisiert wird. Dieses unreflektierte Vorverständnis soll erschüttert werden.

Die Auseinandersetzung mit dem Text von Alfred Sohn-Rethel (AB 4) soll darüber hinaus einen Einblick darin geben, wie die Dysfunktionalität technischer Geräte die

Kreativität und Improvisationslust anregen und einen spielerischen Umgang mit den Dingen begünstigen kann. Dies fördert wiederum einen freieren Umgang mit den Dingen, insofern sie aus ihrer ursprünglich festgelegten Zweckbestimmung herausgelöst werden, und ermöglicht Selbstwirksamkeitserfahrungen.

Im Anschluss daran sollen die Lernenden erleben, wie alte, defekte oder ausgediente Gegenstände so verändert werden können, dass man sie wieder gebrauchen kann (gegebenenfalls in veränderter Form). Unter Anleitung von Personen, die eine Reparatur-, Umnäh-, Flick- oder Upcycling-Technik beherrschen, lernen die Lernenden in Workshops, einen «ausgedienten» Gegenstand wieder «gebrauchswürdig» zu machen.

Durch die eigenständige Wahl des Gegenstands soll die intrinsische Motivation für die Auseinandersetzung mit dem Gegenstand gefördert werden. Dadurch, dass die Lernenden etwas lernen, was sie sogleich eigenständig und kreativ umsetzen können, wird ihre Selbstwirksamkeit gestärkt, was sich positiv auf die Lebenszufriedenheit auswirken kann. Zudem werden sie dazu angeregt, Gegenstände nicht einfach zu entsorgen, sondern zunächst auf Wiederverwendungsmöglichkeiten zu prüfen. So entdecken sie Möglichkeiten, wie die Freude an einem Gegenstand verlängert werden kann.

Begegnung/Exkursion

Mit eingeladenen Fachpersonen lernen die Lernenden in Workshops eine Möglichkeit des Flickens, Reparierens, Umnähens, Upcycelns usw. kennen.

Projektarbeit

Die Lernenden nehmen einen Gegenstand (Kleidungsstück, elektrisches Gerät usw.) mit, den sie reparieren, ausbessern oder umändern (zweckentfremden) möchten.

Die Lernenden arbeiten an ihrem Gegenstand selbstständig (gegebenenfalls unter Anleitung der Fachpersonen). Zum Schluss werden die Gegenstände in Form einer Ausstellung (inklusive Vorher-Nacher-Fotos) der Klasse, der ganzen Schule oder am Elternabend präsentiert, und es wird insbesondere auch die Arbeit daran geschildert.

Danach bietet sich ein Selbstexperiment an, in dessen Rahmen die Lernenden versuchen, eine Woche lang möglichst wenig Abfall zu produzieren.

Selbstexperiment

Die Lernenden versuchen, während einer Woche so wenig Abfall wie möglich anfallen zu produzieren. In einem Behälter oder Sack bewahren sie den Wochenabfall auf und bringen ihn anschliessend in den Unterricht mit (oder ein Foto davon). Im Plenum kann dann diskutiert werden, welche Möglichkeiten es jeweils gäbe, diesen Abfall zu vermeiden.[123]

Im Anschluss daran kann eine Begegnung mit einer Person erfolgen, die der «Zero Waste»-Bewegung angehört und versucht, ein möglichst abfallfreies Leben zu führen (für Kontakte siehe https://zerowasteswitzerland.ch/de/).

Begegnung/Exkursion

Die Lernenden erhalten die Gelegenheit, sich mit einer Person, die ihr Leben so eingerichtet hat, dass sie kaum Abfall produziert, auszutauschen. Die Person erzählt und zeigt ihnen, wie sie ihren Alltag gestaltet, d. h., wie sie sich ernährt, sich pflegt, arbeitet, den Haushalt führt usw. Die Lernenden erhalten die Möglichkeit, kritische Fragen zu stellen.

Als Abschluss dieser Unterrichtssequenz bietet es sich an, eine Zukunftswerkstatt durchzuführen, in der die Lernenden in Gruppen überlegen und ein Konzept erstellen, wie in Zukunft Abfall in der Schule, aber auch bei ihnen zu Hause reduziert oder vermieden werden kann.

Zukunftswerkstatt

Die Lernenden überlegen in Gruppen, welche Art von Abfall in der Schule oder bei ihnen zu Hause vor allem anfällt. Möglicherweise muss dieser Überlegungsphase eine Recherchephase vorangehen, in der sie entweder die Mensaleitung darüber befragen, selbst Beobachtungen anstellen oder bei sich zu Hause dokumentieren, was an Abfall anfällt (hier kann auf die Erfahrungen aus dem vorangehenden Selbstexperiment zurückgegriffen werden). In einem nächsten Schritt überlegen sie sich, welche Art von Abfall in Zukunft wie vermieden werden könnte (z. B. den Einkauf von Lebensmitteln besser planen, mit Resten kochen, Lebensmittel in öffentliche Kühlschränke geben oder anderweitig spenden, Plastiksäcke durch Stoffbeutel ersetzen, weniger Papier ausdrucken, Produkte möglichst unverpackt kaufen). Im Anschluss daran arbeiten die Lernenden ein Konzept aus, wie sie vorgehen möchten. Die Konzepte werden im Plenum vorgestellt und hinsichtlich ihrer Umsetzbarkeit diskutiert. Danach werden sie umgesetzt. Idealerweise erfolgt nach rund einem Monat eine Bestandsaufnahme, die ein (hoffentlich) positives Resultat zeigt. Ansonsten ist es sinnvoll, Verbesserungsmöglichkeiten zu diskutieren und umzusetzen.

Weitere Ideen
- Unternehmen kennenlernen, welche die Suffizienz-Idee verfolgen (z.B. Fairphone).
- Recycling- und Upcycling-Produkte sowie deren Unternehmen kennenlernen

---

Hintergrundinformationen
- https://www.pusch.ch/medien/medienmitteilungen/nachhaltig-konsumieren-leicht-gemacht-228/ (Zugriff: 9.9.2019)
- https://www.biovision.ch/projekte/schweiz/nachhaltig-konsumieren/ (Zugriff: 9.9.2019)
- https://www.konsumentenschutz.ch/themen/nachhaltigkeit/nachhaltig-konsumieren-so-gehts/ (Zugriff: 9.9.2019)
- https://www.bafu.admin.ch/bafu/de/home/themen/wirtschaft-konsum/fachinformationen/nachhaltiger-konsum.html (Zugriff: 9.9.2019)
- https://www.are.admin.ch/are/de/home/nachhaltige-entwicklung/programme-und-projekte/foerderprogramm/2018-1019.html (Zugriff: 9.9.2019)
- https://www.nachhaltigleben.ch/nachhaltiges-konsumverhalten-1025 (Zugriff: 9.9.2019)
- https://www.wwf.ch/de/nachhaltig-leben (Zugriff: 9.9.2019)
- https://www.wwf.ch/de/unsere-ziele/weniger-ist-mehr-so-geht-suffizienz (Zugriff: 9.9.2019)

Anmerkungen
120 Vgl. Binswanger 2006.
121 Vgl. Iyengar & Lepper 2000.
122 Welzer 2011.
123 Lebensmittelabfälle stehen bei diesem Experiment nicht im Zentrum. Das Thema «Food-Waste» wird im Themenmodul «Ernährung in einer endlichen Welt» explizit thematisiert.

8. Themenmodul: Ernährung in einer endlichen Welt

8.1 Zugang 1: Du bist, was du isst
8.1.1 Unterrichtssequenz A: Das Gewissen isst mit
8.1.2 Unterrichtssequenz B: Erdbeeren im Winter?

8.2 Zugang 2: Essen als Grenzerfahrung
8.2.1 Unterrichtssequenz A: Rotten – Kochen mit Abfall
8.2.2 Unterrichtssequenz B: Heuschrecken, Mehlwürmer, Grillen und Co.
8.2.3 Unterrichtssequenz C: Die Food-Revolution an der Schule

LERNZIELE

- Die Lernenden hinterfragen ihre Essgewohnheiten kritisch und erkennen die lokalen bis globalen Auswirkungen ihres Ernährungsverhaltens.

- Sie reflektieren ihr Verhältnis zur nicht menschlichen Umwelt (Umgang mit Pflanzen und Tieren).

- Sie erkennen den Mehrwert von suffizienter Ernährung für das eigene Leben (Gesundheit, Achtsamkeit gegenüber dem eigenen Körper, höherer Genuss, gutes Gewissen usw.).

- Sie lernen suffiziente Praktiken im Bereich Ernährung kennen und probieren diese exemplarisch selbst aus.

- Sie erkennen den Mehrwert von suffizienter Ernährung auf lokaler bis globaler Ebene (Förderung regionaler Wirtschaft, Gemeinschaftsgärten, Bio, Fairtrade usw.) und somit das einem suffizienten Lebensstil innewohnende Potenzial für eine gesamtgesellschaftliche Transformation hin zu mehr Suffizienz.

A) Welche Rolle spielt der Bereich Ernährung für ein gutes Leben?

Sich ernähren dient zunächst einmal in einem praktischen Sinn dem guten Leben, insofern die Aufnahme von Nahrung eine notwendige Bedingung zur Sicherung des physischen Überlebens darstellt. Darüber hinaus stellen sich angesichts unserer Ernährungsgewohnheiten Fragen nach dem Einfluss von Nahrungsmitteln auf die Gesundheit und Fitness von Körper und Geist. Schliesslich bildet unser Essverhalten (insbesondere in Ländern oder in sozialen Schichten, in denen ein Überfluss an Lebensmitteln herrscht) eine wichtige Komponente unserer Identität («Du bist, was du isst»). Daneben ist Essen auch stets in einen sozialen Kontext eingebunden, wird ritualisiert und wirkt gemeinschaftsstiftend und verbindend. Und nicht zuletzt kann Essen sinnlichen Genuss hervorrufen.

B) Zu welchen ökologischen und sozialen Problemen trägt das eigene Verhalten im Bereich Ernährung bei?

Obwohl es, quantitativ gesehen, genug Nahrung auf der Welt gibt, leiden Millionen von Menschen an Hunger und daraus resultierenden physischen und psychischen Schäden. Auf der anderen Seite nimmt in den Industrienationen das Problem von Fettleibigkeit und damit zusammenhängenden Krankheiten zu. Nahrungsmittel sind offensichtlich ungerecht verteilt. Eng damit zusammen hängen ökologische und tierethische Probleme, die durch einen übermässigen Einsatz von Herbiziden und Pestiziden sowie durch das Anlegen von Monokulturen und die dazu oft notwendige Rodung von grossen Waldstücken und durch Massentierhaltung und -transporte entstehen. Auch der Transport von Lebensmitteln über weite Strecken führt zu einer hohen Umweltbelastung.

Das eigene Ernährungsverhalten kann in vielerlei Hinsicht zu den oben genannten globalen Problemen beitragen. So verstärkt die Art und Weise unserer Ernährung, z.B. der hohe Konsum tierischer Produkte, die Umweltbelastung (Landverbrauch, Transporte, Methanausstoss usw.). Ebenso trägt die Tendenz, sich immer häufiger auswärts zu ernähren, zu einem höheren Energieverbrauch bei. Die Zunahme von Take-away-Produkten, die oft aufwendig und zudem nicht umweltverträglich verpackt sind, erhöhen die Abfallproblematik. Nicht zuletzt werden im Globalen Norden noch geniessbare Nahrungsmittel in grossen Mengen durch einzelne Konsumierende, aber auch durch Grossverteiler (z.B. wenn das Verfalldatum abgelaufen ist oder Gemüse und Früchte nicht den gängigen Normen entsprechen) vernichtet (Food-Waste).

C) Worin besteht ein suffizienter Lebensstil im Bereich Ernährung?

Einen suffizienten Lebensstil pflegen heisst auch im Bereich Ernährung, die Frage nach dem rechten Mass zu stellen. Was und wie viel wovon tut mir gut? Welche Nahrungsmittel brauche ich wirklich, worauf könnte ich gegebenenfalls verzichten? Was möchte ich nur ab und zu geniessen? Darüber hinaus zeichnet sich ein suffizienter Lebensstil dadurch aus, dass nicht nur Produkte gekauft und konsumiert werden, die Kriterien wie Fairtrade, biologisch, ökologisch, saisonal und regional entsprechen, sondern beispielsweise auch solche, die ohne Verpackung verkauft werden oder aufgrund ihrer Abweichung von der Norm (z.B. krumme Möhren) oder einem abgelaufenen Verfalldatum beim Grossverteiler keinen Absatz finden. Daneben ist es für einen solchen Lebensstil charakteristisch, dass Nahrungsmittel genossen werden, die möglichst wenig industriell verarbeitet sind. Häufig werden Lebensmittel oder ein Teil davon auch selbst angepflanzt (im eigenen oder im Gemeinschaftsgarten) und zubereitet (Slow-Food). Ebenso dazu gehört das Wissen darum, wie Reste oder auch Rüstabfälle verwertet und haltbar gemacht werden können. Kochen mit Resten, verschiedene Formen des Konservierens und Aufbewahrens, aber auch massvolles Einkaufen sind Elemente eines suffizienten Lebensstils im Bereich der Ernährung.

D) Worin liegt das Potenzial eines suffizienten Lebensstils im Bereich Ernährung für ein gutes Leben?

Die Auseinandersetzung mit dem «Wie» und «Was» der eigenen Ernährung führt in der Regel zu einem stärkeren Bezug zu dem, was man sich «einverleibt». Damit gehen oft auch eine Schärfung der Sinneswahrnehmungen sowie eine intensivere Beziehung zum eigenen Körper einher. Dieser wird bewusster und differenzierter wahrgenommen, was ein wichtiger Bestandteil eines guten Lebens sein kann. Daneben kann sich durch den Verzehr von als gesund und nachhaltig angesehenen Nahrungsmitteln, den achtsamen Umgang mit ihnen und die eigene Zubereitung auch die Qualität des Genusses erhöhen – dies nicht nur, weil das schlechte Gewissen gegenüber der Mitwelt oder der eigenen Gesundheit ausbleibt. Essen aus dem eigenen Garten ist geschmacklich oft vielfältiger und frischer als Fertiggerichte.

8.1 Zugang 1: Du bist, was du isst

Didaktische Überlegungen: In diesem Zugang geht es zum einen darum, sich der eigenen Ernährungsgewohnheiten und der Bedürfnisse, Werte und Einstellungen rund um das Thema «Essen und Trinken» bewusst zu werden und die Achtsamkeit beim Essen und Trinken zu fördern. Zum anderen werden diese Aspekte mit ethischen Fragen hinsichtlich der weltweiten Nahrungsmittelproduktion verknüpft. Ziel ist es, ein Bewusstsein für das Thema Ernährung zu schaffen und die damit zusammenhängenden Fragen und Probleme zu reflektieren. Darüber hinaus suchen die Lernenden nach Lösungsansätzen, die sie diskutieren und vor allem selbst ausprobieren. Die verschiedenen Möglichkeiten der Verschränkung von bewusstem, genussvollem und ethisch vertretbarem Essen und Trinken bilden den Kern dieses ersten Zugangs.

8.1.1 Unterrichtssequenz A: Das Gewissen isst mit

Didaktische Überlegungen: Die Lernenden sollen in dieser Sequenz ein vertieftes Bewusstsein dessen entwickeln, was und aus welchen Gründen sie essen und trinken. Sie sollen sich darin üben, bewusst und aufmerksam Nahrung zu sich zu nehmen mit dem Ziel, die eigenen Empfindungen dabei intensiver und differenzierter wahrzunehmen, aber auch in eine Beziehung zu treten zu dem, was sie sich einverleiben. Damit soll zum einen die sinnliche Wahrnehmungs- und Genussfähigkeit intensiviert und zum anderen auch die Neugierde und Bereitschaft dafür gefördert werden, sich mit Fragen nach der Herkunft, Produktion und Verarbeitung ihres Essens auseinanderzusetzen. Im Verlauf der Sequenz lernen die Lernenden verschiedene Argumentationen hinsichtlich der individuellen Wahl von Nahrungsmitteln kennen und entscheiden für sich, ob sie allenfalls Veränderungen hinsichtlich des Ernährungsverhaltens vornehmen wollen. Unbedingt zu vermeiden ist der Eindruck, Essen und Trinken seien nur eine Frage der Moral. Vielmehr geht es darum, ethisch vertretbares Essen und Trinken – solches, das den oben genannten sozialen und ökologischen Problemen Rechnung trägt – als genussvoll und geschmacksintensiv auszuweisen. Keinesfalls sollten Lebensmittel in gut und böse unterteilt und der Körper verurteilt werden, dass es ihn zuweilen nach den «bösen», weil ungesunden oder ethisch zweifelhaften Speisen und Getränken gelüstet. Im Sinn der Suffizienz geht es auch diesbezüglich um das Auffinden des rechten Masses.

Als Einstieg in diese Sequenz eignet sich ein Selbstexperiment, auf das dann auf vielfältige Art und Weise Bezug genommen werden kann.

Selbstexperiment

Die Lernenden notieren sich während einer Woche, was sie zu welcher Tageszeit und aus welchen Gründen essen und trinken (AB 1). Die Dokumentation in Form eines Ernährungstagebuchs bringen sie anschliessend in den Unterricht mit.

Als Alternative bietet sich eine Fantasiereise an, um herauszuarbeiten, welche Bedeutung das Essen und Trinken für das eigene gute Leben hat.

Fantasiereise

Die Lernenden stellen sich vor, wie ihr Leben aussähe, wenn die Menschen sich nur noch in Form von Tabletten ernähren würden. Konkret hiesse das, jede Person müsste einmal am Tag eine Tablette einnehmen und wäre dann den ganzen Tag über satt und durstfrei sowie mit allen wichtigen Nährstoffen versorgt. Wie sähe ein solches Leben konkret aus? Welche Vor- und Nachteile hätte es? Was würde fehlen? Was gewänne man dadurch? Wie würde es sich anfühlen? Welche Auswirkungen hätte es auf den Alltag, das Zusammenleben, die Gestaltung der Freizeit usw.? Die Fantasiereise kann schriftlich oder mündlich, in Gruppen oder im Plenum erfolgen.

Die Lernenden bringen ihre Ernährungsdokumentation (AB 1) mit und vergleichen diese untereinander in kleinen Gruppen. Welche Gemeinsamkeiten und Unterschiede gibt es bezüglich des «Was» und des «Warum» von Essen und Trinken? Was fällt besonders auf? Die Diskussionsergebnisse werden anschliessend im Plenum besprochen.

Möglicherweise bietet es sich an, die Fragen mit einem Partner oder einer Partnerin nach Wahl auszutauschen. So kann gewährleistet werden, dass genügend Offenheit und Vertrautheit vorhanden ist, um auch über innere Konflikte und Schwierigkeiten im Umgang mit Nahrung (z.B. auch Suchtverhalten, Gewichtsprobleme usw.) zu sprechen. Der Austausch kann in einer Form stattfinden, die gleichzeitig das achtsame Zuhören und Sich-Einlassen auf eine andere Person fördert: Eine Person erzählt von ihren Überlegungen bezüglich ihres Konsumverhaltens, und die andere Person hört einfach zu, ohne zu kommentieren und möglichst ohne das Gehörte (auch nicht innerlich) zu bewerten. Dann werden die Rollen getauscht. Im Anschluss daran kann nach Bedarf über einzelne Aspekte diskutiert oder das Gesagte so stehen gelassen werden.

Die Lehrperson kann die Dokumentationen am Ende einsammeln und (in übersichtlicher Form dargestellt und nach Wunsch anonymisiert) im Klassenzimmer aufhängen oder in die nächste Lektion mitbringen. Die Lernenden erhalten so einen Überblick, was in der Klasse häufig gegessen und getrunken wird und aus welchen Gründen.

Idealerweise bleibt die Klassendokumentation über die gesamte Unterrichtssequenz präsent und kann nach Bedarf kontaktiert werden. Interessant wäre auch, die Dokumentation am Ende der Sequenz noch einmal neu erstellen zu lassen und allfällige Veränderungen festzustellen und zu diskutieren.

Anschliessend können Ausschnitte aus dem Film «We Feed the World» gezeigt werden. Die Lehrperson entscheidet zusammen mit den Lernenden, über welche Arten der Nahrungsproduktion weitere Informationen erschlossen werden sollen. Der Vorteil dabei ist, dass die Lernenden, aber auch die Lehrperson, darüber nachdenken müssen, über welche Themen sie bereits gut Bescheid wissen und wo noch Wissenslücken bestehen.

We Feed the World (Gesamtlänge: ca. 95 Minuten)

Ein ruhiger, sachlicher und gerade deswegen erschreckender Dokumentarfilm über Ernährung und Globalisierung, Fischer und Bauern, Fernfahrer und Konzernlenker, Warenströme und Geldflüsse. Tag für Tag wird in Wien gleich viel Brot entsorgt wie Graz verbraucht. Auf rund 350 000 Hektar, vor allem in Lateinamerika, werden Sojabohnen für die österreichische Viehwirtschaft angebaut, daneben hungert ein Viertel der einheimischen Bevölkerung. Jede Europäerin und jeder Europäer isst jährlich zehn Kilogramm künstlich bewässertes Treibhausgemüse aus Südspanien, wo deswegen die Wasserreserven knapp werden.

https://www.youtube.com/watch?v=4lmi9igl5Kk (Zugriff: 7.11.2019)

Anschliessend bietet sich eine Plenumsdiskussion zu den folgenden Fragen an:
- Was sollen wir gemäss den Informationen aus dem Film essen, wenn wir uns nachhaltig ernähren wollen?
- Haben die Informationen aus der Filmsequenz Konsequenzen für uns und unsere Ernährungsgewohnheiten? Sollten wir diese Gewohnheiten ändern? Was spricht dafür? Was dagegen?

Als argumentativer Kontrapunkt kann der Text von Markus Huppenbauer (AB 2) gelesen werden, der sich gegen eine «übermässige Moralisierung» des Essens ausspricht. Danach bietet sich eine Pro- und Kontra-Diskussion an.

Die eine Hälfte der Klasse vertritt die Argumente von Markus Huppenbauer («Essen ist nicht nur eine Frage der Moral») und die andere Hälfte diejenigen, die der Film suggeriert («Wir übernehmen durch unsere Essgewohnheiten eine grosse Verantwortung für andere Menschen und die Natur»). Zunächst werden die jeweiligen Argumente in der Gruppe gesammelt und anschliessend diskutiert.

Im Anschluss an die Diskussion überlegt sich jede Person (inklusive Lehrperson), ob sie etwas an ihren Ernährungsgewohnheiten ändern möchte, und wenn ja, was. Optional kann die Entscheidung der Klasse mitgeteilt werden, um allfällige Interessengruppen zu bilden und sich gegenseitig bei Veränderungen zu unterstützen. Die Aussagen werden aber nicht kommentiert oder diskutiert, sondern so stehen gelassen – dies unter der Bedingung, dass die Aussagen begründet werden (insbesondere dann, wenn keine Veränderungsvorsätze erfolgen). Es muss akzeptiert werden, wenn jemand seine Ernährungsgewohnheiten beibehalten möchte; wichtig ist aber, dass es sich dabei um eine bewusste und reflektierte Entscheidung und nicht um den Ausdruck einer Verweigerungshaltung handelt.

Im Anschluss an diese kognitiven, diskussionsintensiven Einheiten, bei denen die Auseinandersetzung mit Werten im Zentrum stand, bietet es sich an, eine Achtsamkeitsübung einzuflechten, dies mit dem Ziel, auch das genussvolle Essen als wichtiges Element eines guten Lebens nicht zu vernachlässigen. Für die Übung bringen die Lernenden ihr «Lieblingsznüni» mit. Die Lehrperson führt eine Achtsamkeitsübung in Anlehnung an die Rosinenmeditation (AB 3) durch.

Achtsamkeitsübung
https://www.youtube.com/watch?v=JfSVq0Ktmmg (Zugriff: 7.11.2019)

Als Alternative zur Achtsamkeitsübung können die Lernenden auch an einer Teezeremonie teilnehmen, wie sie verschiedentlich angeboten wird, z.B. https://www.laenggasstee.ch/menu-dieteeschule/japanische-teezeremonie/japanische-teezeremonie (Zugriff: 7.11.2019).

Die Teilnahme an einer solchen Zeremonie ist zwar zeitintensiver, hat aber den Vorteil, dass die Lehrperson die Achtsamkeitsübung nicht selbst durchführen muss.

Als Abschluss dieser Unterrichtssequenz schreiben die Lernenden einen Text (AB 3), in dem sie zunächst ihre Erfahrungen während der Meditation reflektieren. Des Weiteren halten sie ihre Gedanken zur Frage, ob sie aufgrund der Informationen aus dem Film («We Feed the World»), aber auch in Kenntnis der Gegenargumente etwas an ihren Ernährungsgewohnheiten ändern möchten oder nicht, schriftlich fest. Vor dem Schreiben des Texts sehen sie sich noch einmal ihre Essensdokumentation an und nehmen auch darauf Bezug. Vorgängig wird vereinbart, ob die Lehrperson die Texte danach einsammelt oder ob sie der persönlichen Reflexion und Information dienen und nicht abgegeben werden.

8.1.2 Unterrichtssequenz B: Erdbeeren im Winter?
Didaktische Überlegungen: In dieser Sequenz steht die Frage im Zentrum, wie wichtig es für das eigene gute Leben ist, zu jeder Zeit alles uneingeschränkt essen und trinken zu können. Es soll ein Bewusstsein dafür geschaffen werden, welche Konsequenzen es für einen selbst, aber auch für andere hat, wenn die Bereitschaft und die Fähigkeit verloren gehen, sich einzuschränken. Positiv formuliert, bedeutet dies, sich an dem zu erfreuen, was aktuell sinnvollerweise zur Verfügung steht, und sich am rechten Mass zu orientie-

ren. Dies wird exemplarisch am Beispiel der Frage «Wie viel tierische Nahrungsmittel soll der Mensch zu sich nehmen?» thematisiert.

Weiter lernen die Lernenden Produkte aus der veganen Küche kennen und können so ihre Ernährungsmöglichkeiten erweitern. Dabei geht es aber nicht darum, die vegane Ernährung als einzig richtige darzustellen, denn es stellt sich auch in dieser Hinsicht die Frage nach Sinn und Unsinn von z.B. veganen Versionen von Leberkäse oder Schlagsahne. Im Vordergrund steht auch hier die Frage nach dem rechten Mass und nach dem, was das gute Leben aller in einer endlichen Welt befördert.

Der Einstieg in diese Sequenz kann in Form einer Provokation erfolgen. Beide vorgeschlagenen Filmbeiträge zeigen extreme Formen der Ernährung, welche Fragen nach Sinn und Unsinn und nach dem rechten Mass aufwerfen.

Provokation

https://www.prosieben.ch/tv/galileo/videos/2018287-fleisch-diaet-kann-das-wirklich-gesund-sein-clip (Zugriff: 1.4.2019)
https://www.youtube.com/watch?v=knXUzMRDzzQ (Zugriff: 15.4.2019)

Zwei Beiträge, die jeweils eine Ernährungsweise auf die Spitze treiben: Im ersten Beitrag wird ausschliesslich Fleisch gegessen. Der zweite Beitrag porträtiert eine Person, die sich als Fruktarier bezeichnet und nichts isst, was dafür «getötet» werden muss (inklusive Pflanzen). In beiden Beiträgen wird aufgezeigt, was die Personen essen, wie sie ihren Alltag gestalten und welche Auswirkungen diese Ernährungsweise auf die Gesundheit hat.

Danach bietet sich ein Rollenspiel an. Der Sinn des Rollenspiels besteht darin, die verschiedenen Vor- und Nachteile dieser Extremformen der Ernährung aufzuzeigen. Zudem sollen die Auswirkungen derselben auf das alltägliche Leben sichtbar werden.

Rollenspiel

Immer zwei Lernende bereiten gemeinsam ein fiktives Gespräch vor, in dem ein Fruktarier und eine Fleischesserin (oder umgekehrt) aufeinandertreffen und miteinander diskutieren. Dabei sprechen sie darüber, warum sie was essen, wie sie ihren Alltag gestalten, auf welche Schwierigkeiten sie dabei stossen, wie sie mit sozialen Situationen (z.B. Restaurantbesuche, Einladungen) umgehen usw. Wer will, präsentiert das Rollenspiel im Plenum.

Im Anschluss daran bilden die Lernenden für ein Selbstexperiment kleine Gruppen aus drei bis vier Personen.

Selbstexperiment

Jede Gruppe stellt ein Menü inklusive Vor- und Nachspeise zusammen, das den Vorlieben möglichst aller Gruppenmitglieder entspricht. Hilfreich ist es, die Gruppen zu Beginn so zu bilden, dass dies möglich ist. Anschliessend suchen die Gruppen nach Rezepten, um dieses Menü zu kochen. Sie notieren sich alle Zutaten auf einen Einkaufszettel. Nun streichen sie alle Zutaten an, die tierischer Herkunft sind, und recherchieren im Internet oder in der Literatur, wie diese Zutaten durch pflanzliche ersetzt werden können. Danach kaufen sie für die vegane sowie die vegetarische Variante oder die Fleischvariante ein. Jede Gruppe kocht nun an einem Mittag (je nach Zeit setzen nur einzelne Gruppen ihre Rezepte praktisch um) jeweils ihr Menü einmal in veganer und einmal in vegetarischer bzw. fleischiger Version und lädt die Klasse zu einer Degustation ein. Idealerweise werden die Varianten nicht gekennzeichnet, sodass die Klasse jeweils davon kostet, ohne die genauen Zutaten zu kennen. Anschliessend erfolgt eine geschmackliche Bewertung der Menüs durch die Klasse. **Achtung:** Es wird möglichst nur so viel gekocht, wie gegessen wird. Falls dies nicht gelingt, sollte unbedingt nach Möglichkeiten der Resteverwendung gesucht werden (siehe hierzu auch die Unterrichtssequenz A im Zugang 2).

Diskussion im Anschluss im Plenum:
- Was hat in der veganen Variante sehr gut geschmeckt?
- Was weniger?
- Was gar nicht?
- Woran könnte dies liegen?
- Bei welchen Produkten tierischer Herkunft fällt es einem schwer zu verzichten und weshalb?
- Und ist es im Kontext von Suffizienz überhaupt ethisch geboten, auf tierische Nahrungsmittel zu verzichten? Was spricht dafür, was dagegen?

Anschliessend kann der Text zur Produktion von veganen Lebensmitteln gelesen werden (AB 4). Hier wird die vegane Ernährung auf die Spitze getrieben – es gibt vegane Schlagsahne, veganen Fleischkäse usw., – und es stellt sich die Frage, wie sinnvoll das ist. Brauchen wir wirklich alle Produkte tierischer Herkunft in veganer Version, oder ginge es nicht vielmehr um ein allgemeines Umdenken und die Akzeptanz dessen, dass nicht immer alles verfügbar ist?

In einem World-Café lässt sich die Frage erörtern, welche Bedeutung Verzicht für ein gutes Leben hat.

World-Café

Das World-Café stellt das folgende Zitat von Martin Heidegger ins Zentrum: «Der Verzicht nimmt nicht, er gibt. Er gibt die unerschöpfliche Kraft des Einfachen.» Diskutiert wird in zwei Durchgängen. Im ersten Durchgang geht es um die Deutung und das Verständnis des Zitates, im zweiten Durchgang wird das Zitat anhand von Pro- und Kontra-Argumenten beurteilt.

1. Durchgang: Was bedeutet das Zitat genau? Was könnte mit der «Kraft des Einfachen» gemeint sein?
2. Durchgang: Sind Sie mit dem Zitat einverstanden? Falls ja, weshalb? Falls nein, weshalb nicht?

Um den Bogen zurück ins praktische Leben zu schlagen, bietet sich der Besuch einer Gemeinschaft an, die sich bei der Nahrungsmittelproduktion an Kriterien der Suffizienz und der Nachhaltigkeit orientiert. Vorgängig ist es sinnvoll, die Lernenden zu befähigen, Informationen über die folgenden Themen zu beschaffen:

- Was sind die wichtigsten Merkmale von konventioneller Landwirtschaft?
- Welche alternativen Formen gibt es, und wodurch zeichnen sie sich aus?
- Worin bestehen die jeweiligen Vor- und Nachteile von konventionellen und alternativen Formen der Landwirtschaft?
- Welche Ideen liegen der Gartengemeinschaft zugrunde, und weshalb produzieren und organisieren sie (sich) auf diese Art und Weise?

Begegnung/Exkursion

Im Rahmen der Exkursion besuchen die Lernenden eine Gartengemeinschaft (z. B. Ortoloco in Zürich / Radiesli in Bern). Der Besuch soll den Blick erweitern und Möglichkeiten aufzeigen, wie nachhaltige Ernährung ohne grossen Verzicht möglich ist. Nämlich: saisonal, lokal und bio. Die einzige Einschränkung besteht darin, dass nicht immer alles zu jeder Jahreszeit verfügbar ist.

Unbedingt sollte der Besuch die Möglichkeit einschliessen, Produkte auszuprobieren und zum Kochen mitzunehmen. Wünschenswert wäre auch, dass die Lernenden über das Fragenstellen hinaus auch in praktische Arbeiten (z. B. Jäten, Sähen, Ernten) eingebunden werden.

Zum Abschluss der Sequenz kann im Sinne einer praktischen Vertiefung ein Selbstexperiment folgen, bei dem das «Weglassen und seine positiven und negativen Konsequenzen» im Fokus stehen.

Selbstexperiment

Die Lernenden nehmen sich vor, während einer Woche auf ein Lebens- oder Genussmittel ihrer Wahl zu verzichten (z. B. Fleisch, Milch, Alkohol, Schokolade, Kaffee, Zigaretten). Sie dokumentieren das Experiment und halten fest, wie es ihnen dabei ergeht (AB 5).

Die Ergebnisse des Experiments (Dokumentation) können im Anschluss in kleinen Gruppen oder im Plenum verglichen und diskutiert werden. Sinnvoll ist es in diesem Zusammenhang, insbesondere den Umgang mit dem «Versagen» zu thematisieren, d.h. zu diskutieren, wie konstruktiv damit umgegangen werden kann, wenn man sich nicht an das halten kann, was man sich vorgenommen hat und welche Möglichkeiten es gibt, die eigene Konsequenz zu stärken. Ein Katalog mit «Tipps, um stark zu bleiben» kann ausgearbeitet und im Klassenzimmer aufgehängt oder an die Lernenden verteilt werden, dies natürlich immer unter der Voraussetzung, dass «Weglass-Experimente» intrinsisch erfolgen und nicht von aussen auferlegt werden. Dieses Experiment hängt eng mit den Überlegungen zu möglichen Veränderungen der Ernährungsgewohnheiten zusammen, die in der Sequenz A dieses Zugangs formuliert wurden. Anders als in der vorangegangenen Sequenz liegt der Fokus beim Selbstexperiment auf dem bewussten Verzicht auf Nahrungsmittel, die bisher genossen wurden. Natürlich sind die Grenzen zwischen der Veränderung des Essverhaltens und dem konsequenten Verzicht auf bestimmte Produkte durchlässig, der Fokus bzw. die Perspektive bleibt aber nicht identisch. Unterschiede zwischen den beiden Haltungen zu thematisieren, kann einen Bestandteil der Diskussion im Anschluss an das Selbstexperiment darstellen. So lässt sich z.B. die Frage diskutieren, welchen Unterschied die Lernenden zwischen «etwas verändern» und «etwas weglassen oder auf etwas verzichten» sehen und welche Vor- und Nachteile Veränderung und Verzicht mit sich bringen. Interessant zu diskutieren wäre auch, mit welchen Emotionen und Assoziationen die verschiedenen Begriffe konnotiert sind.

8.2 Zugang 2: Essen als Grenzerfahrung

Didaktische Überlegungen: Dieser Zugang thematisiert zwei unterschiedliche, aber eng miteinander zusammenhängende Themen. In der ersten Sequenz geht es um die Problematik von Food-Waste und deren Lösung in Form von Kochen mit Abfällen u.a. Die Lernenden sollen dafür sensibilisiert werden, dass die Grenzen der Genussmöglichkeiten von Lebensmitteln weiter sind, als vielfach angenommen wird, denn Lebensmittel können über ihr Verfallsdatum hinaus genossen und können Rüstabfälle auf kreative Art und Weise verarbeitet werden.

Eine Auseinandersetzung mit Grenzen anderer Art bietet die Sequenz B, in welcher der Konsum von Insekten im Zentrum steht. Aus ökologischer Sicht scheint der Verzehr von Insekten als Alternative zu herkömmlichen Fleischprodukten durchaus sinnvoll. Neben ästhetischen Vorbehalten gibt es aber auch ethische Bedenken, die in dieser Sequenz thematisiert werden.

8.2.1 Unterrichtssequenz A: Rotten – Kochen mit Abfall

Didaktische Überlegungen: Diese Sequenz soll das Verständnis dessen, was als Nahrungsmittel infrage kommt, erweitern. Den Lernenden soll bewusst werden, dass auch nicht «perfektes» Obst und Gemüse (d.h. solches, das der Form, Farbe oder Grösse nach nicht den vorgeschriebenen Normen entspricht) sowie sogenannte Rüstabfälle und sogar abgelaufene Lebensmittel oftmals absolut geniessbar sind. Des Weiteren zeigt die Sequenz Möglichkeiten auf, wie mit verschiedenen Resten und sogenannten Abfällen kreativ und suffizient umgegangen werden kann.

Selbstexperiment

Um ein Bewusstsein dafür zu erzeugen, wie viel von Individuen und Einzelhaushalten weggeworfen wird, verfassen die Lernenden während einer Woche ein «Wegwerf-Tagebuch». Darin werden alle weggeworfenen Lebensmittel(-reste) dokumentiert (AB 6).

Das Tagebuch nehmen sie anschliessend in den Unterricht mit.

In Gruppen werden die Tagebücher verglichen, und es werden Listen von denjenigen Lebensmitteln erstellt, die am häufigsten auf dem Müll landen.

Es bietet sich ein Besuch bei Mirko Burri an, dem sogenannten Food-Waste-Koch. Die Lernenden erfahren, was es heisst, so zu kochen, dass möglichst wenig Abfall entsteht. Sie erhalten Tipps, wie mit Resten oder Rüstabfällen leckere Menüs und Saucen zubereitet werden können.

Begegnung/Exkursion

Die «Mein Küchenchef GmbH» setzt sich gegen die Verschwendung von Lebensmitteln ein. Das Bestreben zieht sich durch die ganze Wertschöpfungskette und verhindert jährlich 28 Tonnen messbarer Lebensmittelverschwendung. Mirko Burri ist der Gründer und Leiter von «Mein Küchenchef GmbH» und betreibt in Köniz ein Lokal, in dem er selbst kocht. Weiter werden u. a. Workshops für Personen des Gastro-Bereichs angeboten. https://mein-kuechenchef.ch/foodwaste/ (Zugriff: 7.11.2019)

Im Anschluss daran nehmen die Lernenden ihre Listen mit denjenigen Lebensmitteln hervor, die von ihnen persönlich häufig weggeworfen werden, und überlegen jeweils, was damit gekocht oder wie sie anderweitig verwertet werden könnten. Als Hausaufgabe kann den Lernenden aufgetragen werden, z. B. ein Znüni aus Resten oder Rüstabfällen in die Klasse mitzubringen.

Die Sequenz kann auch mit einem Reste-Wettbewerb abgeschlossen werden. Dazu wird die Klasse in Gruppen zu drei bis fünf Personen eingeteilt. Die Gruppen erhalten den folgenden Auftrag:

Sie bekommen:
- 2 verschrumpelte Möhren (Rüebli)
- 3 Scheiben trockenes Brot vom Vortag
- einen kleinen Rest Tomatensauce
- ein Stück harten Käse
- 2 nicht mehr ganz frische Äpfel
- ½ Liter Milch (Ablaufdatum: gestern)

Was machen Sie daraus?

Die Gruppen haben eine Lektion Zeit, um zu besprechen, was mit den Lebensmitteln geschehen soll und wie diese im Sinne der Suffizienz am besten genutzt werden könnten. Neben der Zubereitung eines Menüs gibt es z. B. auch Schafe oder Pferde, die sich über gewisse Lebensmittel freuen. Lebensmittel lassen sich aber auch zu Kompott oder Konfitüre verarbeiten oder trocknen und somit länger aufbewahren. Der Fantasie sind keine Grenzen gesetzt. Einzig wegwerfen ist nicht erlaubt. Auch einfrieren ist aus ökologischer Sicht nicht sinnvoll, da dafür viel Energie benötigt wird. Wenn kompostiert werden soll, muss zuerst unbedingt eine Auseinandersetzung damit erfolgen, welche Reste sich wie und mit welchem energetischem Aufwand kompostieren lassen. Die Lernenden sollten für diese Aufgabe also Internetzugang haben, um zu recherchieren.

Nach der Lektion stellt jede Gruppe ihre Ideen vor. Im Anschluss daran wird in der Klasse diskutiert, welche Idee am stärksten den Kriterien der Suffizienz entspricht und weshalb. Dabei ist es wichtig zu beachten, dass die Gruppen nicht einfach aus Prinzip für ihre Idee argumentieren, sondern dass in einem gemeinsamen Aushandlungsprozess die relevanten Kriterien festgelegt und anschliessend die verschiedenen Ideen daran gemessen werden. Über eine allfällige Prämierung kann im Vorfeld ebenfalls mit der Klasse diskutiert werden.

8.2.2 Unterrichtssequenz B: Heuschrecken, Mehlwürmer, Grillen und Co.

Didaktische Überlegungen: Die folgende Sequenz dient ebenfalls dazu, das Repertoire von möglichen nachhaltigen Lebensmitteln zu erweitern. In dieser Sequenz soll aufgezeigt werden, dass es aus der Perspektive der Suffizienz sinnvoll ist, Insekten zu essen, dass deren Verzehr aber auch der Gesundheit zuträglich sein kann und sogar noch Genuss bereitet und somit zu einem guten Leben beitragen kann. Gleichzeitig werden aber auch Gegenargumente diskutiert, um den Lernenden die Bildung eines eigenen Standpunkts zu ermöglichen. In diesem Zusammenhang findet eine Auseinandersetzung mit der Frage statt, vor welchen Lebensmitteln, aus welchen Gründen auch immer, Ekel empfunden wird und wie dieser Ekel allenfalls überwunden werden könnte. Schliesslich geht es in der Sequenz C darum, Ernährungsvisionen für die Schule der Zukunft zu entwickeln und umzusetzen.

Als Einstieg in diese Sequenz eignet sich eine Provokation.

Provokation

Die Lehrperson zeigt zuerst nur das Bild und fragt die Lernenden, ob sie Lust verspüren, dieses Menü zu essen.

© Zur Verfügung gestellt von Essento

Ein weiteres Beispiel:

Im Anschluss erhalten die Lernenden Gelegenheit, sich über Insekten als Nahrungsmittel zu informieren. Die Lehrperson kann die Informationen vermitteln oder den Lernenden den Auftrag erteilen, selbstständig zu recherchieren. Dabei wird empfohlen, die relevanten Websites anzugeben, damit sich die Lernenden nicht im Informationsdschungel verirren und zu viel Zeit für die Recherche aufwenden müssen.

> Einen guten Überblick bieten die folgenden Quellen:
> - https://essento.ch (Zugriff: 21.11.2019)
> - https://www.srf.ch/sendungen/puls/vom-ekeltier-zum-nahrungsmittel (Zugriff: 11.4.2019)
>
> Interessengemeinschaft für Insekten als Lebensmittel in der Schweiz: www.lgils.ch (Zugriff: 25.11.2019)

Um Einseitigkeit zu vermeiden und die persönliche Meinungsbildung der Lernenden zu fördern, bietet sich eine Auseinandersetzung mit tierethischen Bedenken hinsichtlich des Verzehrs von Insekten an. Siehe dazu AB 7.

Die verschiedenen Informationen und Argumente mit Blick auf die Verwendung von Insekten als Nahrungsmittel müssen nun kontextualisiert und miteinander verknüpft werden. Dies kann beispielsweise in einer Diskussion darüber geschehen, ob Insekten gegessen werden sollen oder nicht (aus geschmacklicher, ästhetischer, ethischer usw. Perspektive). Die Methode des sokratischen Gesprächs eignet sich hierfür besonders. Ziel des Gesprächs ist es, die Lernenden durch das eigene Reflektieren, Ausformulieren und Argumentieren sowie die Auseinandersetzung mit den Überlegungen anderer Personen (die anderen Lernenden und die Lehrperson) zu befähigen, einen eigenen Standpunkt hinsichtlich des Verzehrs von Insekten zu entwickeln.

Sokratisches Gespräch

Inputfragen: «Wollen wir Insekten essen? Was spricht dafür, was dagegen? Ekelt uns davor? Womit hat dieser Ekel zu tun? Ist es allenfalls sinnvoll, diesen Ekel abzubauen? Ist es aus tierethischen Gründen vertretbar, Insekten zu essen? Weshalb, weshalb nicht?»

Um sich schliesslich hinsichtlich der geschmacklichen Dimension ein eigenes Urteil bilden zu können, bietet sich als Abschluss der Sequenz ein Selbstexperiment an.

Selbstexperiment

Es wird ein Versucherpaket bestellt (z. B. bei Essento), und alle dürfen auf freiwilliger Basis ausprobieren, wie Insekten schmecken. Dabei ist zu beachten, dass kein Gruppendruck entsteht und niemand gezwungen wird, etwas zu essen, was er oder sie nicht möchte. Es lohnt sich aber, das Experiment im Plenum oder in Gruppen durchzuführen und sich über die Erfahrungen auszutauschen.

© Zur Verfügung gestellt von Essento

https://essento.ch/product/insekten-probierpaket/

8.2.3 Unterrichtssequenz C: Die Food-Revolution an der Schule

Didaktische Überlegungen: Diese Sequenz verfolgt das Ziel, im Bereich der suffizienten Ernährung gemeinsam mit anderen ein Projekt zu konzipieren und durchzuführen, das den eigenen Interessen entspricht, dies aus der Überlegung heraus, dass etwas selbst zu machen und auszuprobieren, der beste Weg ist, um sich intensiv und intrinsisch motiviert mit Inhalten auseinanderzusetzen und deren Bedeutung für das eigene Leben zu erfahren. Die Projekte sollen neben der Förderung sozialer Kompetenzen und dem Aufbau von Sachwissen in verschiedenen Bereichen dazu beitragen, neue Formen der Ernährung kennenzulernen und gegebenenfalls in den eigenen Alltag einzubeziehen. Zudem geht es bei vielen Projekten auch darum, die ganze Schule insgesamt suffizienter zu gestalten und so den Wirkungsradius der Lernenden zu erweitern.

Zukunftswerkstatt

Die Lernenden überlegen sich in Gruppen, wie die Mensa bzw. die Schule rund um das Thema Ernährung suffizienter organisiert werden könnte. Dies bedingt eine vorgängige Problemanalyse, bei der Bereiche identifiziert werden, die noch nicht den Kriterien der Suffizienz entsprechen. Anschliessend gestalten die Lernenden beispielsweise eine Collage, auf der sie darstellen, was sich wie verändern und vor allem wie ihre Schule in der Zukunft aussehen soll.

Projektarbeit

Anschliessend konzipieren die Gruppen ein eigenes Projekt, bei dem sie sich auf eine in der Zukunftswerkstatt entwickelte Veränderungsmöglichkeit festlegen und überlegen, wie diese konkret umgesetzt werden könnte. Nach Möglichkeit handelt es sich dabei um ein Projekt, das Auswirkungen auf die Schule insgesamt hat und in die Zukunft reicht (d.h. nicht nur ein einmaliger Event, sondern die Veränderung grundlegender Strukturen mit langfristiger Wirkung). Sie führen das Projekt selbstständig durch. Die Lehrperson steht beratend zur Seite.

Gelingt es, etwas Neues zu initiieren und zu etablieren, kann dies mit einem grossen Schulfest gefeiert werden. Gleichzeitig soll aber auch ein konstruktiver Umgang mit möglichen Misserfolgen eingeübt werden. Dabei soll evaluiert werden, was weshalb nicht gelungen ist und was das nächste Mal besser gemacht werden müsste. Auf diese Weise sollen die Lernenden neuen Mut finden und sich bewusst machen, dass nicht alles fehlgeschlagen ist und es keinen Sinn hat, sich zu engagieren, sondern dass der Misserfolg an konkreten Punkten lag, an denen aber prinzipiell weitergearbeitet werden kann. Damit soll auch die Resilienz gefördert und Frustrationstoleranz aufgebaut werden.

Mögliche Projekte:
- Gemeinschaftsgarten auf dem Schulareal anlegen; Obst und Gemüse in der Schulmensa verbrauchen
- Offene Kühlschränke auf dem Schulhausareal installieren und bewerben
- Food-Waste in der Mensa minimieren und Kochen mit «Abfall» fördern
- Mehr vegetarische und vegane Menüs in der Mensa anbieten
- Nachhaltige Snacks anbieten
- Die Herkunft der Lebensmittel für die Mensa untersuchen und allenfalls in Richtung Suffizienz verbessern
- Weitere Ideen siehe https://interaktiv.tagesanzeiger.ch/2019/75-ideen-den-klimawandel-zu-stoppen/ (Zugriff: 25.11.2019)

Weitere Ideen
- Unverpackt-Läden besuchen
- Film «Cowspiracy – Das Geheimnis der Nachhaltigkeit»
- Projekte, Initiativen und Events in der Schweiz rund ums Thema «Food-Waste»: http://foodwaste.ch (Zugriff: 7.11.2019) kennenlernen

Hintergrundinformationen
- https://www.wwf.ch/de/unsere-ziele/ernaehrung-essen-verbindet-uns-alle (Zugriff: 9.9.2019)
- https://www.google.com/search?client=safari&rls=en&q=nachhaltige+ern%C3%A4hrung&ie=UTF-8&oe=UTF-8
- https://www.nachhaltigleben.ch/food/nachhaltige-ernaehrung-saisonale-lebensmittel-651 (Zugriff: 9.9.2019)
- https://www.energieschweiz.ch/page/de-ch/essen (Zugriff: 9.9.2019)
- https://www.nachhaltigeernaehrung.de/Was-ist-Nachhaltige-Ernaehrung.3.0.html (Zugriff: 9.9.2019)
- https://www.nachhaltigkeit.info/artikel/nachhaltige_ernaehrung_1962.htm (Zugriff: 9.9.2019)

9. Themenmodul: Mobilität in einer endlichen Welt

9.1 Zugang 1: Anders mobil
9.1.1 Unterrichtssequenz A: Mobil sein – warum eigentlich?
9.1.2 Unterrichtssequenz B: Ich bike, also bin ich!
9.1.3 Unterrichtssequenz C: Slow motion
9.1.4 Unterrichtssequenz D: Mobil in der Mitwelt

9.2 Zugang 2: Verdichtung einmal anders
9.2.1 Unterrichtssequenz A: Kurze Wege in der Stadt
9.2.2 Unterrichtssequenz B: Alles unter einem Dach

9.3 Zugang 3: Reisen – Traum oder Albtraum?
9.3.1 Unterrichtssequenz A: Sinn und Unsinn des Reisens
9.3.2 Unterrichtssequenz B: Geniessen statt Fliegen

LERNZIELE

- Die Lernenden erkennen Zusammenhänge zwischen ihrem Mobilitätsverhalten und den lokalen bis globalen Auswirkungen auf eine nachhaltige Entwicklung.
- Sie reflektieren die positiven Funktionen, die ihre Mobilität erfüllt.
- Sie erkennen die negativen Seiten der Mobilität für das eigene gute Leben.
- Sie suchen nach Möglichkeiten, die oben genannten positiven Wirkungen auf eine andere Weise als durch ressourcenintensive Fortbewegungsmittel zu erzielen.
- Sie lernen suffiziente Praktiken im Bereich Mobilität kennen und probieren diese exemplarisch selbst aus.
- Sie erkennen den Mehrwert einer suffizienten Mobilitätsgestaltung für das eigene Leben sowie für eine gesamtgesellschaftliche Transformation hin zu mehr Suffizienz.

Themenmodul: Mobilität in einer endlichen Welt

A) Welche Rolle spielt der Bereich Mobilität für ein gutes Leben?

Unter Mobilität verstehen wir hier die Bewegung im Raum, und zwar im physischen Sinne. Wir unterscheiden zwischen Mobilität im Alltag und in der Freizeit. Im Alltag dient Mobilität in der Regel als Mittel zum Zweck, zum Beispiel, um den Weg zur Arbeit zurückzulegen, und trägt daher nur indirekt zum guten Leben bei. Dagegen kann Mobilität in der Freizeit auch einen Selbstzweck erfüllen, der dem guten Leben dient, zum Beispiel, wenn beim Zugfahren nicht das Ziel im Vordergrund steht, sondern das Unterwegssein als solches. So kann beispielsweise eine Autofahrt ein Gefühl der Freiheit hervorrufen.

Beim Reisen, hier verstanden als Urlaubsreisen, vermischen sich die beiden Zwecke insofern, als nicht nur ein bestimmtes Ziel erreicht werden soll, sondern auch bereits der Weg dahin Freude bereiten kann. Darüber hinaus kann Reisen zur Lebenszufriedenheit beitragen, da es mit Werten wie Freiheit und Bildung sowie persönlicher Weiterentwicklung verknüpft ist. Reisen erweitert zudem den eigenen Horizont und die Toleranz, wenn man beispielsweise andere Kulturen kennenlernt. Reisen bieten zudem Möglichkeiten, neue Erfahrungen zu machen, Abenteuer zu erleben, aber auch die Familie oder Freunde zu besuchen, die entfernt leben. Auf Reisen folgen oftmals viele Erlebnisse in kurzer Zeit aufeinander (Ziel möglichst hoher Erlebnisdichte), was zu einer intensivierten Zeiterfahrung führt. Schliesslich sind auch Erholung und Entspannung Ziele, die dem guten Leben zuträglich sind und die Reisen ermöglichen kann.

B) Zu welchen ökologischen und sozialen Problemen trägt das eigene Verhalten im Bereich Mobilität bei?

Die zunehmende Mobilität des Menschen verursacht sowohl auf globaler als auch auf individueller Ebene vielfältige und tiefgreifende Probleme. Bereits 1994 kritisierte Wolfgang Sachs im Zusammenhang mit dem von ihm geprägten Begriff der Entschleunigung (siehe Grundlagenmodul) den erhöhten Verbrauch natürlicher Ressourcen, der mit beschleunigter Mobilität einhergeht, und bezog sich dabei v.a. auf das Fliegen und auf den motorisierten Individualverkehr (MIV) als die beiden Bereiche, die aufgrund ihres CO_2-Ausstosses wesentlich für Klimaschäden verantwortlich sind. Nicht zu vergessen sind auch Probleme wie die Luftverschmutzung und der Landverbrauch, der mit dem zunehmenden Autoverkehr einhergeht – sei dies durch den Aus- oder Neubau der Strasseninfrastruktur oder durch die wachsende Zahl von Parkplätzen. Land, das ansonsten landwirtschaftlich genutzt und somit der Ernährung dienen könnte, steht für diese Zwecke nicht mehr zur Verfügung. Weitere Probleme des Schnellverkehrs sind die zunehmende Zahl von Verkehrstoten und die Lärmbelastung.

Auf individueller Ebene stellt die Zunahme des Pendelns – Förster spricht von der «Pein des Pendelns»[124] – um den Arbeitsort zu erreichen, eines der zentralen Probleme dar. Neben dem psychischen Stress für das Individuum kann auch die physische Gesundheit durch das schnelle und nahezu ständige Unterwegssein beeinträchtigt werden; dies z. B. durch Abgase und Feinstaub, die Lungenprobleme verursachen, oder Haltungsschäden und Übergewicht aufgrund von Bewegungsarmut.

C) Worin besteht ein suffizienter Lebensstil im Bereich Mobilität?

Einen suffizienten Lebensstil im Bereich Mobilität zu pflegen, heisst in erster Linie, möglichst ressourcenschonend[125] unterwegs zu sein. Falls dies nicht möglich ist, stellt sich die Frage nach dem rechten Mass; es gilt sich zu überlegen, ob ein Weg überhaupt zurückgelegt werden muss.[126] Die Reflexion von Gründen und Ursachen für den Wunsch nach Mobilität und das Ausloten von Möglichkeiten, Mobilitätsbedürfnisse oder -anforderungen möglichst ressourcenschonend zu befriedigen, sind in einer BSL unerlässlich.

Möglichkeiten einer ressourcenschonenden Mobilität sind durchaus gegeben: Man kann beispielsweise von Sharing-Angeboten[127] (z. B. Mobility oder ein Auto mit dem Nachbarn teilen) profitieren oder, wo immer möglich, zu Fuss gehen oder Fahrrad statt Auto fahren oder anstelle des Autos den öffentlichen Verkehr nutzen. In vielen Städten gibt es bereits Möglichkeiten, kostenlos Fahrräder für einen bestimmten Zeitraum auszuleihen. Bei längeren Reisen würde es sich anbieten, mit dem Zug oder dem Schiff statt mit dem Flugzeug zu reisen. Zum Transport von kleineren Lasten über kürzere Distanzen eignet sich das Cargovelo.

D) Worin liegt das Potenzial eines suffizienten Lebensstils im Bereich Mobilität für ein gutes Leben?

Das Potenzial eines suffizienten Lebensstils im Bereich Mobilität hat insbesondere mit Entschleunigung zu tun. Entschleunigt unterwegs zu sein, bedeutet, den Augenblick intensiver erleben zu können. Dadurch kann die Erlebnisqualität höher sein und das Erlebnis als länger während wahrgenommen werden. Zu Fuss oder mit dem Fahrrad unterwegs zu sein, ermöglicht ein anderes und vor allem tieferes Eingebundensein in die Umgebung, eine stärkere Wahrnehmung dessen, was um einen herum vor sich geht. Auch sind mehr soziale Kontakte möglich im Vergleich zum Autofahren. Ebenso gestaltet sich der Kontakt mit der natürlichen Umwelt unmittelbarer. Dem Wetter ausgesetzt zu sein, beim Fahrradfahren den Wind zu spüren, die Gerüche des Frühlings in einer Baumallee wahrzunehmen, ermöglicht intensivere sinnliche Erfahrungen. Auch die Gesundheit profitiert davon, sei es durch die frische Luft, die man atmet, oder durch die körperliche Fitness, die regelmässiges Fahrradfahren mit sich bringt, um nur einige Beispiele zu nennen. Wenn man mit dem Fahrrad unterwegs ist, ist man im Gegensatz zum ÖV auch selbstbestimmter. Im Unterschied zum Auto kommt man an vielen Stellen besser durch den Verkehr und muss auch keinen Parkplatz suchen. Und nicht zuletzt kann körperliche Aktivität durch Fahrradfahren und Zu-Fuss-Gehen zu einem positiven Körpergefühl und zu mehr Lebenszufriedenheit beitragen. Des Weiteren werden die negativen Folgen des Autofahrens oder Fliegens (wie Haltungsschäden, Bewegungsmangel usw.) vermieden.

9.1 Zugang 1: Anders mobil

Dieser Zugang eignet sich gut, um ins Thema «Mobiliät in einer endlichen Welt» einzuführen, weil er ganz grundlegend der Frage nachgeht, woher unser Mobilitätsbedürfnis überhaupt kommt und wie wir dieses Bedürfnis auf unterschiedliche Arten ausleben, die unser eigenes gutes Leben sowie das unserer Mitwelt beeinflussen.

Didaktische Überlegungen: Die Lernenden sollen im Verlauf der nachfolgend skizzierten Unterrichtssequenzen Klarheit darüber erlangen, warum sie überhaupt mobil sein wollen (Unterrichtssequenz A). In der nachfolgenden Sequenz B werden sie dazu angeregt, über ihre Bewertung verschiedener Geschwindigkeiten nachzudenken, wobei sie einen Zugang kennenlernen, der einen umfassenden Eindruck von Langsamkeit unmittelbar erfahrbar macht. Ausgehend von dieser individuellen körperlichen und emotionalen Erfahrung öffnet die Unterrichtssequenz C diesen Blickwinkel unter Einbezug der Mitwelt in das eigene Mobilitätsverhalten und der jeweiligen Möglichkeiten, in Kontakt mit dieser zu treten.

Ein wichtiger Bestandteil der Sequenzen ist es, Wissen über und ein Bewusstsein für das eigene Mobilitätsverhalten zu erlangen. Zu Beginn des Zugangs 1 wird deshalb erhoben, welche konkreten Wege die Lernenden in ihrem Alltag zurücklegen und wie sie dies tun. Die Erhebung kann mittels eines Fragebogens (AB 1) erfolgen.

9.1.1 Unterrichtssequenz A: Mobil sein – warum eigentlich?

Didaktische Überlegungen: Die Lernenden sollen sich Gedanken darüber machen, warum sie überhaupt mobil sein wollen. Im Rahmen eines World-Cafés werden sie sich über ihre eigenen Mobilitätsbedürfnisse im Kontext ihres guten Lebens bewusst und halten sie schriftlich fest.

World-Café

Den Impuls für das World-Café bildet das folgende Zitat:

«Das ganze Unglück der Menschen rührt alleine daher, dass sie nicht ruhig in einem Zimmer zu bleiben vermögen.» (Blaise Pascal)

Das World-Café wird in zwei Durchgängen durchgeführt.
In einem ersten Durchgang ergründen die Lernenden die Botschaft des Zitats und überlegen sich, welche Art von «Unglück» Pascal anspricht.
Im zweiten Durchgang beziehen sie Stellung zum Zitat und begründen ihre Position.

Im Anschluss an das World-Café lesen die Lernenden als Kontrapunkt zum obigen Zitat die beiden Artikel zum Phänomen *Hikikomori* (AB 2 und AB 3). Dabei ist zu beachten, dass es nicht darum geht, eine psychische Störung zu bagatellisieren. Vielmehr soll die Auseinandersetzung mit einer Extremform menschlichen Verhaltens dazu führen, sich mit allgemein menschlichen Bedürfnissen im Kontext des Mobilseins zu beschäftigen.

Diese diskutieren sie in Partnerarbeit in Bezug auf die Frage, was sie persönlich dazu motiviert, ihr Zimmer bzw. ihre Wohnung zu verlassen, und heben so die Begründungen für ihre individuellen Bedürfnisse, mobil zu sein, in ihr Bewusstsein.

Für die Befriedigung dieser Mobilitätsbedürfnisse stehen grundsätzlich viele Fortbewegungsmittel zur Verfügung. Doch diese erfüllen nicht immer den Zweck, der mit ihnen assoziiert wird. So garantiert ein schnelles Auto keineswegs, dass man immer auch schnell am gewünschten Ziel ankommt.

Um dies zu illustrieren, eignet sich die Methode der Provokation.

Provokation
Gutes Leben?

© Foto: Rob Mieremet, National Archives of the Netherlands / Anefo

© @makadaye (Marc Fernández Díaz)

Anhand der Bilder werden sich die Lernenden darüber bewusst, dass mobil sein keinesfalls immer das gute Leben befördert, vor allem dann nicht, wenn die Mobilität zum Muss wird (zum Beispiel dicht gedrängte Bahnfahrten, um die Arbeitsstelle zu erreichen).

Ausgehend von den Fotos, diskutieren sie in Gruppen, was die Vor- und Nachteile der Nutzung unterschiedlicher Fortbewegungsmittel (Fahrrad, Auto, öV, zu Fuss, Moped, Trottinett, Skateboard, Inlineskates) sowohl für das eigene gute Leben als auch dasjenige der Mitwelt sind. Anschliessend versuchen sie, diese Aspekte zu kategorisieren (z.B. hinsichtlich psychischer und physischer Gesundheit, Fitness, Ungebundenheit, Geschwindigkeit, Bequemlichkeit, Sicherheit, Umweltverträglichkeit, Kontakt mit der Mitwelt). Dies wird schriftlich festgehalten und anhand eines Punktesystems bewertet, um so den «Happy-Mobi-Faktor» für jedes Fortbewegungsmittel zu ermitteln (AB 4).

Die einzelnen Gruppen stellen ihre «Happy-Mobi-Faktoren» vor. Die Faktoren werden verglichen und im Plenum diskutiert.

In einem weiteren Schritt bietet sich eine Diskussion darüber an, ob es sinnvoll ist, die Bewertungsfaktoren gleich zu gewichten oder ob einige «mehr zählen» beziehungsweise stärker gewichtet werden sollten als andere und warum.

Diese Aufgabe will die Lernenden zu einer tieferen Reflexion der Auswirkungen anregen, die die verschiedenen Fortbewegungsmittel auf einen selbst sowie auch auf die Mitwelt haben. Die Lernenden sollen sich im Zuge des Bewertungsprozesses bewusst werden, dass sich in der Gesellschaft verbreitete Wertzuschreibungen in der Regel nur auf wenige Faktoren stützen und die Mitwelt meist ausblenden. Dadurch eröffnen sich neue Bedeutungsperspektiven, die eine Bewertung breiter abstützen. Im Zuge dieser Reflexions- und Diskussionsarbeit erfahren die Lernenden, dass eine Gleichgewichtung aller Faktoren z.B. Gerechtigkeitsüberlegungen entgegenstehen kann. Am Ende der Unterrichtseinheit erwartet sie die Erkenntnis, dass es kaum eindimensionale und eindeutige Lösungen gibt, wenn sich komplexe gesellschaftliche Fragen stellen und ein gutes Leben für alle angestrebt wird.

Die Lehrperson steht vor der Herausforderung, das Ende der Unterrichtssequenz offen zu gestalten.

9.1.2 Unterrichtssequenz B: Ich bike, also bin ich!

Didaktische Überlegungen: Das Fahrrad dürfte eines der Hauptfortbewegungsmittel der Lernenden sein, doch ist davon auszugehen, dass nur wenigen bekannt ist, was der «Drahtesel» alles leisten kann. Die folgende Unterrichtssequenz zeigt die vielfältigen, teils unbekannten Einsatzmöglichkeiten des Fahrrads auf und lädt die Lernenden ein, einige davon selbst auszuprobieren.

Die Lernenden sollen aktiv erfahren, welche verschiedenartigen Beiträge zum guten Leben das Fahrrad leisten kann. Dazu bieten sich zwei Exkursionen an.

Zugang 1: Anders mobil

Begegnung/Exkursion
…. zum produktiven Fitnessraum

Bei dieser Exkursion besuchen die Lernenden den GmüesEsel in Bern. Der GmüesEsel kombiniert auf originelle Weise die Freude am Fahrradfahren, körperliche Fitness und Genuss von lokalen Produkten. Die Lernenden können dies selbst ausprobieren: Sie fahren Fahrrad und treiben dabei durch ihre Körperkraft Maschinen zur Verarbeitung von Lebensmitteln an (Mühlen zur Produktion von Polenta oder Hartweizengriess und Ölpressen zur Produktion von Raps-, Sonnenblumen- oder Baumnussöl). Ein Viertel der produzierten Menge können sie mitnehmen und bringen dafür eigene Behälter mit.

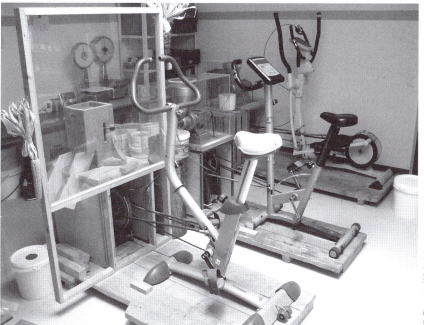

© Thomas Wieland

Diese Erfahrung soll den Lernenden zeigen, dass Fahrradfahren neben der körperlichen Fitness auch noch weitere Vorteile bringen kann, die dann zudem auch nicht nur einem selbst, sondern auch der Mitwelt dienen können. So stammt beispielsweise das durch das Treten selbst gepresste Öl von Pflanzen aus der Region und muss daher nicht von weither transportiert werden.

Bei der zweiten Exkursion ist der Hintergrundgedanke ein ähnlicher. Auch hier wird die Freude am Fahrradfahren mit körperlicher Fitness und dem Erzielen eines unmittelbaren Nutzens für das eigene gute Leben verbunden.

Begegnung/Exkursion

... zu einem Filmvergnügen der anderen Art

Die Lernenden besuchen das «Fantoche-Kino» z.B. in Baden. Der Kinofilm wird ihnen aber nicht einfach vorgeführt; um ihn zu sehen, müssen sie selbst aktiv werden, nämlich kräftig in die Pedale treten. Auf 13 fix montierten Fahrrädern erzeugen die Kinobesuchenden durch ihre eigene Muskelkraft den Strom für den Betrieb des Filmprojektors, der benötigt wird, um den Film zum Laufen zu bringen und am Laufen zu halten (https://fantoche.ch/de/velokino; Zugriff: 8.4.2019).

Durch die Erfahrungen aus den beiden Exkursionen soll den Lernenden zum einen ins Bewusstsein gehoben werden, dass Leistungen, die sie als alltäglich und gegeben ansehen, Ressourcen verbrauchen, die an anderen Orten, zu anderen Zeiten und von anderen Menschen hergestellt wurden und die zudem hertransportiert werden mussten. Zum anderen sollen die Lernenden auf lustvolle und kreative Weise erleben, dass diese Ressourcen auch durch eigenes Zutun produziert werden können.

Dies kann das eigene gute Leben befördern (z.B. Aspekt der körperlichen Fitness und Spass daran, etwas Neues und nicht Alltägliches kennenzulernen und selbst auch auszuprobieren) und gleichzeitig dem der Mitwelt zuträglich sein. Solche Möglichkeiten kennenzulernen, kann die Lernenden zudem dazu motivieren, kreativ zu denken, «gegen den Strom zu radeln» und selbst Ideen für andere Lebensbereiche zu entwickeln und gemeinsam mit anderen umzusetzen.

Mit dem Ziel, eine Werbekampagne fürs Fahrradfahren zu lancieren, können die Lernenden eine Gruppenarbeit durchführen. Diese gliedert sich in drei Teile. Entsprechend teilen sich die Lernenden in drei etwa gleich grosse Gruppen auf. Eine Gruppe erstellt ein Plakat aus Materialien, die Lust machen, selbst Fahrrad zu fahren. Die zweite Gruppe konzipiert und dreht eine Werbekampagne fürs Fahrradfahren, und die dritte bereitet ein Rollenspiel vor, in dem die Lernenden mit guten Argumenten und Überzeugungskraft versuchen, einen «eingefleischten Fahrradmuffel und/oder bekennenden Autofahrer» davon zu überzeugen, demnächst (möglichst alle) Alltagswege mit dem Fahrrad zurückzulegen (Bedingung: Wohnort, Arbeitsort und Einkaufsmöglichkeiten liegen maximal zehn Kilometer voneinander entfernt).

Rollenspiel

Die zuständige Lernendengruppe unterteilt sich in zwei Untergruppen. Eine sammelt Argumente für die «bekennende Autofahrerin», die andere entwickelt Argumente für die Gegenseite. Diese werden schriftlich festgehalten.

Beide Gruppen wählen jeweils eine Person, die die Rolle spielen soll, und bereiten sie mithilfe der Notizen auf ihre Rolle vor. Hier bietet es sich zur Festigung der Argumentation an, nochmals einen Blick auf das AB 4 mit den Bewertungsfaktoren und dem «Happy-Mobi-Faktor» zu werfen.

Die beiden gewählten Protagonistinnen bzw. Protagonisten führen das Gespräch und werden dabei von ihren jeweiligen Gruppenmitgliedern in ihrer Argumentation unterstützt.

Beim Erstellen des Plakats und Konzipieren der Werbekampagne können die Lernenden ihr kreatives Potenzial entfalten, beispielsweise bei der Suche und Auswahl überzeugender Argumente für das Fahrradfahren oder beim Zusammenstellen der Materialien. Im Rollenspiel müssen diese Argumente zudem beim Gegenspieler oder bei der Gegenspielerin ins Feld geführt werden, wobei sich die eine Hälfte der Gruppe in den Gegenspieler oder die Gegenspielerin hineinversetzen muss, um aus seiner oder ihrer Perspektive heraus zu argumentieren (Perspektivenwechsel). Dies trägt dazu bei, die jeweiligen Argumente zu schärfen und auf ihre Tragfähigkeit zu überprüfen.

Um einen Eindruck davon zu bekommen, wie es aussehen kann, wenn in einer grossen Stadt die Fortbewegung mit dem Fahrrad einen grossen Teil des täglichen Verkehrs ausmacht, schauen sich die Lernenden einen Kurzfilm zur «Fahrradstadt Kopenhagen» an: https://www.butenunbinnen.de/videos/fahrradstadt-kopenhagen-100.html (Zugriff: 2.8.2020)
Dieser Film zeigt auf, welche Massnahmen aktuell schon umgesetzt werden, um die Nutzung des Fahrrads als präferiertes Fortbewegungsmittel zu fördern, und wie der Verkehr einer ganzen Stadt zu einem grossen Teil vom Auto aufs Fahrrad «umgesattelt» hat. Während in den vorherigen Sequenzen bereits deutlich wurde, dass und wie Veränderungen individueller Bedeutungsperspektiven möglich sind, zeigt der Film zur «Fahrradstadt Kopenhagen», dass dieses Phänomen auch auf grösserer Ebene (hier für eine ganze Stadt) Realität werden kann. Die Lernenden können an diesem Beispiel erkennen, dass hier bereits ein gesellschaftlicher Wandel der Bedeutungsperspektiven stattgefunden hat, indem nämlich das Fahrrad gegenüber dem Auto an Status gewonnen hat. Dies soll die Lernenden dazu motivieren und befähigen, sich auch in ihrem Umfeld für eine suffiziente Mobilität einzusetzen.

Zum Abschluss dieser Unterrichtssequenz gehen die Lernenden auf eine Fantasiereise.

Fantasiereise

Die Lehrperson lädt zu einer Fantasiereise ein, indem sie die Lernenden auffordert, in Gedanken eine Stadt mit hoher Lebensqualität für alle Einwohnenden und die Mitwelt zu konzipieren, in der sich alle nur noch via Langsamverkehr (zu Fuss, mit Fahrrad, Trottinett, Inlineskate, Skateboard, Tandem, Fahrradrikscha o. Ä.) fortbewegen. Dies erfolgt ohne elektrische Unterstützung. Öffentliche Verkehrsmittel sind in dieser Stadt auch nicht vorgesehen. Die Langsamverkehrsregelung gilt ab dem Ortsschild.

Die Lernenden durchleben diese Fantasiereise angeregt durch mögliche Anstösse seitens der Lehrperson wie z. B.:

- Welche Aspekte müssen in einer solchen Stadt bedacht werden?
- Gibt es Ausnahmen von der Langsamverkehrsregelung? Wenn ja, für welche Personengruppen bzw. wofür und aus welchen Gründen?
- Wie und wo wird was gebaut?
- Wie müsste die Gestaltung der Verkehrswege/Infrastruktur aussehen?
- Wie wird die Warenlieferung organisiert?
- Wie erfolgt die Abfallbeseitigung?

Diese «Reise» fördert die Kreativität der Lernenden. Sie soll die Fantasie anregen, ein gutes Leben in einer Stadt, in der man nur mit Langsamverkehr unterwegs sein kann, neu zu denken, und dazu animieren, die Auswirkungen, die eine solche Mobilität nach sich ziehen würde, möglichst umfassend zu reflektieren.

Am Beispiel von Kopenhagen haben die Lernenden erfahren, dass es bereits Städte gibt, in denen das Fahrrad eine sehr hohe Bedeutung hat; das von vielen als selbstverständlich Hingenommene – nämlich der MIV[128] als die erste Wahl der Fortbewegung in der Stadt – kann somit infrage gestellt werden. Die Lernenden erkennen das Veränderungspotenzial sowie gesellschaftliche und auch individuelle Handlungsspielräume, was motiviert, selbst an weiteren Veränderungen in die von ihnen gewünschte Richtung mitzuwirken.

9.1.3 Unterrichtssequenz C: Slow motion

Didaktische Überlegungen: Die Lernenden sollen sich überlegen, welche Bedeutung Schnelligkeit und deren Gegenpol, die Langsamkeit, für ihr gutes Leben haben. Dies soll einen Reflexionsprozess darüber anstossen, welche Werte sie mit Schnelligkeit und welche sie mit Langsamkeit verbinden (AB 5) und wie sich beides auf das persönliche sowie auf das gute Leben der Mitwelt auswirkt – gerade im Bewusstsein der Endlichkeit vieler (insbesondere natürlicher, nicht erneuerbarer) Ressourcen.

Immer auf der Überholspur (Film mit Speedy Gonzales):
https://www.youtube.com/watch?v=0ffrOwIL3rM (Zugriff: 4.8.2020)
https://www.youtube.com/watch?v=DAu3MEJXJpw (Zugriff: 4.8.2020)
https://www.youtube.com/watch?v=j5slDu3V6T8 (Zugriff: 4.8.2020)

Gelebte Entschleunigung (Film mit einer Schnecke in Bewegung)
https://www.youtube.com/watch?v=y3fhFq08N-0 (Zugriff: 6.4.2019)

Zum Einstieg in diese Unterrichtssequenz werden die Lernenden dazu motiviert, sich Gedanken über ihre eigenen Vorstellungen und Bedürfnisse bezüglich Fortbewegungsgeschwindigkeit sowie über die daraus resultierenden Konsequenzen für ihr eigenes gutes Leben und das ihrer Mitwelt zu machen. Dazu bietet sich ein World-Café an.

World-Café

Den Impuls für das Word-Café bildet die folgende Aussage:

«Weil die Zeit drängt, müssen wir langsamer werden.»

Das World-Café wird in zwei Durchgängen durchgeführt.
In einem ersten Durchgang ergründen die Lernenden die Botschaft des Zitats und überlegen sich, was mit der Aussage «weil die Zeit drängt» gemeint sein könnte.
Im zweiten Durchgang beziehen sie Stellung zum Zitat und begründen ihre Position.

Die Lernenden sollen im Anschluss an diese grundlegenden Überlegungen auf der affektiven Ebene wahrnehmen, wie sich Langsamkeit in ihrem Körper anfühlt, und so meist unbewusst laufenden Prozessen nachspüren und diese ins Bewusstsein heben. Zum Erfahren von Langsamkeit eignet sich eine Achtsamkeitsübung in Form einer Gehmeditation.

Achtsamkeitsübung

Die Lehrperson wählt dazu in freiem Gelände eine Strecke von etwa hundert Metern Länge aus. In einem ersten Durchgang sollen die Lernenden diese Strecke entlang rennen und in einem zweiten dieselbe Strecke besonders langsam entlanggehen.

Nach der Achtsamkeitsübung halten die Lernenden schriftlich ihre Eindrücke während der Übung fest (AB 6) und tauschen sich danach in Partnerarbeit darüber aus.

Um Langsamkeit unmittelbar zu erfahren, könnte auch die Anreise an einen Ort (maximal dreissig Kilometer entfernt), z.B. im Rahmen einer Klassenwoche oder Exkursion, für die ein mehrtägiger Aufenthalt mit den Lernenden geplant ist, genutzt werden. Dazu würde sich ein Selbstexperiment, das auch die Lehrperson einschliesst, anbieten.

Selbstexperiment

Vor der Abreise stellen sich die Lernenden wie auch die Lehrperson die Aufgabe, die Anreise zum Zielort möglichst ressourcenschonend (gemeint sind hier insbesondere die natürlichen, nicht erneuerbaren Ressourcen) zu gestalten und sich für die Wahl des jeweiligen Fortbewegungsmittels in Gruppen zusammenzuschliessen. Nach der Ankunft tauschen sich die Lernenden und die Lehrperson über ihre jeweiligen Erfahrungen und Eindrücke aus und reflektieren, wo sie neben der Ressourcenfrage gegebenenfalls einen individuellen Mehrwert für ihr gutes Leben sehen.

Diese Unterrichtssequenz wird mit einer Plenumsdiskussion über die Frage nach dem Mehrwert der Langsamkeit abgeschlossen. Dazu bietet sich ein sokratisches Gespräch an.

Sokratisches Gespräch

Im sokratischen Gespräch diskutieren die Lernenden das Zitat von Wolfgang Sachs:
«Man kommt immer schneller dort an, wo man immer kürzer bleibt.»

Die Lernenden diskutieren im Plenum, was Sachs mit diesem Zitat vermutlich aussagen wollte und warum es problematisch sein könnte, immer schneller irgendwo anzukommen und immer kürzer am Zielort zu verweilen. Um die Idee hinter dem Zitat möglichst umfassend auszuleuchten, lässt die Lehrperson weiterführende Fragen einfliessen, wie zum Beispiel: «Teilen Sie die Beobachtung von Sachs, dass Sie an den Orten, die Sie aufsuchen, immer kürzer bleiben? Falls ja, was bedeutet das für Sie? Was macht das mit Ihnen? Ist dies ein positives Gefühl für Sie? Trägt dies zu Ihrem guten Leben bei? Teilen Sie die Ansicht von Sachs, dass wir danach streben, immer schneller ein räumliches Ziel zu erreichen? Sehen Sie einen Zusammenhang zwischen den beiden Teilaussagen von Sachs? Können Sie ihm von Ihren persönlichen Erfahrungen her zustimmen? Falls ja, was macht dieser Eindruck mit Ihnen?»

9.1.4 Unterrichtssequenz D: Mobil in der Mitwelt

Didaktische Überlegungen: In der Unterrichtssequenz C standen die individuellen körperlichen und emotionalen Erfahrungen in Bezug auf Langsamkeit im Vordergrund. In der vorliegenden Sequenz werden die Lernenden motiviert, ihren Blickwinkel zu öffnen und ihre Mitwelt einzubeziehen – dies im Hinblick auf das eigene Mobilitätsverhalten und die damit verbundenen jeweiligen Möglichkeiten, mit der Mitwelt in Kontakt zu treten. Dadurch sollen die Lernenden erkennen, dass ihr Mobilitätsverhalten nicht nur auf das eigene gute Leben Einfluss hat, sondern auch das der Mitwelt tangiert, und dies auf vielfältige Art und Weise. So benötigen verschiedene Fortbewegungsarten unterschiedlich viele und auch verschiedenartige Ressourcen (z. B. Materialverbrauch für ein Auto versus Muskelkraft beim Fahrradfahren) und schädigen die Umwelt in unterschiedlichem Ausmass (CO_2, z. B. beim MIV und Flugzeug). Auch der Kontakt mit der Mitwelt kann ganz unterschiedlich sein (Wahrnehmung vom Vogelgezwitscher und kurzer Austausch mit anderen beim Fahrradfahren versus relative Isoliertheit beim Autofahren, falls man alleine im Auto sitzt).

Um unterschiedliche Grade von Eingebundensein erfahren zu können, bietet sich ein Selbstexperiment an.

Selbstexperiment

Bei Wegen, die von der Entfernung her vertretbar sind (z. B. maximal zehn Kilometer) nutzen die Lernenden einen Tag lang ein jeweils langsameres Fortbewegungsmittel, als dasjenige, das sie üblicherweise nutzen. Dies kann bedeuten, dass öV-Nutzende das Fahrrad nehmen und Fahrradfahrende zu Fuss gehen. Sie führen dazu jeden Tag Tagebuch und halten darin fest, was anders war (AB 7).

Dieses Selbstexperiment soll den Lernenden ermöglichen, sich verschiedener Facetten der möglichen Einflussnahme auf das gute Leben der Mitwelt bewusst zu werden und sich mit ihrem individuellen Mobilitätsverhalten als Teil des Gesamtgefüges zu verstehen. Beim Führen des Tagebuchs können mögliche Widersprüche, die sie in sich selbst erkennen, aufgedeckt, thematisiert und bearbeitet werden. Solche Widersprüche bestehen beispielsweise zwischen dem Bedürfnis nach Bequemlichkeit, indem an alten Gewohnheiten festgehalten wird, und der Neugierde, aus dem Alltagstrott zu treten und einen nachhaltigen Lebensstil zu pflegen.

Die Lernenden haben bisher verschiedenartige Vor- und Nachteile unterschiedlicher Fortbewegungsmittel bzw. deren Nutzung erarbeitet und sollen diese nun im Plenum kategorisieren. Dabei sollten v.a. auch Aspekte wie physische Gesundheit (z.B. Fitness) und psychisches Wohlbefinden (z.B. Stress), Geschwindigkeit, Kontakt mit der Mitwelt (eingebunden versus ausgegrenzt sein) usw. einbezogen werden. Dadurch sollen sich die Lernenden bewusst werden, auf welch vielfältige Weise das eigene Verhalten auch das gute Leben der Mitwelt betrifft.

Dies kann anhand eines sokratischen Gesprächs erfolgen.

Sokratisches Gespräch
Der Mief des MIV

Im sokratischen Gespräch diskutieren die Lernenden die Vor- und Nachteile der verschiedenen Fortbewegungsmittel und halten diese schriftlich fest (AB 8). Anschliessend kategorisieren sie diese in verschiedene Themenbereiche. Zugunsten einer möglichst grossen Vielfalt an Bereichen, lässt die Lehrperson weiterführende Fragen einfliessen. Diese können zum Beispiel wie folgt lauten: «Wie fühle ich mich, wenn ich dieses Verkehrsmittel nutze, und warum ist das so? Wo bin ich unmittelbar von einem Vor- oder Nachteil betroffen, und wie nehme ich die Wirkung wahr? Wo betreffen Vor- oder Nachteile eher meine Mitwelt?»

Mit dem Ziel, dass die Lernenden ihre bisherigen Erfahrungen und Erkenntnisse festigen und sich als «Anwältinnen» und «Anwälte» der Anliegen verstehen, die sie vertreten müssen, bietet sich ein Rollenspiel an. Im Rollenspiel müssen die Lernenden auch Positionen argumentativ vertreten, die ihren eigenen Ansichten widersprechen. Dadurch werden sie sich ihrer eigenen Gefühle, Motivationen und Bedürfnisse noch stärker bewusst, müssen sich aber gleichzeitig auch in abweichende Einstellungen, Werte und Gefühlswelten eindenken und einfühlen (Perspektivenwechsel). Die Lernenden erkennen dadurch, dass es eine gemeinsame Lösung, die für möglichst viele einsichtig und stimmig ist, nur durch den Einbezug aller Perspektiven geben kann.

Rollenspiel

Als ein Beispiel kann die «Sanierung Ostring» (Gesamtsanierung Helvetiaplatz–Freudenbergerplatz ab Juni 2019) in Bern dienen, bei der es u. a. auch um die Frage geht, wie die Interessen aller Verkehrsteilnehmenden am besten miteinander in Einklang gebracht werden können

(https://www.bern.ch/mediencenter/medienmitteilungen/aktuell_ptk/sanierung-ostring-am-3-juni-beginnen-die-bauarbeiten, Zugriff: 11.6.2019.)

Die Lernenden können sich aussuchen, welche der folgenden (und ggf. noch weiteren) Rollen sie einnehmen möchten: Fahrradfahrer/-in (inklusive Trottinettfahrer/-in, Skateboards/Inlineskates), Autofahrer/-in, Fussgänger/-in, Mopedfahrer/-in, öV-Nutzer/-in. Wichtig ist, dass alle Rollen vergeben werden und mindestens zwei Personen die jeweils gleiche Rolle übernehmen, damit möglichst viele und gut begründete Argumente zusammenkommen.

In den Gruppen sammeln die Lernenden Pro- und Kontra-Argumente zu ihren Fortbewegungsmitteln und greifen dabei auf die Kategorien zurück, die sie vorher gebildet haben (siehe sokratisches Gespräch oben). Auf diese Weise richten die Lernenden einen möglichst umfassenden Blick auf «ihr» Fortbewegungsmittel und begnügen sich nicht mit Standardargumenten im Sinne von «Wenn ich schneller am Ziel ankomme, ist das immer schon besser». Wichtig ist auch hier, das eigene gute Leben, aber auch das der Mitwelt einzubeziehen.

Im Rollenspiel versuchen die Lernenden, die anderen durch gute Argumente von den Vorteilen des eigenen Fortbewegungsmittels zu überzeugen.

Diese Unterrichtssequenz schliesst ab mit der Erkenntnis aus dem Rollenspiel, dass es oft keine eindeutige Lösung gibt, sondern dass alleine schon aufgrund der Distanz, die zurückgelegt werden muss, um das definierte Ziel zu erreichen, häufig ein Fortbewegungsmittel gewählt werden muss, das in vielen der obigen Kategorien schlechter abschneidet. Dieses Dilemma soll die Lernenden dazu motivieren, die Frage der Mobilität und der räumlichen Distanzen, die wir heute üblicherweise täglich zurücklegen, grundlegend zu reflektieren. Die Überlegungen können in die Frage münden, ob es denn unvermeidlich ist, dass wir so viel unterwegs sind.

9.2 Zugang 2: Verdichtung einmal anders

Beim ersten Zugang stand die Wahl der Fortbewegungsmittel im Vordergrund, um die räumlichen Ziele zu erreichen. Der zweite Zugang kehrt die Perspektive um und fragt wie räumliche Ziele einander näher gerückt werden könnten, um Wege zu vermeiden oder stark zu verkürzen.

9.2.1 Unterrichtssequenz A: Kurze Wege in der Stadt

Didaktische Überlegungen: In dieser Unterrichtssequenz sollen die Lernenden darüber nachdenken, auf welche Art und Weise alltägliche Wege, die von ihnen nicht geschätzt werden oder die dem eigenen guten Leben nicht zuträglich sind, reduziert oder gar vermieden werden könnten. Das Problem langer Wege betrifft nicht nur sie, und die Vorstellung, an der Lösung eines gesamtgesellschaftlichen Problems mitzudenken und zu arbeiten, kann sowohl die Motivation als auch die Kreativität der Lernenden fördern. Falls Lösungsvorschläge präsentiert werden, stärkt dies zudem das Gefühl der Selbstwirksamkeit. Für den Einstieg in diese Thematik eignet sich eine Zukunftswerkstatt.

Zukunftswerkstatt

Zu Beginn der Zukunftswerkstatt sammeln die Lernenden Punkte, die ihren Vorstellungen eines guten Lebens im Bereich Mobilität entgegenstehen, und zwar konkret auf die vielen und langen Wege bezogen, die sie in ihrem Alltag zurücklegen müssen, um ein räumliches Ziel zu erreichen (Kritikphase). Diese Punkte halten sie schriftlich fest (AB 9).

Die anschliessende Aufgabe besteht darin, sich zu überlegen, wie Wohnen, Arbeiten beziehungsweise Schule und Freizeit an Orten, die nahe beieinander liegen (idealerweise teils sogar an einem Ort), stattfinden könnten. In einem nächsten Schritt suchen die Lernenden nach kreativen räumlichen Lösungen und halten diese schriftlich fest (Visionsphase). Das Ziel dabei ist, solche Wege zahlen- und entfernungsmässig zu reduzieren. Verschriftlicht werden sollte zudem, in welchen Bereichen sie zwar bestimmte Interessen und Bedürfnisse haben, dazu jedoch keinen Lösungsvorschlag erarbeiten konnten.

Nachdem die Lernenden ihre eigenen Vorstellungen entwickelt haben, lernen sie ein konkretes Projekt kennen, in dem bereits Konzepte der «kurzen Wege» umgesetzt werden. Dazu eignet sich die Methode der Exkursion.

Begegnung/Exkursion

Ein möglicher Exkursionsort könnte Bern sein mit dem Projekt «Vision 2035 – Stadt der kurzen Wege» vom Verein «Läbigi Stadt» (siehe z. B. https://laebigistadt.ch/vision-2035/, Zugriff: 28.7.2020). Weitere Exkursionsorte finden sich z. B. unter https://neustartschweiz.ch/nach-hause-kommen/ (Zugriff: 3.9.2019).

Auf der Grundlage ihrer selbst erarbeiteten konkreten Vorschläge sowie der noch offen ungelösten Punkte aus der vorangehenden Zukunftswerkstatt stellen die Lernenden Fragen beziehungsweise Diskussionspunkte zusammen.

Im Zuge der Exkursion diskutieren sie diese Punkte mit den Projektverantwortlichen. Dies hilft ihnen einzuschätzen, welche ihrer offenen Punkte durch einen Austausch mit Mitwirkenden anderer Projekte gelöst werden können, aber auch zu erkennen, welche Probleme Projekten, die kurze Wege in Städten fördern wollen, gemeinsam sind und an wen respektive welche Institutionen sie sich zwecks Unterstützung oder Anpassung von Rahmenbedingungen wenden müssten, damit ihre Ziele erreicht werden könnten.

9.2.2   Unterrichtssequenz B: Alles unter einem Dach

Didaktische Überlegungen: Die vorangehenden Unterrichtssequenzen haben gezeigt, dass Mobilität grundlegend zu einem guten Leben gehört, dass es aber ebenso wichtig und zentral für ein gutes Leben ist, dass man sich ressourcenleicht fortbewegt und/oder idealerweise unnötige Wege vermeidet.

Aus Suffizienzperspektive ist die Mehrfachnutzung von Räumen eine gute Option, denn sie ermöglicht es, verschiedenartige Bedürfnisse an ein und demselben Ort zu befriedigen.

Um diese Möglichkeit kennenzulernen und auch direkt umzusetzen, bieten sich Projektarbeiten an, in denen die Nutzung einer Räumlichkeit kreativ neu gedacht und auch realisiert wird. Die Lernenden konzipieren hierbei ein Projekt in der Schule, das idealerweise auch umgesetzt wird. Dadurch soll bei den Lernenden intrinsische Motivation hervorgerufen sowie die Möglichkeit geboten werden, Selbstwirksamkeit zu erfahren und das kreative Potenzial der Mehrfachnutzung von Räumen unmittelbar zu erleben.

Projektarbeit

Die Lernenden konzipieren ein eigenes Projekt für die Schule im Bereich «Mehrfachnutzung von Räumen» (z.B. morgens Fahrradwerkstatt, mittags Smoothie-Stand) und setzen es um.

In einem Lerntagebuch oder Portfolio wird die Projektarbeit dokumentiert. Am Ende des Projekts wird dieses evaluiert, Erfolge und Schwierigkeiten werden reflektiert. Darüber hinaus überlegen sich die Lernenden, wie das Projekt ein fester Bestandteil der Schulkultur werden könnte und welche möglichen Folgeprojekte sich anbieten würden. Nicht zuletzt sollten erfolgreiche Projekte auch mit den Lernenden gefeiert werden. Dies ist ein Dankeschön für ihren Einsatz, stärkt ihr Gefühl der Selbstwirksamkeit sowie des Miteinanders und kann sie dazu motivieren, weitere Projekte anzugehen.

9.3 Zugang 3: Reisen – Traum oder Albtraum?

Dieser Zugang thematisiert ein sowohl bei den Lernenden als auch im Rahmen des gesamtgesellschaftlichen Bereichs «Mobilität» bedeutendes Thema – das Reisen. Der Zugang fordert die Lernenden dazu auf, ihren individuellen Sehnsüchten nach Reisen nachzuspüren und Möglichkeiten anzudenken, wie dieses Bedürfnis im Sinne eines guten Lebens für alle in einer endlichen Welt befriedigt werden könnte.

9.3.1 Unterrichtssequenz A: Sinn und Unsinn des Reisens

Didaktische Überlegungen: Viele Lernende – und viele Menschen insgesamt – bewerten Reisen als einen wesentlichen Teil ihres guten Lebens. Reisen, insbesondere solche, die mit dem Flugzeug zurückgelegt werden, sind aus der Perspektive eines guten Lebens für alle, zumal in einer Welt zunehmend knapper und endlicher Ressourcen, allerdings in einem starken Spannungsfeld anzusiedeln und stehen Prinzipien eines suffizienten Lebensstils somit meist diametral entgegen. Daher ist es von zentraler Bedeutung, das Thema, beginnend bei den ursprünglichen Beweggründen für das Reisen, mit den Lernenden gemeinsam zu ergründen und nach Alternativen für die Wahl des Fortbewegungsmittels oder aber auch für die Art der Bedürfnisbefriedigung zu suchen.

Es bietet sich an, den Einstieg in die Unterrichtssequenz über eine Provokation durch ein Zitat zu wählen, mit dem sich die meisten Lernenden nicht identifizieren dürften, um gleich einen Kontrapunkt zu setzen und die Lernenden zu motivieren, ihre Beweggründe für das Reisen ins Bewusstsein zu rufen und zu explizieren.

Provokation

«Die besten Reisen, das steht fest, sind die oft, die man unterlässt.»
(Eugen Roth, 1895–1976)

Ausgehend von diesem Zitat, sammeln die Lernenden ihre Argumente für das Reisen und halten diese schriftlich fest.

Im Anschluss erfolgt eine tiefergehende Diskussion mit den Lernenden, in denen den einzelnen Argumenten nachgegangen wird und die tieferen Beweggründe offengelegt werden sollen. Denkbar sind Gründe wie ein Gefühl von Freiheit, von Unabhängigkeit von den Eltern, von Selbstbestimmtheit, die Suche nach Abenteuern, der Wunsch, fremde Kulturen kennenzulernen, usw. Auch Statusgründe können eine Rolle spielen. Um die angestrebte Tiefe der Auseinandersetzung mit dem Thema erlangen zu können, bietet sich ein sokratisches Gespräch an.

Sokratisches Gespräch

Im Gespräch werden die einzelnen Gründe für das Reisen (siehe Provokation, oben) nochmals aufgenommen und von dort ausgehend weiterführende und gleichzeitig umfassendere Fragen nach den tieferen Beweggründen bearbeitet. Dabei geht es darum, gemeinsam im Lernprozess auf kognitiver, vor allem aber auch affektiver Ebene herauszufinden, worin genau die Lernenden die Bedeutung der genannten Faktoren für ihr gutes Leben sehen.

Zur Unterstützung dieses Prozesses sollte die Lehrperson Fragen stellen wie: «Warum haben Sie das Bedürfnis zu reisen? Was suchen Sie, wenn Sie reisen? Und was zieht Sie an diese fernen Orte? Welche Bedürfnisse, Wünsche und Sehnsüchte verbergen sich dahinter? Inwiefern trägt Reisen zu einem guten Leben bei? Welche Bedürfnisse erfüllt das Reisen für Ihr gutes Leben, die Ihrer Meinung nach auch nur durch Reisen erfüllt werden können?»

Im Anschluss an das Gespräch listen die Lernenden die genannten Bedürfnisse, die sich an das Reisen knüpfen, auf und wählen daraus die fünf bis zehn wichtigsten aus. Diese werden im Anschluss auf zwei verschiedene Arten bearbeitet. Dazu bietet sich ein World-Café an.

World-Café

Das World-Café erfolgt in zwei Durchgängen:

Zunächst halten die Lernenden die ausgewählten zehn Aspekte auf zehn Flipchart-Papieren fest.

Im ersten Durchgang stellen sie Überlegungen dazu an, wie die genannten Bedürfnisse durch ressourcenleichteres Reisen befriedigt werden können, und halten dies stichwortartig auf den Papieren fest.

Im zweiten Durchgang überlegen sie sich, wie diese Bedürfnisse auf eine andere Art als durch Reisen in weit entfernte Länder befriedigt werden könnten. Auch dies wird stichwortartig festgehalten

Im Zuge des sokratischen Gesprächs und auch des World-Cafés können gegebenenfalls Trugschlüsse der Lernenden aufgedeckt werden. So kann sich herausstellen, dass sich ein Lernender oder eine Lernende entweder über die eigenen Bedürfnisse täuscht oder über die Art und Weise ihrer Befriedigung. Beispielsweise könnte sich zeigen, dass es sich bei dem Bedürfnis, möglichst viel und weit zu reisen, im Grunde um den Wunsch handelt, seiner Peergroup zu imponieren, weil man sich nicht wirklich anerkannt fühlt.

Vor dem Hintergrund solcher möglichen Situationen wird deutlich, dass es wichtig ist, eine vertrauensvolle Atmosphäre und einen geschützten Raum zu schaffen, damit die Lernenden bereit sind, sich zu öffnen.

Bei den als authentisch identifizierten Bedürfnissen, an denen eine Person festhalten möchte, geht es darum, der Frage nachzugehen, wie diese suffizienzkompatibel, d.h. ressourcenleichter, befriedigt werden könnten. Dabei könnte zum Beispiel aufgezeigt werden, wie Abenteuer bisher mit Fernreisen verbunden – nicht nur an exotischen Destinationen, sondern auch in der Nähe erlebt werden können.

9.3.2 Unterrichtssequenz B: Geniessen statt Fliegen

Didaktische Überlegungen: Wenn es darum geht, eine Fernreise zu buchen, wird die Wahl des Transportmittels selten reflektiert; am ehesten noch, wenn es um finanzielle Abwägungen geht. Gerade solch finanzielle Abwägungen führen oft dazu, dass das Flugzeug als derzeit sowohl schnellste als auch billigste Variante gewählt wird.

Die Lernenden sollen der Frage nachgehen, durch wen oder was ihre Handlungen oder Entscheidungen (z.B. das Fliegen als oft unbestrittene erste Wahl) gesteuert werden. Wichtig ist hierbei, sowohl ihre persönlichen Beweggründe als auch die gesellschaftlichen Muster und Rahmenbedingungen zu analysieren und offenzulegen. Diskutiert werden kann, was sie persönlich dazu motiviert, zu fliegen, und welche Rahmenbedingungen diese Entscheidung begünstigen. Weiterhin überlegen sie sich, welche Implikationen ihre jeweilige Wahl in sozialer und ökologischer Hinsicht hat.

Ausgehend von den obigen Überlegungen, sollen sich die Lernenden Gedanken zu ihren Empfindungen machen, wenn sie zukünftig Reisen in weiter entfernte Länder mit dem Zug oder Schiff statt mit dem Flugzeug unternehmen würden und wo sie gegebenenfalls Vorteile sähen. Dazu bietet sich eine Fantasiereise an, die solch kreative Prozesse anstossen kann.

Fantasiereise

Die Lehrperson lädt ein zu einer Fantasiereise, indem sie die Lernenden auffordert, sich in Gedanken auf eine Weltreise zu begeben. Dabei nennt sie fixe Reisestationen. Die Lernenden sollen sich nun vorstellen, mit welchem Fortbewegungsmittel sie von einem Ort zum nächsten kommen.

Die Lernenden durchleben diese Fantasiereise angeregt durch mögliche Anstösse seitens der Lehrperson, wie z. B.:
- Welches oder welche Fortbewegungsmittel werden Sie nutzen, um von A nach B zu gelangen?
- Was werden Sie sehen auf Ihrem Weg?
- Wie kommen Sie mit der Mitwelt in Berührung? (Dazu können sich die Lernenden beispielsweisen den Film anschauen «Weit. Die Geschichte von einem Weg um die Welt», https://www.weitumdiewelt.de/film/ [Zugriff: 26.11.2019])
- Wie viel Zeit werden Sie auf der Reise verbringen?
- Welche Erlebnisse können Sie sich vorstellen?

Diese «Reise» soll die Fantasie anregen, sich Reisen einmal anders als mit dem Flugzeug vorzustellen, dem Weg als solchem einen Wert zu verleihen, getreu nach dem Motto «Der Weg ist das Ziel» (Konfuzius), und die Lernenden möglichst umfassend die Auswirkungen reflektieren lassen, die eine solche Mobilität nach sich ziehen würde, für das eigene gute Leben und das der Mitwelt.

Diese Unterrichtssequenz endet damit, dass die Lernenden die Vor- und Nachteile des Reisens mit dem Flugzeug, mit dem Schiff oder dem Zug zusammenstellen, diese anhand unterschiedlicher Kriterien bewerten und auf dieser Grundlage den «Happy-Journey-Faktor» berechnen (AB 10).

Danach sollen die Lernenden darüber diskutieren, ob alle Kriterien gleich gewichtet werden sollen oder ein Kriterium stärker als andere zu gewichten ist. Falls erforderlich, erfolgt nun die Gewichtung der verschiedenen Kriterien. Wichtig ist dabei insbesondere, die jeweiligen Begründungen für die Gewichtungen offenzulegen und schriftlich festzuhalten, dies insbesondere in den Fällen, in denen die Diskussionen kontrovers geführt wurden und die Bewertungen stark voneinander abweichen.

Hintergrundinformationen

- https://www.postwachstum.de/suffizienz-in-der-mobilitaet-20190425 (Zugriff: 10.10.2019)
- https://www.izt.de/fileadmin/publikationen/IZT_Text_2-2015_Suffizienz.pdf (Zugriff: 10.10.2019)
- https://www.pusch.ch/fuer-gemeinden/suffizienz/toolbox-suffizienz/mobilitaet/ (Zugriff: 10.10.2019)
- https://www.zukunft-mobilitaet.net/thema/suffizienz/ (Zugriff: 10.10.2019)
- https://www.bund-bawue.de/fileadmin/bawue/Dokumente/Themen/Nachhaltigkeit/Suffizienz_Gutes_Leben_fuer_Alle.pdf (Zugriff: 10.10.2019)
- https://www.energiestiftung.ch/energieeffizienz-loesungsansaetze.html (Zugriff: 10.10.2019)
- https://ethz.ch/content/dam/ethz/main/news/eth-news/2015/11/Vision%20Mobilit%c3%a4t%20Schweiz%202050.pdf (Zugriff: 10.10.2019)
- https://www.postwachstum.de/entschleunigung-der-mobilitaet-suffizienz-als-politische-praxis-20150416 (Zugriff: 10.10.2019)
- https://www.resorti.de/blog/die-10-fahrradfreundlichsten-staedte-der-welt/ (Zugriff: 10.10.2019)
- https://www.astra.admin.ch/astra/de/home/themen/langsamverkehr.html (Zugriff: 10.10.2019)
- https://www.bve.be.ch/bve/de/index/mobilitaet/mobilitaet_verkehr/langsamverkehr.html (Zugriff: 10.10.2019)
- https://www.schweizmobil.ch/de/sommer.html (Zugriff: 10.10.2019)
- https://www.zukunft-mobilitaet.net/kategorie/verkehr-und-gesundheit/ (Zugriff: 10.10.2019)

Anmerkungen

124 Förster 2015, S. 62.
125 Unter Ressourcen verstehen wir hier natürliche, insbesondere nicht erneuerbare Ressourcen.
126 Zum Begriff des rechten Masses s. Abschnitt 2.1.2.
127 Natürlich sind diese nur dann im Kontext eines suffizienten Lebensstils zu sehen, wenn die Nutzung des Fahrzeugs massvoll erfolgt.
128 MIV = Motorisierter Individualverkehr.

10. Themenmodul: Wohnen in einer endlichen Welt

10.1 **Zugang 1: Is my home really my castle?**
10.1.1 Unterrichtssequenz A: «Hans im Schneckenloch hat alles …»
10.1.2 Unterrichtssequenz B: «Seele» entrümpeln leicht gemacht

10.2 **Zugang 2: Smart Living, aber anders!**
10.2.1 Unterrichtssequenz A: Was wäre denn wirklich «smart»?
10.2.2 Unterrichtssequenz B: Wohnen in hundert Jahren …

LERNZIELE

- Die Lernenden erkennen, welchen Stellenwert und welche Funktionen Wohnen für ihr gutes Leben hat.

- Sie erkennen Zusammenhänge zwischen dem Wohnen im Allgemeinen sowie ihrer konkreten Wohnsituation und deren globalen Auswirkungen auf alle drei Nachhaltigkeitsdimensionen.

- Sie lernen verschiedene ressourcenschonende Wohnformen und dazugehörige Praktiken kennen.

- Sie erkennen, welchen Mehrwert eine ressourcenschonende Wohnform für das eigene Leben haben könnte.

- Sie erkennen das Potenzial von ressourcenschonenden Wohnformen für eine gesamtgesellschaftliche Transformation hin zu mehr Suffizienz.

Im Bereich Wohnen ist die Möglichkeit der Einflussnahme von Individuen auf die Wohnsituation im engeren Sinne (Heizungssystem von Wohnungen, Isolierung von Häusern, Geräteausstattung usw.) geringer als bei anderen Lebensstilbereichen, da gewisse Rahmenbedingungen entweder vorgegeben sind (in Mietwohnungen) oder sich nur mit grossem finanziellem Aufwand verändern lassen (z.B. nachhaltige Heizungssysteme). Hingegen besteht für die meisten grundsätzlich die Möglichkeit, auf die Gestaltung der Wohnsituation im weiteren Sinne (z.B. Nachbarschaft, Quartier) Einfluss zu nehmen.

A) Welche Rolle spielt der Bereich Wohnen für ein gutes Leben?

Wohnen stellt ein Grundbedürfnis dar. Zum einen bietet ein Dach über dem Kopf Schutz vor äusseren Gefahren und Unannehmlichkeiten. Weiter bildet eine Behausung eine Rückzugsmöglichkeit und einen Ort der Zugehörigkeit und Geborgenheit. Auch die individuelle Gestaltung des Wohnraums kann wesentlich zur Zufriedenheit beitragen, wenn ästhetische und kreative Bedürfnisse erfüllt werden. Art und Ort des Wohnens können auch als Statussymbole fungieren, die nach aussen ein gewisses Bild der Bewohnenden vermitteln sollen. Wird einem beispielsweise von der Gesellschaft suggeriert, ein Leben auf dem Land im Eigenheim mit Garten sei der Inbegriff eines guten Lebens, kann dies die Wahl der Wohnsituation stark beeinflussen.

Neben der Behausung an sich trägt Wohnen auch in einem weiteren Sinn zu einem guten Leben bei. So kann die Nachbarschaft oder das Quartier wesentlich zu einem Gefühl von Raumwohlstand beitragen. In Übereinstimmung mit Scherhorn verstehen wir unter Raumwohlstand, «wenn es genug Raum zum Atmen, Gehen, Fahren, Spielen, Wohnen gibt und wenn der Raum zuträglich und bekömmlich ist: Luft, Wasser, Boden, öffentliche und private Räume frei von Schadstoffen, Lärm, Verwüstung, Überfüllung»,[129] also ein persönliches Wohlbefinden bzw. Wohlergehen in einem geografischen Raum. Darüber hinaus gehört für uns auch die Möglichkeit des sozialen Austauschs, gemeinschaftlicher Aktivitäten und wechselseitiger Hilfeleistungen zum Raumwohlstand. All diese Faktoren fördern ein Gefühl der Sicherheit und Zugehörigkeit.

B) Zu welchen ökologischen und sozialen Problemen trägt das eigene Verhalten im Bereich Wohnen bei?

Neben Mobilität und materiellem Konsum ist Wohnen einer der ressourcenintensivsten Bereiche (u.a. Gebäude-Infrastrukturen, Haustechnik, Wasser- und Energieversorgung). Bedingt durch die zunehmende Individualisierung und steigende Einkommen, wächst oftmals auch das Bedürfnis nach mehr Wohnfläche pro Kopf. Mit der Vergrösserung des Wohnraums wiederum geht nicht selten ein zunehmender Bedarf an Inventar einher. Menschen leben in der heutigen Zeit aber nicht nur auf grösserem Raum, sondern zunehmend auch eher alleine, zu zweit oder höchstens als Kleinfamilie; im Gegensatz zu grösseren, auch generationenübergreifenden Gemeinschaften. Dies hat Auswirkungen auf den Ressourcenverbrauch. In der Regel können in grösseren Gemeinschaften Ressourcen gespart werden, weil nicht nur Räume, sondern auch Gebrauchsgegenstände, Geräte und Fahrzeuge gemeinsam genutzt werden.

Ein weiteres Problem stellen die ebenfalls zunehmenden Umzüge aufs Land dar. Zusätzlich zum Flächenbedarf für die Wohnung an sich kommen persönliche Ansprüche, z.B. einen eigenen Garten zu haben, sowie die Erweiterung der Verkehrsinfrastruktur hinzu. Die mit dieser Entwicklung einhergehende Zersiedelung verschärft Probleme wie Biodiversitätsverlust und Lärmbelastung aufgrund von erweiterten Verkehrsnetzen und zusätzlicher Luftverschmutzung.

C) Worin besteht ein suffizienter Lebensstil im Bereich Wohnen?

Suffizienz im Bereich Wohnen bedeutet insbesondere, kleinere Wohnflächen pro Person zu nutzen (verdichtetes Wohnen, wie zum Beispiel gemeinschaftliche Wohnformen). Weiter gilt es, ressourcenschonende Heizungssysteme einzubauen (z.B. Holzpellets, Solarheizung oder Nutzung von Wärmepumpen) und auf eine gute Dämmung zu achten. Die Gestaltung des Wohnraums im Kontext eines suffizienten Lebensstils folgt dem Motto «weniger ist mehr». Möbel und andere Einrichtungsgegenstände orientieren sich an den Kriterien Fairtrade, ökologische Produktion, Langlebigkeit und Second-Hand. Sie werden bei Defekten repariert statt ersetzt.

Suffizientes Wohnen im räumlich weiteren Sinne, d.h. in der Nachbarschaft oder auf Quartierebene, bedeutet, Wohnflächen, Gartenflächen, Spielplätze usw. gemeinschaftlich zu nutzen, Gegenstände zu teilen (z.B. Fahrzeuge, Geräte) sowie Aufgaben auf die Gemeinschaft aufzuteilen (z.B. im Rahmen von Zeittauschbörsen).

D) Worin liegt das Potenzial eines suffizienten Lebensstils im Bereich Wohnen für ein gutes Leben?

Wohnen auf kleinerem Raum und in Gemeinschaften kann insofern zu einem guten Leben beitragen, als gemeinschaftliches Denken und Handeln gefördert und nachbarschaftliche Kontakte sowie Möglichkeiten der gegenseitigen Unterstützung erleichtert werden. Das Eingebundensein in soziale Prozesse führt beim Menschen zu einem Gefühl der Nützlichkeit und Sicherheit und kann somit das Wohlbefinden fördern. Gemeinschaftliches Wohnen bietet die Möglichkeit, Aufgaben untereinander aufzuteilen, was zu einer Erleichterung des Alltagslebens führen kann. Damit gehen oftmals auch tiefere Miet- und Nebenkosten einher. Zudem werden Anschaffungen möglich, die das private Budget übersteigen könnten, wie Kinderspielgeräte oder ein gemeinsam genutztes Auto.

10.1 Zugang 1: Is my home really my castle?

Im Fokus des vorliegenden Zugangs stehen Fragen nach der Bedeutung von Wohnen im Zusammenhang mit einem subjektiv erlebten guten Leben. Des Weiteren erfolgt eine Auseinandersetzung mit der Frage, welchen allfälligen Wohlfühleffekt ein entrümpeltes, genügsames Wohnen auszulösen vermag.

Im Sinne einer Vorbereitung auf die Thematik wird zu Hause individuell eine Hausaufgabe umgesetzt, die sich auf die achtsame und bewusste Wahrnehmung eines eigenen Raumes richtet.

Achtsamkeitsübung

Die Lernenden fotografieren mit den Smartphones zuerst ihr Zimmer aus verschiedenen Perspektiven. Nach Möglichkeit erweitern sie die Fotos mit Bildern der ganzen Wohnung. Diese Bilder bringen sie in den Unterricht mit, wo weiter damit gearbeitet wird (AB 1).

10.1.1 Unterrichtssequenz A: «Hans im Schneckenloch hat alles ...»

Didaktische Überlegungen: Die Lernenden sollen sich in dieser ersten Unterrichtssequenz vorerst auf der Gefühlsebene mit den Themen Wohnen, Wohlgefühl und Genügsamkeit befassen. Anhand des ersten Auftrages (AB 1) haben die Lernenden sich Gedanken darüber gemacht, was in ihrem Zimmer bzw. ihrer Wohnung ein positives Gefühl bei ihnen auslöst und was weniger. Diese Gedanken sollen sie in den nächsten Schritten kritisch einbringen, hinterfragen, konsolidieren und dann konkret versuchen, etwas an einer allfällig unstimmigen Wohnsituation zu ändern.

Des Weiteren ist es eine Kernaufgabe, sich Gedanken darüber zu machen, warum ein Zimmer oder eine Wohnung so wichtig für uns Menschen ist und welche Bedeutung es haben kann, wenn sich zum Beispiel Obdachlose nicht zurückziehen können.

In einem ersten Schritt stellen sich die Lernenden in Form einer Fantasiereise vor, wie die perfekte Wohnung aussähe und was das über ihr Wohlgefühl und ihre Vorstellung eines guten Lebens verrät.

Fantasiereise

Die Lernenden stellen sich vor, wie ihre perfekte Wohnung aussähe. Sie dürfen verrückte Ideen und Vorstellungen haben, nichts ist unmöglich. Hierfür sollen sie die Augen schliessen und ihren Gedanken nachgehen. In einem weiteren Schritt werden die Träume in Form einer Skizze auf ein Blatt gebracht (AB 2). Dieses Blatt wird zuerst dem Banknachbarn oder der Banknachbarin erläutert, erst dann wird im Plenum kritisch darauf eingegangen (sind die Vorstellungen suffizient usw. (AB 3).

Die Resultate aus AB 1 und AB 2 werden im Rahmen eines World-Cafés kritisch diskutiert. Zum ersten Mal wird die Frage gestellt, wie nachhaltig bzw. suffizient die perfekte Wohnvision der Einzelnen ist.

World-Café

Zwei grundlegende Fragen stehen hier im Zentrum (AB 3):
1. Was löst bei mir ein wohliges Wohngefühl aus und weswegen?
2. Wie stelle ich mir meine perfekte Wohnung vor? Wie suffizient ist meine Vision?

Diese beiden Fragen werden im World-Café in zwei Gruppen diskutiert und durch die Protokollantin/den Protokollanten notiert. In der Diskussion wird einerseits vertieft auf das Individuum eingegangen und die Klasse auf den Besuch der Obdachlosen vorbereitet. Andererseits zielt die Frage 2 bereits auf den Zugang 2 ab und aktiviert das Vorwissen im Bereich suffizienter Wohnformen.

Die zentrale Bedeutung einer Behausung scheint offensichtlich. Ein Wohnraum ist ein nach aussen geschlossener Teil eines Hauses, der meist Intimität gewährleisten kann. In Deutschland sieht das Gesetz eine Wohnfläche von mindestens 23 m² pro Person vor (§ 181 Abs. 9 BewG)[130]. In diesem Raum kann sich das Individuum frei ausdrücken und neue Energie tanken. Oftmals wird das Zuhause als selbstverständlich wahrgenommen, im Alltag wird nicht reflektiert, welche Bedeutung es für die Psyche des Menschen hat, wenn er einfach die Tür hinter sich abschliessen und alleine sein kann. Aufgrund dessen wird in einem nächsten Schritt der Fokus auf Menschen gelegt, die in der Schweiz kein Zuhause haben oder aufgrund einer Flucht aus dem Ursprungsland in einer Notunterkunft (meist ohne Privatsphäre) hausen. Falls diese Aufgabe als zu heikel betrachtet wird oder aber schwierig umzusetzen ist, kann die Lehrperson auch direkt mithilfe des unten stehenden Zitats oder des ergänzenden Gedichts von Gina Ruck-Pauquèt[131] in das sokratische Gespräch einsteigen. Es ist zudem durchaus möglich, dem sokratischen Gespräch das Interview (AB 5) oder das Interview und die Begegnung/Exkursion (Option 2) voranzustellen.

Begegnung/Exkursion

Die Lehrperson organisiert eine Begegnung oder Exkursion zu einer regionalen Notwohnsiedlung oder zu einer Gassenküche. Im Vorfeld werden im Unterricht Fragen formuliert, die den Mitarbeitenden und/oder den Obdachlosen gestellt werden können. Diese Fragen fliessen in einem weiteren Schritt in ein sokratisches Gespräch ein (AB 4).

Sokratisches Gespräch

Zur Konsolidierung von möglichen Fragen aus der Begegnung/Exkursion (Gassenküche/Notwohnsiedlung) eignet sich ein sokratisches Gespräch. Es empfiehlt sich, das Gespräch entweder mit dem Zitat «*Zuhause ist kein Ort, sondern ein Gefühl*»[132] oder dem unten stehenden Gedicht von Gina Ruck-Pauquèt einzuleiten und in der Folge vertieft auf die gestellten Fragen einzugehen.

Gedicht von Gina Ruck-Pauquèt:

*In meinem Haus
da wohne ich,
da schlafe ich,
da esse ich,
und wenn du willst,
dann öffne ich
die Tür
und lass dich ein.*

*In meinem Haus
da lache ich,
da weine ich,
da träume ich,
und wenn ich will,
dann schliesse ich
die Tür
und bin allein.*[133]

Aufbauend auf dem sokratischen Gespräch mit Fokus auf das «Wohlgefühl des Wohnens» ergibt sich die Möglichkeit, ein Alterswohnheim zu besuchen und ältere Menschen über die Wohnverhältnisse ihrer Kindheit und Jugend zu befragen. Entweder wird konkret nach einem Alter gefragt («Wie haben Sie mit 25 Jahren gewohnt?»), oder aber man lässt die befragte Person nach einer offenen Frage («Erzählen Sie mir bitte, wie Sie seit Ihrer Kindheit gewohnt haben») frei erzählen und stellt Verständnis- und Vertiefungsfragen. Diese Aufgabe soll aufzeigen, was ein «Wohnwohlgefühl» auslöst und wie die Menschen früher gewohnt haben. Hier gibt es auch die Möglichkeit, die eigenen Grosseltern zu befragen, falls ein Ausflug in ein Altenheim nicht umsetzbar ist (AB 5).

Begegnung/Exkursion (Option 2)

Aufbauend auf dem sokratischen Gespräch mit Fokus auf das «Wohlgefühl des Wohnens», besteht die Möglichkeit, eine Wohngemeinschaft junger Menschen zu besuchen, die funktional wohnen (FUWO). Als Vorbereitung sollen ein erklärender Zeitungsartikel gelesen und ein entsprechendes Video geschaut werden.[134] Die Lehrperson organisiert die Begegnung/Exkursion auf lokaler Basis. Bestenfalls lassen die Lernenden die Bewohnenden frei erzählen und stellen Verständnis- und Vertiefungsfragen. Diese Aufgabe soll aufzeigen, was ein «Wohnwohlgefühl» auslöst und welche alternativen Wohnformen existieren. Diese Aufgabe dient zudem der Vorbereitung auf die Unterrichtssequenz B.

10.1.2 Unterrichtssequenz B: «Seele» entrümpeln leicht gemacht

Didaktische Überlegungen: Die Lernenden eignen sich eine Methode an, um allfälligem Unwohlsein in den eigenen vier Wänden entgegenzuwirken. Ecken/Räume/Schränke werden um- und neu gestaltet, damit sich die Lernenden wohlfühlen können. Zeitgleich wird dafür sensibilisiert, wie wenig der Mensch tatsächlich für sein subjektives Wohlgefühl benötigt und wie inspirierend, ja befreiend es sein kann, sich von gewissen Dingen zu trennen und allenfalls eine positive Ordnung zu schaffen. Es kann aber auch sein, dass gewisse Lernende das Aufräumen beziehungsweise das aufgeräumte, (zu) ordentliche Zimmer als Stress erleben und bemerken, dass sie selbst ein wenig Chaos brauchen, um kreativ zu sein. Trotzdem sollten alle Lernenden merken, wie viel Material sich angesammelt hat und wie sie künftig damit umgehen möchten.

Der kritische Zeitungsartikel dient des Weiteren dazu, in den Medien vielfach diskutierte Inhalte zu hinterfragen und durch das Selbstexperiment am eigenen Leib zu fühlen, ob diese neuartige Methode und Lebensweise für die Lernenden individuell sinnstiftend ist oder nicht.

Provokation

Die «Aufräumkönigin» Marie Kondo aus Japan hat grosse Berühmtheit erlangt mit ihrer Überzeugung, dass Aufräumen eine heilende Wirkung haben und dazu führen kann, dass man das Leben führt, das man sich schon lange gewünscht hat. Im Sinne einer Provokation wird den Lernenden das kurze Video der KonMari-Methode (AB 6) gezeigt und danach das offizielle Netflix-Video der neuen Marie-Kondo-Serie. Nach den Filminputs sollen die Lernenden die Möglichkeit haben, ihre persönliche Meinung zu äussern. Des Weiteren lesen sie einige Blog-Beiträge und Zeitungsartikel, die sich zum Thema KonMari kritisch äussern. Grundlegend bildet diese Sequenz jedoch den Start für das Selbstexperiment, das nun folgt.

https://youtu.be/mlV7M3zDJuE (letzter Zugriff: 30.4.2019)
https://www.youtube.com/watch?v=WvyeapVBLWY (letzter Zugriff: 30.4.2019)
Beispiele kritischer Artikel (Lernende sollen selbstständig recherchieren):
https://www.zeit.de/zeit-magazin/leben/2019-02/aufraeumen-marie-kondo-ausmisten-methoden-ordnung-kritik (letzter Zugriff: 7.5.2019)
https://ze.tt/warum-die-aufraeummethoden-von-marie-kondo-dein-leben-nicht-besser-machen/ (letzter Zugriff: 18.11.2019)

Selbstexperiment

Die Lernenden erhalten den Auftrag (AB 7), eine Ecke ihrer Wohnung/ihres Zimmers oder aber sogar ihr ganzes Zimmer im Feng-Shui- bzw. Marie-Kondo-Stil zu entrümpeln. Dieser Auftrag wird sich mindestens über zwei Wochen hinweg erstrecken, und die Idee ist, dass die Lernenden den Prozess einerseits fotografisch und andererseits in Form eines Reflexionsprotokolls festhalten (War es schwer, mit dem Aufräumen zu beginnen? Wie fühlt sich die aufgeräumte Ecke an? Gefällt es mir? Usw.).

Die Konsolidierung dieses Experiments erfolgt im Rahmen eines sokratischen Gesprächs. Als Option besteht hier die Möglichkeit, die Lernenden je nach Zeit im Rahmen einer Pecha-Kucha-Präsentation[135] die «Vorher-Nachher-Fotos» (ca. zwanzig Stück) erläutern und diskutieren zu lassen, entweder als Ersatz für ein sokratisches Gespräch (AB8) oder als Einstieg in ein solches.

Sokratisches Gespräch

Im Fokus des Gesprächs stehen die «Vorher-Nachher-Fotos» der Lernenden (AB 7). Anlässlich des Aufräumprozesses soll die Frage aufgegriffen werden, wie sinnstiftend das Aufräumen/Entrümpeln für den Einzelnen/die Einzelne sein kann und welche Zusammenhänge es allenfalls mit gesamtgesellschaftlichen Prozessen haben könnte. Im Zentrum des Gesprächs steht also auch die Frage, inwiefern individuelles (achtsames) Entrümpeln in der Gesellschaft dazu führen kann, bewusster mit Dingen umzugehen und sich vielleicht zweimal zu überlegen, ob etwas gekauft werden sollte oder nicht.

Von Zugang 1 kann direkt zu Zugang 2 übergeleitet werden, oder aber die beiden Zugänge werden zu verschiedenen Zeitpunkten (passend zum Lehrplan oder je nach verfügbarer Zeit) durchgeführt.

10.2 Zugang 2: Smart Living, aber anders!

Dieser Zugang eignet sich, um sich der Bedeutung und Notwendigkeit gesellschaftlicher Transformation im Bereich Wohnen bewusst zu werden. Des Weiteren wird darauf eingegangen, wie zukünftiges Wohnen suffizienter gestaltet werden könnte.

10.2.1 Unterrichtssequenz A: Was wäre denn wirklich «smart»?

Didaktische Überlegungen: Das Stichwort «Smart Living» ist in aller Munde. Jedoch zielt dieser Begriff nur auf die intelligente Vernetzung aller Technologien im eigenen Wohnraum ab (vernetzte Schalter, Apps zur Lüftungs- und Heizkontrolle usw.), nicht aber auf die Frage, was den nun im Sinne der Nachhaltigkeit respektive der Suffizienz «wirklich» intelligent wäre im Bereich Wohnen.

Einerseits dient der Zugang 2 dazu, zentrale Begriffe im Bereich des suffizienten Wohnens zu klären und zu definieren. Andererseits sollen die Lernenden sich vorstellen, inwiefern ein suffizienter Wohnstil zu einem subjektiv besseren Leben beitragen kann.

Exkursion

Als Exkursionsziele bieten sich der von Expertinnen und Experten geführte Besuch durch das Kalbreite-Projekt in Zürich oder andere lokale Projekte an.[136] Die Lernenden erhalten Fragen zu den verschiedenen Bereichen (2000-Watt-Gesellschaft, Gebäudestruktur, Materialien, Aufbau Innenräume usw. [AB 9]). Vgl. Kriterien Frohofer, Neustart Schweiz).

Es folgt ein kurzer Austausch über die Exkursion, dann wird jedoch direkt die Gruppeneinteilung zu den Subthemen im Bereich suffizientes Wohnen vorgenommen.

Projektarbeit

Die Lernenden eignen sich konkretes Faktenwissen an. Dieses wird in Projektgruppen über mindestens zwei Wochen erworben und in Form eines Lernvideos dargestellt. Faktenwissen zu: 2000-Watt-Gesellschaft, alternative Energien, alternative Wohnideen und Materialien (AB 10). Die Filmclips sind bewertbar und werden im Rahmen eines Galeriegangs vorgestellt.

→ Filmclips im Stil von https://www.explainity.de/erklaervideos.

Die Lehrperson erläutert zu Beginn der Projektarbeit, wie ein Erklärvideo erstellt werden kann.

Die Lernvideos der Projektarbeit werden von den einzelnen Gruppen vorgestellt. Die Lernenden machen sich Notizen zu den Inhalten und stellen Verständnisfragen. Es ist wichtig, dass alle Lernenden am Schluss über alle Informationen verfügen, da sonst das anschliessende digitale Spiel nicht umsetzbar ist.

Als Alternative zum digitalen Spiel eignet sich auch ein Rollenspiel.

Hier kann die Lehrperson überprüfen, ob alle Lernenden das neu angeeignete Wissen richtig verstanden haben. Auf www.classtime.com hat die Lehrperson eine sogenannte Collaborative Challenge erstellt. Die Klasse kann eine ökologische Stadt bauen, in der jede und jeder Lernende die Fragen richtig beantworten muss. Je mehr richtig beantwortet wird, desto ökologischer wird die Stadt. https://www.classtime.com/challenges/fight-city-pollution (Zugriff: 30.4.2019).

Rollenspiel

Die Lernenden werden in zwei Gruppen eingeteilt. Die eine Gruppe vertritt die Meinung, dass Wohnen im Einfamilienhaus mit viel Garten das schönste Wohngefühl auslöst und demnach erstrebenswert ist. Die andere Gruppe setzt sich für verdichtetes Wohnen oder Hochhauswohnen ein. Bevor das Rollenspiel und die Diskussion beginnen, suchen die Gruppen nach Fakten im Netz, die sie zur argumentativen Stützung ihrer Position verwenden können. Angeleitet wird diese Sequenz durch die Lehrperson als Moderatorin.

10.2.2 Unterrichtssequenz B: Wohnen in hundert Jahren

Didaktische Überlegungen: Die Lernenden haben sich mit dem subjektiv empfundenen guten Wohngefühl auseinandergesetzt und Strategien zu einer möglichen Optimierung erworben. Zeitgleich ist hier das Augenmerk auf angehäufte, unnötige Dinge im eigenen Haushalt gelegt worden. Zudem stand der Fokus auf suffizienten und nachhaltigen Wohnformen. Um hier noch einmal gesamtheitlich über die Thematik nachzudenken, wird in der Unterrichtssequenz B im Rahmen einer Zukunftswerkstatt imaginiert, wie eine Siedlung der Zukunft aussehen und weswegen sie zu einem guten Leben beitragen könnte. Eingeleitet wird die Zukunftswerkstatt durch eine Provokation.

Provokation

https://www.watson.ch/wissen/digital/516785657-leben-unter-wasser-ferien-auf-dem-mars-so-leben-wir-in-100-jahren (Zugriff: 30.4.2019)

Können wir uns diese Visionen leisten? Wie suffizient sind diese Zukunftsvorstellungen? (AB 11)

Nachdem die Lernenden den Zeitungsbericht studiert haben, sollen sie ihn kritisch im Plenum diskutieren. In der Folge wird die Zukunftswerkstatt (AB 11) durchgeführt.

Zukunftswerkstatt

Wie können wir verdichtetes Wohnen, Individualität, Suffizienz und gutes Leben verknüpfen? Nachdem die Lernenden mögliche Lösungen imaginiert und geplant haben, definiert die Klasse gemeinsam die Siedlung der Zukunft (AB 11) (vgl. Neustart Schweiz [Frohofer] und nenal Genossenschaft).

Hintergrundinformationen

- https://frohofer.ch/neustart-schweiz (Zugriff: 21.10.2019)
- https://nenal.ch/ (Zugriff: 21.10.2019)
- https://www.local-energy.swiss/beispiele.html#/ (Zugriff: 9.9.2019)
- http://www.wirleben2000watt.com/wohnen/regional/ (Zugriff: 21.10.2019)
- Nachhaltiges Wohnen in Freiburg im Breisgau: https://www.freiburg.de/pb/208736.html (Zugriff: 23.10.2019)
- https://www.kalkbreite.net/ (Zugriff: 21.10.2019)
- https://www.sustainblog.ch/20172924/wie-das-bewusstsein-fuer-nachhaltiges-wohnen-in-der-schweiz-gestaerkt-werden-kann/ (Zugriff: 21.10.2019)
- https://www.wwf.ch/de/nachhaltig-leben (Zugriff: 24.10.2019)

Anmerkungen

129 Scherhorn 2002b, S. 105.
130 https://de.wikipedia.org/wiki/Wohnraum (Zugriff: 24.10.2019).
131 http://treibgut-fundstuecke.blogspot.com/2013/03/in-meinem-haus-da-wohne-ich-da-schlafe.html (Zugriff: 24.10.2019).
132 Autor/-in unbekannt, www.pinterest.de (Zugriff: 21.5.2019).
133 http://treibgut-fundstuecke.blogspot.com/2013/03/in-meinem-haus-da-wohne-ich-da-schlafe.html (Zugriff: 24.10.2019).
134 https://www.aargauerzeitung.ch/leben/leben/in-dieser-wg-schlafen-alle-im-selben-zimmer-130485091 (Zugriff: 9.9.2019, Video integriert in Zeitungsartikel online).
135 https://de.wikipedia.org/wiki/Pecha_Kucha (Zugriff: 24.10.2019).
136 Hier finden die Schweizer Lehrpersonen regionale und spezifische Projekte: https://www.local-energy.swiss/beispiele.html#/. Ideen für Deutschland und Österreich: http://www.wirleben2000watt.com/wohnen/regional/ und https://freiburg-vauban.de/wp-content/uploads/2018/04/kleehaeuser.pdf (Zugriff: 9.9.2019).

11. Themenmodul: Arbeit und Engagement in einer endlichen Welt

11.1 **Zugang 1: Ich arbeite, also bin ich!**
11.1.1 Unterrichtssequenz A: Es ist nicht alles Gold, was glänzt!
11.1.2 Unterrichtssequenz B: Besser arbeiten im Hier und Jetzt

11.2 **Zugang 2: Mehr Zeit für Sinn**
11.2.1 Unterrichtssequenz A: Die Vielfalt der Arbeit
11.2.2 Unterrichtssequenz B: Wo will ich wirklich, wirklich hin?
11.2.3 Unterrichtssequenz C: Arbeit und Zeitwohlstand

11.3 **Zugang 3: Unsere Schule geht voran**
11.3.1 Unterrichtssequenz A: Wir konzipieren ein Projekt an unserer Schule
11.3.2 Unterrichtssequenz B: Unsere Schule in der endlichen Welt

LERNZIELE

- Die Lernenden erschliessen den Begriff Arbeit und den Stellenwert, den verschiedene Formen von Arbeit (u. a. Subsistenzarbeit, Erwerbsarbeit, Care-Arbeit, Freiwilligenarbeit) für sie persönlich und in der Gesellschaft einnehmen.
- Sie kennen verschiedene Konzepte von Arbeit und deren Wirkungen auf die Mitwelt.
- Sie kennen positive und negative Seiten der Erwerbsarbeit für das eigene gute Leben.
- Sie erkennen Möglichkeiten, wie klassische Erwerbsarbeit und Zeitwohlstand in einen besseren Einklang gebracht und damit das gute Leben befördert werden kann.
- Sie lernen Arbeitsmodelle kennen, die gleichzeitig den Ressourcenverbrauch senken und das gute Leben auf lokaler bis globaler Ebene fördern.
- Sie lernen Möglichkeiten kennen, wie sie sich an ihrem Arbeitsplatz respektive ihrer Schule engagieren und dadurch zu einem Wandel in Richtung Suffizienz beitragen können.

Im Vergleich mit den anderen Bereichen sind bei diesem Themenbereich zwei Besonderheiten zu beachten. Aufgrund der vorgegebenen Rahmenbedingungen sind die Einflussmöglichkeiten für Einzelpersonen wesentlich geringer; allfällige Massnahmen erfordern mehr Zeit und sind auch nicht so unmittelbar realisierbar, da zunächst v.a. die Rahmenbedingungen verändert werden müssen, damit suffizientes Arbeiten – sei es am Arbeitsplatz im Erwerbsleben, sei es in der Schule als Arbeitsort der Lernenden – eine reale Möglichkeit für viele werden kann. Gerade darin liegt allerdings das Potenzial von individuellem und kollektivem Engagement. Rahmenbedingungen ändern sich in der Regel erst dann, wenn der Bedarf nach Änderungen offensichtlich wird und Menschen sich dafür einsetzen. Aus diesem Grund werden in diesem Modul das Thema Arbeit sowie auch das Thema Engagement behandelt.

Konkret bezogen auf Arbeit im Sinne von Erwerbsarbeit, sind Handlungsspielraum und Erfahrungshintergrund von Jugendlichen und jungen Erwachsenen noch relativ klein. Deshalb geht es uns in diesem Zusammenhang weniger um die konkrete gegenwärtige Alltagssituation als um Vorstellungen und Wünsche für die Zukunft. Engagieren kann man sich hingegen in jedem Alter – so z.B. auch im Sinne von gemeinschaftlichen zielgerichteten Aktivitäten zur Veränderung von schulischen Strukturen oder beim Entwickeln von Visionen, wie eine zukünftige Arbeitswelt aussehen müsste, um allen ein gutes Leben zu ermöglichen.

A) Welche Rolle spielt der Bereich Arbeit und Engagement für ein gutes Leben?

Eine zentrale Bedeutung der Erwerbstätigkeit für ein gutes Leben besteht darin, dass sie zur Selbstverwirklichung beiträgt und über die Selbst- und auch Fremdbestätigung, die man erfährt, das Selbstwertgefühl zu stärken vermag. Im Erwerbsleben zu stehen, bringt vielfältige soziale Kontakte mit sich und schult die soziale Kompetenz. Einer Arbeit nachgehen hilft, Wissen und Kompetenzen aufzubauen und die Persönlichkeit weiterzuentwickeln. Zudem verschafft es Ansehen in der Gesellschaft und ist wesentlich für den sozialen Status. Schliesslich gibt Arbeit dem Leben eine Struktur und sollte durch den Verdienst mindestens die Existenz sichern. Erwerbsarbeitslos zu sein, ist daher bei Weitem nicht nur in existenzieller Hinsicht ein Problem, sondern auch für das gute Leben in einem umfassenden Sinn.

Sich für Rahmenbedingungen zu engagieren, die einem guten (Arbeits-)Leben zuträglich sind – dies umfasst beispielsweise zivilgesellschaftliches und politisches Engagement, lokale Kleinprojekte (z.B. Nachbarschaftshilfe, Zeittauschbörsen, Freiwilligenengagements) sowie nationale Initiativen (z.B. Einführung eines bedingungslosen Grundeinkommens, Gleichstellungsbestrebungen, Engagement für Verteilungsgerechtigkeit bezüglich der Spannbreite der Gehälter) und die Mitarbeit in internationalen Bewegungen (z.B. Transition Town)[137] – kann auch unmittelbar zum eigenen guten Leben beitragen.

Es können sinnstiftende individuelle und kollektive Erfahrungen gemacht, Gleichgesinnte kennengelernt und die Wirksamkeit gemeinsamen und solidarischen Handelns erfahren werden. Dies kann das Gefühl der Selbstwirksamkeit stärken; individuelle und kollektive Handlungsmöglichkeiten und damit auch die Bedeutung aktiven Engagements für gesamtgesellschaftliche Transformationsprozesse können erkannt werden.

B) Welche ökologischen und sozialen Probleme werden durch die gegenwärtig dominierenden Erwerbsarbeitsstrukturen verursacht?

Auf globaler Ebene gehorcht Erwerbsarbeit der in unserem Wirtschaftssystem dominanten Forderung der Wachstumsmaximierung. Damit trägt sie wesentlich zum massiven Ressourcenverbrauch und den daraus resultierenden sozialen sowie ökologischen Problemen bei.

Auf sozialer Ebene liegen die Probleme insbesondere und in zunehmendem Masse in unsicheren Anstellungsverhältnissen und in dem Druck, in immer kürzerer Zeit immer mehr leisten zu müssen, um die eigene Existenz sichern zu können. Zudem wird eine immer grössere Flexibilität gefordert. Dies wirkt sich sowohl auf den sozialen als auch auf den ökologischen Bereich negativ aus. Sich gezwungen zu fühlen, sogar in der Freizeit Arbeitspflichten nachzukommen, hat auch Konsequenzen für das persönliche Umfeld. Arbeitsbedingtes häufiges Umziehen erschwert den Aufbau und Erhalt von sozialen Strukturen vor Ort und das soziale Engagement. Wer jedoch nicht bereit ist, «seinem Arbeitsplatz nachzureisen», nimmt tägliches Pendeln in Kauf, was sowohl Stress fürs Individuum bedeutet als auch negative Auswirkungen auf die Umwelt hat (v.a. CO_2-Ausstoss, siehe Modul zum Thema «Mobilität»). Ruh plädiert dafür, den «Dualismus Freizeit/Arbeitszeit [...] durch ein differenziertes Modell»[138] zu ersetzen, und schlägt eine Unterteilung menschlicher Tätigkeiten in sieben Bereiche vor: Freizeit, monetarisierte Arbeitszeit (Erwerbsarbeit), Eigenarbeit, obligatorische Sozialzeit (eine Art Sozialdienst), informelle Sozialzeit (Freiwilligenarbeit), Ich-Zeit (Zeit für sich selbst) und Reproduktionszeit. Diese Unterteilung zeigt, dass dem freiwilligen Engagement in zweifacher Hinsicht eine hohe Bedeutung zukommt: zum einen als Bestandteil dieses differenzierten Modells nach Ruh und zum anderen gleichzeitig auch als notwendige Voraussetzung zur Implementierung eben jenes Modells.

In Bezug auf die Zusammenhänge zwischen der Zeit, die man für die Erwerbsarbeit einsetzt, und dem individuellen Ressourcenverbrauch gehen die Meinungen auseinander. Zum einen stellt sich die Frage, ob der Ressourcenverbrauch bei einer Reduktion der Arbeitszeit zunimmt, weil mehr Freizeit vorhanden ist, die ressourcenintensiv genutzt werden kann. Zum anderen zeigen Studien, dass ein Weniger an Erwerbsarbeitszeit auch zu einem Weniger an Ressourcenverbrauch führen kann.[139]

C) Worin besteht ein suffizienter Lebensstil im Bereich Arbeit und Engagement?

Einen suffizienten Lebensstil im Bereich Arbeit zu pflegen, bedeutet zunächst einmal ganz grundsätzlich, Arbeit neu zu definieren und dabei die verschiedenen Arten von Arbeit anders zu bewerten. Insbesondere heisst dies, Subsistenzarbeit in Relation zu Erwerbsarbeit aufzuwerten und auszubauen. Ebenso müssten die Beziehungen zwischen verschiedenen Arbeitsarten sowie deren zeitlicher Anteil verteilt auf die Lebenszeit neu gedacht werden. Infolgedessen sollte auch das klassische Gegensatzpaar Arbeit/Freizeit aus der Perspektive eines guten Lebens kritisch hinterfragt werden. Letztlich sollte ein suffizienter Lebensstil im Bereich Arbeit die Möglichkeit bieten, in der Arbeit, egal welcher Art, seine Berufung suchen und finden zu können.

Mit einem suffizienten Lebensstil geht häufig einher, weniger Zeit für die Erwerbsarbeit aufwenden zu wollen, und dies zugunsten anderer Tätigkeiten, wie zum Beispiel eines freiwilligen Engagements. Flexible Arbeitsmodelle wie beispielsweise Homeoffice oder Zeittauschbörsen können ein ausgewogenes Verhältnis zwischen Erwerbsarbeit und anderen Beschäftigungen schaffen.

Sich in Anliegen einbringen, die eine gesellschaftliche Transformation in Richtung Suffizienz fördern, bedeutet, in der Schule, am Arbeitsplatz, im Freundeskreis, in der Familie und insbesondere auch in der Freizeit Verantwortung zu übernehmen, sich für entsprechende Projekte einzusetzen und dadurch auch an der Überwindung suffizienzhemmender und der Förderung suffizienzunterstützender Rahmenbedingungen mitzuwirken.

D) Worin liegt das Potenzial eines suffizienten Lebensstils im Bereich Arbeit und Engagement für ein gutes Leben?

Einen suffizienten Lebensstil im Bereich Arbeit zu pflegen, kann bedeuten, mit weniger finanziellen Mitteln auszukommen, weil sowohl die Konsumbedürfnisse bewusst klein gehalten sind als auch gewisse Produkte, wie Nahrungsmittel, selbst hergestellt werden können. Dies ermöglicht, dass weniger Zeit für die Erwerbsarbeit aufgewendet werden muss und somit eine flexiblere Gestaltung der eigenen Lebenszeit möglich wird, die auch Zeit für Engagement bietet in Bereichen, die einem wichtig sind, so z. B. auch für Arbeitsbedingungen, die einem guten Leben zuträglich sind. Wichtig ist dabei, dass das Existenzminimum gesichert ist. Dies kann auf unterschiedliche Weise erfolgen. Ein mögliches Modell sieht die Abkehr von der Vollzeitarbeit vor; stattdessen sollte mehr Subsistenzarbeit geleistet und der Tausch sowie die gemeinsame Nutzung von Gütern und Dienstleistungen gefördert werden. In diesem Zusammenhang wird auch die Idee eines bedingungslosen Grundeinkommens diskutiert, um grössere Unabhängigkeit von Erwerbsarbeit zu gewährleisten und mehr Freiraum für kreatives oder gemeinnütziges Engagement zur Verfügung zu stellen. Weitere Lösungen ziehen beispielsweise eine gerechtere Verteilung der Arbeit in Form von Teilzeitarbeit für alle oder neue Ansätze in der Care-Arbeit in Betracht.

Insgesamt steht dabei das Ziel im Vordergrund, dass Menschen über mehr freie, d.h. nicht fremdbestimmte Zeit verfügen, die interessengeleitet und sinnstiftend gestaltet werden könnte, was mehr Kontrolle und weniger Stress bewirkt. Eine ebenfalls diskutierte Neudefinition von Arbeit könnte zudem dazu führen, dass nicht allein die Erwerbsarbeit als sinn- und identitätsstiftend erachtet würde; dadurch würden auch künstlerische Tätigkeiten, gesellschaftliches Engagement oder die Entwicklung der eigenen Persönlichkeit aufgewertet, was die sogenannte «Statustretmühle»[140] zum Stillstand brächte.

11.1 Zugang 1: Ich arbeite, also bin ich!

Dieser Zugang scheint gut geeignet als Einstieg in das Thema «Arbeit und Engagement in einer endlichen Welt», weil er der grundlegenden Frage nachgeht, welche Rolle Arbeit für das individuelle gute Leben sowie für das gute Leben unserer Mitwelt einnimmt. Da in der heutigen Zeit der Begriff «Arbeit» überwiegend mit Erwerbsarbeit gleichgesetzt wird, nehmen auch die Reflexionen in diesem Modul ihren Ausgang bei dieser Setzung.

Didaktische Überlegungen: Die Lernenden sollen im Verlauf der beiden nachfolgend skizzierten Unterrichtssequenzen dazu motiviert werden, die positiven und negativen Seiten der Erwerbsarbeit, so wie sie gegenwärtig in weiten Teilen des Globalen Nordens und der Schwellenländer praktiziert wird, für das eigene gute Leben und das der Mitwelt kritisch zu reflektieren (Unterrichtssequenz A). In der nachfolgenden Sequenz B lernen sie Möglichkeiten kennen, wie die Rahmenbedingungen der aktuellen Erwerbsarbeit verbessert werden könnten, und werden dazu angeregt, die jeweiligen Optionen im Sinne ihres guten Lebens und das anderer zu reflektieren und zu bewerten.

11.1.1 Unterrichtssequenz A: Es ist nicht alles Gold, was glänzt!

Didaktische Überlegungen: Zum Einstieg sollen die Lernenden aufgefordert werden, sich damit auseinanderzusetzen, was sie von ihrer zukünftigen Erwerbsarbeit erwarten beziehungsweise was ihnen als unakzeptabel erscheint. Dazu eignet sich die Methode der Provokation.

Provokation

Die Lernenden schauen einen Ausschnitt aus dem Film «Moderne Zeiten» (1936) von Charlie Chaplin an: https://www.youtube.com/watch?v=H8qPdsjbrh8.

Die Lernenden diskutieren anschliessend, warum ihnen die dargestellte Art der Arbeit als ungewöhnlich erscheint. Was charakterisiert eine solche Arbeit? Welche der Charakteristika kommen nach Einschätzung der Lernenden auch heute noch vor? Dazu lesen sie eine Buchkritik zu «Der flexible Mensch. Die Kultur des neuen Kapitalismus» von Richard Sennett (AB 1), der sich kritisch mit den zunehmenden Forderungen nach Flexibilität der Arbeitnehmenden (z.B. hinsichtlich Wohnen, Pendeln) in einer globalisierten Arbeitswelt auseinandersetzt

Im Anschluss an die Charakterisierung der Arbeit am Fliessband sollen die Lernenden das genaue Gegenteil unmittelbar auf der affektiven Ebene erfahren, und zwar in dem Sinne, dass sie langsam einer bestimmten Tätigkeit nachgehen und dabei ganz und gar präsent sind bei dem, was sie tun. Es soll darum gehen, diese Tätigkeit nicht auszublenden und nicht in einen Automatismus zu verfallen oder zu flüchten, wie dies bei Fliessbandarbeiten aus Effizienzgründen sogar zielführend ist, sondern ganz bei der Tätigkeit im Hier und Jetzt zu sein, meist unbewusst laufenden Prozessen nachzuspüren und diese ins Bewusstsein heben. Die Lernenden versuchen, mögliche Gedanken an das, was zuvor war, oder das, was gleich anstehen wird, beiseitezuschieben und sich ganz auf sich selbst in dieser Arbeit zu fokussieren, sich selbst wahrzunehmen, mit dem Körperempfinden und allen Sinnen, die beteiligt sind. Dazu eignet sich eine Achtsamkeitsübung.

Achtsamkeitsübung

Die Lehrperson leitet im Klassenzimmer eine Achtsamkeitsübung an, bei der die Lernenden dem Tippen auf der Tastatur beim Verfassen eines Texts nachspüren (AB 2).

Nach der Achtsamkeitsübung halten die Lernenden schriftlich ihre Eindrücke während der Übung fest (AB 3) und tauschen sich danach in Partnerarbeit darüber aus.

In einem nächsten Schritt sollen die Lernenden darüber nachdenken, welchen Stellenwert die Arbeit in der Vergangenheit und aktuell in unserer Gesellschaft einnimmt, was diese für sie selbst bedeutet und welche Bedeutung sie der Erwerbsarbeit in ihrem Leben einräumen wollen. Dazu befragen sie eine berufstätige Person aus ihrem Familien- oder Freundeskreis und gehen anschliessend der Frage nach, was es für einen selbst, für das unmittelbare Umfeld sowie die gesellschaftliche Position bedeuten kann, arbeitslos zu sein.

Dabei geht es vor allem darum, dem Konzept «Statussymbol Beruf» aus verschiedenen Blickwinkeln nachzugehen und anschliessend an derartige Reflexionen dem Beruf einen Wert für das eigene gute Leben zuzuschreiben. Bei der Darstellung der gesellschaftlichen Perspektive sollen die Lernenden Einsicht in die uns beeinflussenden gesellschaftlichen Normen und Werte erlangen und durch allfällige Widersprüche zu ihren persönlichen Vorstellungen und Erwartungen dazu motiviert werden, diese Normen und Werte kritisch zu hinterfragen.

Zum Einstieg führen die Lernenden jeweils Interviews mit einer Person aus dem Familien- oder Freundeskreis, die einer Erwerbsarbeit nachgeht, und bereiten dafür Fragen vor (AB 4). Dabei soll es vor allem darum gehen, herauszufinden, welchen Stellenwert die Erwerbsarbeit für das gute Leben dieser Person hat und warum sie der jeweiligen Tätigkeit nachgeht, was sie sich von dieser erhofft hat für sich persönlich und ihre Familie und welche der Erwartungen die Arbeit letztlich erfüllt.

Zur Kontrastierung der Erkenntnisse, die die Lernenden aus den Interviews gewonnen haben, lesen sie einen Ausschnitt aus «Tod eines Handlungsreisenden» von Arthur Miller und setzen sich auf dieser Grundlage mit der Frage auseinander, warum arbeitslos sein in unserer Gesellschaft so problematisch sein und welche persönlichen und weiteren Bereiche Arbeitslosigkeit tangieren kann (AB 5).

Für den Brückenschlag zur Reflexion des Stellenwerts von Erwerbsarbeit für das eigene Leben bietet sich ein World-Café an.

World-Café

Den Impuls für das World-Café bietet das folgende Zitat:

«Ich arbeite, also bin ich!»

Das World-Café wird in zwei Durchgängen durchgeführt.
    Im ersten Durchgang ergründen die Lernenden – ausgehend vom Zitat – den Stellenwert, den Erwerbsarbeit in unserer Gesellschaft einnimmt, und halten die damit verbundenen (Wert-)Vorstellungen stichwortartig schriftlich fest (AB 6).
    Im zweiten Durchgang wechseln sie die Perspektive und notieren, welche Bedeutung die Erwerbsarbeit in ihrem eigenen Leben einnimmt bzw. einnehmen sollte, damit diese zu ihrem guten Leben beitragen kann, und begründen ihre Sichtweise.
    Allfällige Widersprüche werden ebenfalls also solche schriftlich festgehalten.

Im Zuge des World-Cafés können gegebenenfalls Trugschlüsse der Lernenden aufgedeckt werden. So kann sich herausstellen, dass sich ein Lernender oder eine Lernende entweder über seine oder ihre eigenen Bedürfnisse täuscht oder über die Art und Weise ihrer Befriedigung. Zum Beispiel könnte sich zeigen, dass es sich bei dem Bedürfnis, später viel Geld zu verdienen, im Grunde darum handelt, tiefer liegende existenzielle Unsicherheiten zu eliminieren oder der Peergroup zu imponieren, weil man sich nicht wirklich anerkannt fühlt. Ebenso könnte sich zeigen, dass das Streben nach Geld einem von den Eltern «anerzogen» wurde und es sich dabei gar nicht um ein authentisches eigenes Bedürfnis handelt. Bei der Diskussion sollten immer wieder Rückbezüge zum Ausschnitt aus «Tod eines Handlungsreisenden» angestossen werden.
    Die Widersprüche, die sich im Zuge der Diskussion zu «Tod eines Handlungsreisenden» und der beiden Durchgänge im World-Café gegebenenfalls gezeigt haben, dienen als eine wichtige Hintergrundfolie für die weitere Arbeit am Thema.

Diese Unterrichtseinheit schliesst ab mit einem Rollenspiel, bei dem die Lerngruppe zweigeteilt wird und jede Hälfte Argumente für die Position sammelt, die sie vertreten muss. Da die Lernenden dabei auch Positionen einnehmen und argumentativ vertreten müssen, die ihren eigenen Ansichten entgegenstehen, werden sie sich ihrer eigenen Gefühle, Motivationen und Bedürfnisse noch stärker bewusst, müssen sich aber gleichzeitig auch in abweichende Einstellungen, Werte und Gefühlswelten eindenken und einfühlen (Perspektivenwechsel).

Rollenspiel

Die Lernendengruppe teilt sich in zwei etwa gleich grosse Gruppen auf. Die eine Hälfte vertritt die Position: **«Ich lebe, um zu arbeiten!»**, die andere die Gegenposition: **«Ich arbeite, um zu leben!»**.

In den jeweiligen Gruppen sammeln die Lernenden Pro- und Kontra-Argumente für ihre jeweiligen Rollen. Die Lernenden versuchen nun, die andere Gruppe durch gute Argumente jeweils von der Korrektheit der eigenen Position zu überzeugen. Wichtig ist, das eigene gute Leben, aber auch das der Mitwelt einzubeziehen.

Es bietet sich an, nochmals auf die Argumente aus dem Rollenspiel Bezug zu nehmen, wenn das Thema «New Work» (Zugang 2, Unterrichtssequenz B) bearbeitet wird, da dies eine Perspektivenerweiterung ermöglicht.

11.1.2 Unterrichtssequenz B: Besser arbeiten im Hier und Jetzt

Didaktische Überlegungen: Die in der ersten Unterrichtssequenz gegebenenfalls offengelegten Widersprüche zwischen der Erwerbsarbeit, so wie sie aktuell häufig praktiziert wird, und den Wünschen und Bedürfnissen der Lernenden könnten dazu führen, Erwerbsarbeit entweder überwiegend negativ zu belegen oder aber sich mit den Rahmenbedingungen, die das aktuelle System prägen, abzufinden. Es gibt aber durchaus bereits gegenwärtig Ansätze, die das starre Erwerbsarbeitsraster, in dem man sich – wie in der vorherigen Sequenz aufgezeigt wurde – gefangen fühlen kann, aufbrechen und mehr Freiraum in unterschiedlichster Hinsicht bieten und so zum guten Leben beitragen.[141] In dieser Unterrichtssequenz geht es darum, solche Ansätze aufzuzeigen und sich umfassend damit auseinanderzusetzen.

Dazu eignet sich eine Projektarbeit, im Zuge deren sich die Lernenden in kleinen Gruppen Wissen zu verschiedenen Ansätzen aneignen, die das gute Leben der Erwerbstätigen fördern können, und dieses Wissen dann angehenden Unternehmerinnen und Unternehmern «schmackhaft» machen. Dazu schlüpfen die Lernenden in die Rolle von Kleinteams, die in einem grossen Beratungsbüro für die «Erwerbsarbeit der Zukunft» tätig sind.

Projektarbeit

Raus aus der Tretmühle!

Die Lernenden konzipieren ein eigenes Beratungsprojekt für junge Unternehmerinnen und Unternehmer, die interessiert daran sind, Rahmenbedingungen für eine Arbeit aufzubauen, die dem guten Leben ihrer Mitarbeitenden zuträglich ist. Da die Lernenden vermutlich noch nicht wissen, welche Innovationen es im Bereich der Erwerbsarbeit gibt, die einem guten Leben zuträglich sein können, gibt die Lehrperson einige Ansätze vor, aber lediglich mit ihren Bezeichnungen. Diese sind zum Beispiel «Homeoffice», «Flexibilisierung der Arbeitszeit» (im Sinne von Anwesenheitszeit vor Ort im Unternehmen), «Co-Working-Space», Verteilung der Arbeitszeit (Arbeitsprozente) auf das gesamte Erwerbsleben je nach Lebenssituation, bedingungsloses Grundeinkommen.

Die Lernenden teilen sich in etwa gleich grosse Gruppen zu den Themen auf und erarbeiten dann in den jeweiligen Gruppen das erforderliche Wissen (Worum geht es? Worin bestehen die Vorteile? Welche Nachteile gibt es und v. a. wofür bzw. für wen?) (AB 7). In einer grossen Teamsitzung präsentieren die einzelnen Teams einander ihre Erkenntnisse, stellen sich als Expertinnen und Experten «ihres» Ansatzes den Fragen der anderen und diskutieren dann gemeinsam die Vor- und Nachteile und ihre Einschätzung der Umsetzbarkeit.

Anschliessend erarbeiten sie zur Vorbereitung auf die anstehenden Beratungen wieder in den Kleinteams eine Werbekampagne für ihren jeweiligen Ansatz. Die Lernenden wechseln sich ab und spielen jeweils eine motivierte und innovationsfreudige, aber auch kritische Unternehmerin respektive einen ebensolchen Unternehmer und lassen sich von den einzelnen Teams beraten.

Nachdem die Lernenden sich nun selbst einige Grundbegriffe innovativer Ansätze in der Erwerbsarbeit, die einem guten Leben dienlich sein können, erarbeitet und ihre eigenen Vorstellungen entwickelt haben, bietet es sich zum Abschluss der Unterrichtssequenz an, ein Unternehmen kennenzulernen, das mit solchen Ansätzen arbeitet. Dazu eignet sich eine Exkursion oder Begegnung.

Begegnung/Exkursion

Ein geeignetes Unternehmen könnte man zum Beispiel erfragen bei «beseelten Unternehmerinnen oder Unternehmern» (https://www.beseelte-unternehmerinnen.ch/, Zugriff: 2.7.2019).

Auf der Grundlage ihres zuvor im Zuge der Gruppenarbeit erarbeiteten Wissens zu verschiedenen innovativen Ansätzen mit ihren Vor- und Nachteilen stellen die Lernenden im Vorfeld der Exkursion oder Begegnung Fragen und Diskussionspunkte zusammen.

Bei der Exkursion oder Begegnung lernen sie weitere Ansätze kennen und erfahren, wie diese umgesetzt werden. Dabei können sie ihre offenen Fragen und Ideen idealerweise mit einer Person aus dem Unternehmen diskutieren. Vor allem die Chancen und Hemmnisse innovativer Massnahmen helfen dabei, die Realisierbarkeit verschiedener Ansätze einzuschätzen. So erkennen die Lernenden, was der Einsatz von kreativen und engagierten Personen alles bewirken kann, welche Bedeutung den institutionellen Rahmenbedingungen für die Umsetzung innovativer Ideen zukommt und welche Schritte für deren allfällige Anpassung erforderlich sind.

Die Exkursion oder Begegnung soll die Lernenden dazu motivieren, etablierte gesellschaftliche und gegebenenfalls persönliche Denkmuster infrage zu stellen und zu erkennen, dass die Bedeutung, die Erwerbsarbeit in vielen Augen hat, diskutiert werden kann und auch sollte, wenn es um Fragen des eigenen guten Lebens sowie desjenigen der gesamten Gesellschaft geht. Im Verlauf dieser Unterrichtssequenz können alte Muster aufgebrochen und einer Umdeutung zugänglich gemacht werden. Das selbst erarbeitete Wissen über innovative Ansätze, die bereits jetzt möglich sind und auch schon umgesetzt werden, kann die Lernenden zur Entwicklung eigener Ansätze motivieren, sie insbesondere auch die Veränderbarkeit von Bestehendem erkennen lassen und somit auch ihr Gefühl der Selbstwirksamkeit stärken.

11.2   Zugang 2: Mehr Zeit für Sinn

Dieser Zugang eignet sich dazu, das Begriffsverständnis von Arbeit zu reflektieren und Diskussionen anzuregen, ob eine Reduktion von Arbeit auf Erwerbsarbeit im Zusammenhang mit Fragen nach dem guten Leben und dem Beitrag, den Arbeit dazu leisten kann oder soll, angemessen und hinreichend erscheint. Es gilt, die alltagssprachliche Verwendung zu hinterfragen, in einem weiteren Schritt das Verständnis von Arbeit auszuweiten und dadurch vielfältigeren und positiven Zugängen zu Arbeit mehr Raum zu geben (Unterrichtssequenz A). Ausgehend von diesem erweiterten Verständnis wird der Frage nachgegangen, wie denn die Arbeit der Zukunft aussehen könnte, damit sie dem individuellen guten Leben, aber auch dem der Mitwelt dienlich ist – dies auch vor dem Hintergrund der Tatsache, dass das Ziel von Arbeit ursprünglich darin bestand, dem menschlichen Leben zuträglich zu sein (Unterrichtssequenz B). Zudem geht es darum, der Frage nachzugehen, wie Arbeit in das Konzept des Zeitwohlstands eingebettet werden kann (Unterrichtssequenz C).

Didaktische Überlegungen zum Zugang: Die Lernenden sollen motiviert werden, dem Begriff «Arbeit» nachzugehen und dabei ein weiteres Verständnis (Zugang 1), als sie vermutlich haben, zu erlangen. Dieses soll in Bezug zu möglichen Beiträgen der verschiedenen Arten von Arbeit für ein gutes Leben gesetzt werden (Unterrichtssequenz A). Auf dieser Grundlage sollen die Lernenden in der Unterrichtssequenz B dazu motiviert werden, umfassende Visionen ihres persönlichen guten Arbeitslebens zu kreieren. Dies eröffnet auch die Möglichkeit, ein jeweils individuelles Zusammenspiel verschiedener Arbeitsarten zu entwickeln.

Die Lernenden sollen zudem den Zusammenhang von Zeit und Arbeit vertieft reflektieren, und zwar vor dem Hintergrund des Anspruchs, dass Arbeit dem guten Leben zuträglich sein soll. Dabei lernen sie das Konzept des Zeitwohlstands kennen und werden motiviert, Überlegungen anzustellen, welche Tätigkeiten ein gewisses Mass an Zeit erfordern, wenn sie zielführend, sinnstiftend und dem guten Leben dienlich ausgeführt werden sollen (Unterrichtssequenz C).

11.2.1 Unterrichtssequenz A: Die Vielfalt der Arbeit

Didaktische Überlegungen: Zur Einführung in das Thema sollen die Lernenden dem Begriff «Arbeit» nachgehen und dessen Bedeutungsvielfalt aufarbeiten. Dazu ist es erforderlich, dass die Lehrperson Nachfragen stellt und die Lernenden durch Hinweise dabei unterstützt, den Begriff möglichst umfassend auszuleuchten. Dadurch wird den Lernenden die Einsicht ermöglicht, dass Arbeit nicht ausschliesslich Erwerbsarbeit meint, sondern viel umfassendere Konzepte in sich birgt. Als Methode eignet sich hierzu insbesondere das sokratische Gespräch.

Sokratisches Gespräch

Im sokratischen Gespräch diskutieren die Lernenden, was sie unter dem Begriff «Arbeit» verstehen, und halten ihre Ergebnisse schriftlich fest (AB 8). Um den Begriff möglichst umfassend auszuleuchten, lässt die Lehrperson weiterführende Fragen einfliessen wie zum Beispiel: «Wann bezeichnen Sie eine Tätigkeit als Arbeit, und woran machen Sie das fest? Wenn ich arbeite, bekomme ich dann immer auch eine monetäre Entschädigung dafür? Fallen Ihnen Tätigkeiten ein, die nicht entlöhnt werden, die Sie aber als Arbeit bezeichnen würden?»

> Im Zuge der Diskussion erkennen die Lernenden verschiedene Arten von Arbeit, was diese jeweils kennzeichnet, und halten ihre Ergebnisse schriftlich fest. Die Lehrperson kann im Anschluss daran helfen, diese mit den gängigen und den Lernenden vermutlich weniger bekannten Begriffen zu bezeichnen (dies wären v. a. Subsistenzarbeit, Freiwilligenarbeit, Care-Arbeit).

Nachdem sie verschiedene Arten von Arbeit kennengelernt haben, diskutieren die Lernenden in Gruppen mögliche Vor- und Nachteile jeder Arbeitsart für das gute Leben des Individuums sowie auch der Mitwelt und halten diese schriftlich fest. Anschliessend versuchen sie, diese Aspekte zu sortieren, und erarbeiten entsprechende Faktoren, wie z.B. physische Gesundheit, psychische Gesundheit, materielle Sicherheit, Zeit für die Pflege von Beziehungen, Selbstbestätigung, Fremdbestätigung, Kreativität, Selbstbestimmtheit (AB 9). Anhand eines Punktesystems wird jede Art von Arbeit in Kleingruppen nach diesen Faktoren bewertet und der «Happy-Working-Faktor» für jede Art von Arbeit berechnet. Die einzelnen Gruppen stellen ihre «Happy-Working-Faktoren» vor, die anschliessend verglichen und im Plenum diskutiert werden.

In einem weiteren Schritt bietet es sich an zu diskutieren, ob es sinnvoll ist, die Bewertungsfaktoren gleich zu gewichten, oder ob einige «mehr zählen» respektive stärker gewichtet werden sollten als andere und wie dies jeweils begründet wird.

Diese Aufgabe soll dazu dienen, eine tiefere Reflexion der Lernenden hinsichtlich der mit den verschiedenen Arten von Arbeit einhergehenden Auswirkungen auf einen selbst sowie auch auf die Mitwelt anzustossen. Die Lernenden sollen sich im Zuge des Bewertungsprozesses bewusst werden, dass sich in der Gesellschaft verbreitete Wertzuschreibungen in der Regel nur auf wenige oder gar nur auf einen einzigen Faktor stützen und die Mitwelt und zum Teil auch das eigene gute Leben oft ausblenden oder auch wiederum auf wenige Faktoren reduzieren. Dadurch können sich neue Bedeutungsperspektiven eröffnen, die eine Bewertung breiter abstützen. Ebenso sollen die Lernenden über ihre eigenen Perspektiven und die Diskussionen mit den anderen erfahren können, dass eine Gleichgewichtung aller Faktoren z.B. Gerechtigkeitsüberlegungen entgegenstehen kann.

Die Unterrichtssequenz schliesst ab mit einem Selbstexperiment. Dazu sollen die Lernenden zunächst die Tätigkeiten, die sie generell über einen beliebigen Wochentag verteilt ausüben, notieren und den verschiedenen Arten von Arbeit, die sie bisher kennengelernt haben, zuordnen. Dann ergänzen sie, wie viel Zeit sie für welche der Tätigkeiten ungefähr aufwenden. Anschliessend überlegen sie sich, welcher Arbeit sie gerne mehr Zeit widmen würden, und halten dies ebenfalls schriftlich fest.

Selbstexperiment

Im Zuge eines Selbstexperiments üben die Lernenden während einer Woche täglich diese Arbeit über die gewünschte Dauer aus.

Nach dieser Woche halten die Lernenden schriftlich ihre Eindrücke während des Selbstexperiments fest und tauschen sich danach in Partnerarbeit darüber aus, wobei die beiden Lernenden unterschiedliche Arbeitsarten ausgeübt haben sollten. Diskutiert werden kann auch, ob die Erwartungen, inwiefern diese Arbeit zu ihrem guten Leben beiträgt oder nicht, bestätigt wurden.

11.2.2 Unterrichtssequenz B: Wo will ich wirklich, wirklich hin?

Didaktische Überlegungen: In dieser Unterrichtssequenz sollen die Lernenden ihrer Kreativität freien Lauf lassen und mögliche Einschränkungen, Rahmenbedingungen, Erwartungen von anderen usw. bewusst beiseiteschieben und so aus einem nicht begrenzten Denken und Fühlen heraus ein Idealbild von Arbeit für ihr gutes Leben entwickeln.

Dies soll die Kreativität der Lernenden fördern und sie dazu anregen, eine Vision zu entwickeln. Es geht darum, etablierte Vorstellungen zu durchbrechen und die Freude und Lust, etwas ganz neu oder anders zu denken, zu wecken. Die Lernenden sollen Arbeit als wichtigen Teil des eigenen guten Lebens neu denken, dabei aber auch erste Überlegungen anstellen, wie das persönlich bevorzugte Modell hinsichtlich seiner Auswirkungen auf alle anderen Menschen übertragbar wäre.

Dazu lesen sie ein Interview mit Frithjof Bergmann, dem Gründer von «New Work», und beantworten Fragen dazu (AB 10). Im Zentrum seines Konzepts steht die Suche danach, «was man wirklich, wirklich will».

Nach der Auseinandersetzung mit den Vorstellungen von Bergmann von einer «guten Arbeit» geht es nun darum, dass die Lernenden selbst Ideen entwickeln, was sie bezüglich einer guten Arbeit machen würden. Dazu bietet sich eine Fantasiereise an, mit der die Unterrichtssequenz abschliesst.

Fantasiereise

Die Lehrperson lädt zu einer Fantasiereise ein, indem sie die Lernenden auffordert, sich vorzustellen, wie sie ihr Leben im Hinblick auf Arbeit gestalten wollen, d.h., wie sie ihre Lebenszeit nutzen möchten. Wichtig dabei ist, dass ihre Arbeit einen wichtigen Bestandteil ihres guten Lebens bilden soll.

Die Lernenden durchleben diese Fantasiereise angeregt durch mögliche Anstösse seitens der Lehrperson, wie zum Beispiel:
- Welche Arten von Arbeit wären Ihrem guten Leben zuträglich?
- Können Sie sich vorstellen, dass Ihr Arbeitsmodell für alle möglich wäre?
- Was müsste dabei beachtet werden?

11.2.3 Unterrichtssequenz C: Arbeit und Zeitwohlstand

Didaktische Überlegungen: Zum Einstieg sollen die Lernenden in Gruppen erarbeiten, was das Konzept des Zeitwohlstands beinhaltet, was unter Entschleunigung verstanden wird und worin mögliche Zusammenhänge dieser beiden Konzepte mit einem guten Leben bestehen. Dazu lesen sie zwei Textauszüge und beantworten Fragen dazu (AB 11, 12).

Mit dem Ziel, die Sensibilität der Lernenden für das Thema «Zeit» und deren Bedeutung für das eigene gute Leben zu vertiefen, werden die Lernenden dazu motiviert, eine Woche lang ein Zeittagebuch zu führen. Sie notieren, was sie über den Tag verteilt tun und wie viel Zeit sie dafür aufwenden. Nach dieser Woche bringen sie ihre Tagebücher mit in den Unterricht. In Partnerarbeit tauschen sie sich über die tatsächliche sowie die effektiv gefühlte Dauer von bestimmten Tätigkeiten aus. Sie versuchen zu ergründen, womit dies zusammenhängen könnte. Welche Tätigkeiten haben zu ihrem guten Leben beigetragen, und woran machen sie dies fest?

Dies soll den Lernenden ins Bewusstsein heben, dass sie sich für Dinge, die sie gerne tun, gerne und oft auch unbewusst mehr Zeit nehmen. Diese Einsicht kann das Gespür der Lernenden für die Bedeutung von Zeit für ihr gutes Leben vertiefen und sie zum Nachdenken anregen, wie Erwerbsarbeit und Zeitwohlstand in einen besseren Einklang gebracht werden können.

Zur Vertiefung der Auseinandersetzung mit der Frage, wie viel Zeit im Leben, im Sinne eines guten Lebens, wofür verwendet wird und welcher Anteil dabei der Erwerbsarbeit zukommen kann oder soll, lesen die Lernenden die «Anekdote zur Senkung der Arbeitsmoral» von Heinrich Böll und beantworten nachfolgende Fragen dazu:
- Wie würden Sie das Lebensmotto des Fischers und des Touristen in jeweils einem Satz wiedergeben?

- Für welche Vorstellungen von einem guten Leben stehen der Fischer und der Tourist?
- Welche Werte sind ihnen wichtig im Leben, wonach streben sie?
- Mit welchen Argumenten würden der Fischer und der Tourist wohl ihre Position verteidigen?
- Welche Seite hat die besseren Argumente? Weshalb? Gibt es allenfalls Zwischenpositionen? Wenn ja, welche?

In einem nächsten Schritt sollen sich die Lernenden überlegen, welche Tätigkeiten ihnen einfallen, die einfach eine gewisse Zeit in Anspruch nehmen, wenn sie nicht sinnentleert werden sollen, und daher auch nicht beschleunigt werden können. Darüber können sie sich im Plenum austauschen und gemeinsam einen Katalog solcher Tätigkeiten erstellen. Dies soll die Lernenden dafür sensibilisieren, dass der allgegenwärtige Zwang, alles immer schneller zu tun und am besten noch viele Dinge gleichzeitig, keinesfalls immer zum Ziel führt, geschweige denn der Sache gerecht wird oder dem guten Leben zuträglich ist.

Auf sprachlicher Ebene wird Arbeit überwiegend in Verbindung gebracht mit Attributen wie Effizienz, Geschwindigkeit, Aktivität, Produktivität. Dies spiegelt sich auch in zahlreichen Redewendungen. Vor diesem Hintergrund sind die Lernenden eingeladen, kreativ tätig zu werden und im Plenum Redewendungen zu sammeln, die Arbeit positiv bewerten und Tätigkeiten, die als das Gegenteil von Arbeit gewertet werden, negativ. Beispiele sind «Ohne Fleiss kein Preis», «Zuerst die Arbeit, dann das Vergnügen», «Müssiggang ist aller Laster Anfang», «Wer rastet, der rostet».

Es ist zu vermuten, dass die Lernenden eine grosse Zahl an Redewendungen finden werden, die im Alltag in den verschiedensten Kontexten häufig verwendet werden. Dies verdeutlicht, wie tief die «Sprache der Arbeit» den Alltag durchdringt. Den Lernenden soll durch diese Sammelübung die Einsicht ermöglicht werden, dass der Arbeitsimperativ in nahezu allen gesellschaftlichen Lebensbereichen gegenwärtig ist, und dies, ohne dass es den Nutzenden der Redewendungen bewusst sein dürfte. Nach einer kritischen Reflexion darüber sind die Lernenden aufgefordert, ein Gegenbild zu zeichnen, um diese Dominanz des Arbeitsimperativs zu relativieren. Dazu sollen sie Redewendungen neu erfinden oder aber bestehende so verändern, dass Qualitäten in den Vordergrund treten und positiv konnotiert werden, die nichts mit Arbeit zu tun haben (ein Beispiel wäre «Müssiggang ist aller Freude Anfang»).

In einem nächsten Schritt führen die Lernenden ein Gedankenexperiment durch, wie sie ihre Lebenszeit nutzen würden, wenn sie weniger Erwerbsarbeit verrichten müssten. Dieses Experiment in der Zukunft bezieht sich aber nicht nur auf ihre eigene Person, sondern umfasst darüber hinaus ihre Mitwelt. Dazu eignet sich eine Fantasiereise.

Fantasiereise

Die Lehrperson lädt die Lernenden mit folgender Aufforderung zu einer Fantasiereise ein: Stellen Sie sich eine Welt vor, in der alle Menschen nur zu fünfzig Prozent einer Erwerbsarbeit nachgehen.

Die Lehrperson kann Anregungen geben, wie zum Beispiel:
- Können Sie sich vorstellen, dass dies mit Ihren Erwartungen von einem guten Leben harmonieren würde?
- Wo sähen Sie Vorteile? Für wen und für was?
- Wo sähen Sie Nachteile? Für wen und für was?
- Fänden Sie es gut, wenn alle Menschen das gleiche Arbeitspensum hätten?
- Fänden Sie dies gerecht?
- Wie würden Sie Ihre Freizeit gestalten?
- Denken Sie, dass es die Menschen eher zufriedener oder unzufriedener machen würde?
- Können Sie sich vorstellen, wie sich dies auf die Beziehungen der Menschen untereinander auswirken würde?
- Welche Bedeutung würden Sie einem bedingungslosen Grundeinkommen in diesem Zusammenhang beimessen?

Nach der Fantasiereise lesen die Lernenden einen Text des Philosophen Bertrand Russell und beantworten Fragen dazu (AB 13). Anschliessend diskutieren sie im Plenum, worin sie mit Russell übereinstimmen und warum und was sie anders sehen. Hier kommt der Zeitaspekt noch in einer anderen Hinsicht zum Tragen, denn der Text von Russell wurde 1935 erstmalig veröffentlicht. Es bietet sich an, im Plenum darüber zu diskutieren, was sich seit damals im Hinblick auf die Arbeit, den Wert und die Verwendung von Zeit sowie die Bedeutung von Arbeit und Zeit für ein gutes Leben verändert hat.

Solche Diskussionen sind geeignet, die Lernenden zu tiefergehenden Reflexionen über gesellschaftliche Zustände und Rahmenbedingungen, ihre eigene Situation und vor allem auch ihre Erwartungen an ein gutes (Arbeits-)Leben anzuregen.

Die Unterrichtssequenz schliesst ab mit einem konkreten Beispiel für einen solchen wechselseitigen Nutzen, nämlich mit dem Aufbau einer Zeittauschbörse. Zeittauschbörsen zeichnen sich dadurch aus, dass Tätigkeiten, die eine Person A nicht ausführen kann oder will (z. B. aus Zeit- oder Gesundheitsgründen), von einer anderen Person B übernommen werden, die dazu willens und in der Lage ist. Dadurch baut die helfende Person B ein «Zeitkonto» auf und erwirbt den Anspruch, selbst einmal Unterstützung einer anderen Person C, die in der Zeittauschbörse mitmacht, im Umfang der geleisteten Zeit oder Arbeit zu erhalten. Dies kann zu einem guten Leben aller Beteiligten beitragen. Im

Vordergrund steht zudem, dass zwischenmenschliche unentgeltliche Aushandlungsprozesse erfolgen und somit das soziale Miteinander gefördert wird und nicht Leistungen am Markt anonym eingekauft werden müssen. Dies kann vielerlei positive Wirkungen für die einzelnen Beteiligten haben: Die Beteiligten steigern ihre sozialen Kompetenzen, sie erlangen ein Gefühl der sozialen Eingebundenheit, ihr Verantwortungsgefühl und ihre Selbstwirksamkeit werden gestärkt und ihre Abhängigkeit von wirtschaftlichen Strukturen und ihre finanziellen Belastungen reduziert.

Der Aufbau der Zeittauschbörse erfolgt im Rahmen einer Zukunftswerkstatt.

Zukunftswerkstatt

Zu Beginn der Zukunftswerkstatt sammeln die Lernenden grundsätzliche Ideen, welche Unterstützungen sie jeweils anbieten könnten und von welchen Tätigkeiten sie selbst gerne entlastet würden, und legen somit einen ersten Pool an. Diese Punkte halten sie schriftlich fest. In einem zweiten Schritt überlegen sie, ausgehend von ihrer Klasse, dem Familienkreis, der Nachbarschaft, ihrem jeweiligen Wohnquartier, welche Unterstützungen dort hilfreich wären und wer was besonders gerne und gut macht. Auch dies halten sie schriftlich fest.

Die Sammlung soll einen ersten Möglichkeitshorizont aufspannen und die Kreativität für neue Ideen anregen.

Ausgehend davon, kreieren die Lernenden ein individuelles Projekt. Sie machen eine Ausschreibung, welche Unterstützungsleistungen sie anbieten möchten und in welchen Bereichen sie gerne Support erhalten würden. Falls möglich, wird die Idee in die Praxis umgesetzt.

Vorstellbar wäre, dass der Lernende A vom Nachbarn B unentgeltliche Nachhilfe in Mathematik bekommt und dafür den Hund des Nachbarn nachmittags ausführt oder dass der Lernende A der Nachbarin C den Rasen mäht und dafür dort zu Mittag essen kann. Lernender A gibt der Lernenden B Nachhilfe, dafür trainiert B A für den nächsten Wettkampf in einer Sportart.

Es werden sicher nicht alle Angebote genutzt oder alle Bedürfnisse befriedigt, und daher sollten diese festgehalten werden, damit weiterhin nach kreativen Lösungen auch für schwierigere Fälle gesucht werden kann.

Nach einer bestimmten Zeit tauschen sich die Lernenden über ihre Erfahrungen aus, was gut lief und warum, was nicht funktioniert hat und warum und wie damit umgegangen werden kann, und halten dies schriftlich fest. Diesem ersten Erfahrungsbericht folgt dann nach einer bestimmten Zeit ein weiterer. So wird sichergestellt, dass der Lernprozess kontinuierlich dokumentiert wird.

11.3 Zugang 3: Unsere Schule geht voran

Dieser Zugang zeigt konkrete Möglichkeiten auf, wie neu gewonnene Freiräume für gemeinschaftliche Aktivitäten und Projekte im Sinne eines Engagements für ein gutes Leben und Suffizienz genutzt werden können. Im Zentrum stehen dabei Aktivitäten und Projekte, die nicht nur den Lernenden selbst, sondern auch der Mitwelt zugutekommen und im unmittelbaren sozialen Nahraum der Lernenden, nämlich der Schule, durchgeführt werden. Dabei sollen die Lernenden Erfahrungen mit den Möglichkeiten und Grenzen von Engagement sammeln können. Ausgehend von den Sichtweisen und Vorschlägen der Lernenden wird gemeinsam reflektiert, inwiefern ein Engagement für die Mitwelt auch dem eigenen guten Leben zuträglich sein kann und welche Qualitäten sogar nur über das Miteinander bzw. Füreinander entstehen können.

11.3.1 Unterrichtssequenz A: Wir konzipieren ein Projekt an unserer Schule

Didaktische Überlegungen: Die Lernenden sollen sich mit den Möglichkeiten auseinandersetzen, wie sie sich mit einem Projekt, das über die Klasse hinausreicht, für suffiziente Anliegen an ihrer Schule einsetzen können. Dabei sollen sie insbesondere auch erfahren, dass das gemeinsame Entwickeln von Ideen und Umsetzen von Projekten sinnvoll, wirksam und gleichzeitig eine Bereicherung für die persönliche Entwicklung sein kann. Die Lernenden sollen dafür sensibilisiert werden, dass gemeinsames Engagement lohnenswert ist und jeder Einzelne einen Mehrwert bieten und zu Veränderungen beitragen kann.

Fantasiereise

Unabhängig von der Umsetzbarkeit «fantasieren» die Lernenden in einem ersten Schritt in Gruppen von fünf bis sieben Personen über wünschbare Neuerungen an ihrer Schule, die ein gutes Leben, suffiziente Werthaltungen und suffizientes Verhalten an der Schule erleichtern und fördern würden.

In einem zweiten Schritt diskutieren die Gruppen, welche drei Ideen sie der Klasse zum Weiterverfolgen vorschlagen wollen. Dabei sollen die Lernenden sich überlegen, welche ihrer Ideen unter den aktuellen Rahmenbedingungen realisierbar sind, damit ihre Ideen von den Mitlernenden Unterstützung erhalten (AB 14).

In einem dritten Schritt werden die Ideen von den verschiedenen Gruppen im Plenum kurz vorgestellt und diskutiert.

Abschliessend entscheidet sich die Klasse für eine oder mehrere Ideen, aus denen Projekte hervorgehen sollen.

Beispiele für umfangreichere Projekte:
- *Eine elektronische Tauschbörse für die ganze Schule einrichten:* Mit einer solchen elektronischen Tauschbörse könnte der Tausch von Gegenständen und Dienstleistungen unterschiedlichster Art gefördert werden. Wenn die ganze Schule (Lernende und Lehrende) einbezogen werden, würde eine kritische Masse erreicht; allenfalls könnte zum Beispiel der Server der Schule genutzt werden.
- *Urban Gardening auf dem Schulareal:* Mit dem Anlegen und Betreiben eines Schulgartens könnten gleich mehrere Aspekte des guten Lebens und suffizienten Verhaltens praktiziert und erfahren sowie entsprechende Fragen thematisiert werden (z.B. nach der Produktion und dem Konsum von Lebensmitteln, Ernährungsfragen und Fragen des Mensch-Natur-Verhältnisses). Auch dieses Projekt bedarf der Nachforschungen an der Schule und bei Fachpersonen.
- *Einrichtung eines für alle an der Schule zugänglichen und öffentlichen Lese-, Diskussions- und Vortragszirkels zu Themen wie Suffizienz, gutes Leben, Postwachstumsgesellschaft und Umgang mit planetaren Grenzen:* Für Gruppen von Lernenden mit stark kognitiv orientierten Projektwünschen könnte die Einrichtung eines Lese- und Diskussionszirkels eine gute Möglichkeit darstellen, sich mit entsprechenden grundsätzlichen Fragen auseinanderzusetzen und andere dafür zu sensibilisieren. Dabei sind unterschiedlichste Varianten denkbar: Konzeption, Organisation und Durchführung einer einmaligen Vortrags- und Diskussionsreihe, zu der alle Lernenden und Lehrpersonen der Schule und auch Externe eingeladen werden; Einrichten eines Lese- und Reflexionszirkels, zu dem über die sozialen Medien weitere Lernende der eigenen und anderer Schulen eingeladen werden usw.
- *Die Lernenden gestalten selbst ein Ausbildungselement:* Ebenso könnten Lernende ein thematisch entsprechendes Ausbildungselement konzipieren, das anschliessend in ihrer Klasse, für eine andere Klasse oder im Rahmen von Blocktagen oder Exkursionen mit verschiedenen Klassen durchgeführt wird. Dabei können Lernende sowohl eigene Erfahrungen sammeln wie auch dazu beitragen, dass an ihrer Schule das Thema weiter behandelt wird.

Im Rahmen einer Projektarbeit werden die Ideen, für die sich die Klasse entschieden hat, konkretisiert und umgesetzt.

Projektarbeit

Die Projektarbeit gliedert sich in zwei Teile, Konzeption und Umsetzung. Sobald es sich um ein grösseres Projekt handelt, werden umfangreichere Nachforschungen, Abklärungen und Vorarbeiten notwendig, sodass der zeitliche Umfang und die Dauer des Projekts eine übliche Lektionsreihe sprengen dürfte. Allenfalls kann das Projekt zweigeteilt werden: Während der Lektionsreihe finden die Nachforschungen und die Konzeption des Projekts statt. Erst im Anschluss daran erfolgt die Umsetzung des Projekts, insbesondere auch ausserhalb des obligatorischen Unterrichts. Letzteres würde das individuelle und kollektive Engagement für suffiziente Anliegen besonders zum Ausdruck bringen.

Die Konzeption eines grösseren Projekts an der Schule bedarf meist umfangreicher Nachforschungen und Abklärungen (AB 15).

Anschliessend sind die Ergebnisse in die Projektskizze einzuarbeiten (AB 16).

Damit sollten die wesentlichen Grundlagen für die Umsetzung des Projekts vorliegen. Je nach Projekt bedarf es gegebenenfalls eines anderen Vorgehens zur Umsetzung des Projekts; das Vorgehen sollte deshalb projektbezogen gestaltet werden. Entsprechend werden an dieser Stelle keine weiteren Vorschläge zur Umsetzung gemacht. Wichtig ist, dass die Projekte Zwischenetappen oder Meilensteine aufweisen, damit gemeinsame Erlebnisse möglich sind. Bei einem Urban-Gardening-Projekt könnten das beispielsweise der erste Spatenstich, die Aussaat oder der Erntedank sein.

11.3.2 Unterrichtssequenz B: Unsere Schule einer endlichen Welt

Didaktische Überlegungen: Die Lernenden sollen sich mit der Schule als Akteurin einer endlichen Welt auseinandersetzen; zur Diskussion steht dabei auch die zukünftige Rolle ihrer Schule vor dem Hintergrund der Fragen der planetaren Grenzen, der sozialen Gerechtigkeit und kollektiven Verantwortung. Sie sollen die Schule als handelnde Akteurin begreifen, die Möglichkeiten hat, sich für ein gutes Leben und suffiziente Anliegen einzusetzen.

Im Vergleich zur Unterrichtssequenz A («Wir konzipieren ein Projekt an unserer Schule») geht es in dieser Unterrichtssequenz nicht «nur» um ein Projekt, sondern um eine Gesamtschau der Schule in all ihren Facetten: Die Schule vertritt implizit oder explizit ein Bildungsverständnis, steht für eine Schulkultur ein, ist Arbeitgeberin beziehungsweise Arbeitsort für Lehrpersonen, administratives und technisches Personal. Sie führt oft eine Mensa oder Cafeteria, hat eine Schul- oder Hausordnung, besitzt und nutzt technische Geräte, Räumlichkeiten und weitere Infrastrukturen. Zudem verfügt sie über Möglichkeiten, mit anderen Akteuren zusammenzuarbeiten und ihre Anliegen bei anderen Akteuren einzubringen (u.a. bei der Erziehungsdirektion, bei Lieferanten von Material, beim Schulrat, bei Elternvereinen). Die Schule selbst kann sich auf Suffizienz ausrichten, suffizientes Verhalten der Lehrpersonen, der weiteren Angestellten und der Lernenden fördern und sich in ihrem Umfeld für Suffizienz einsetzen. Die Lernenden können dabei eine aktive Rolle übernehmen und sich für eine Transformation der Schule in Richtung Suffizienz einsetzen.

Als Einstieg wird den Lernenden ermöglicht, sich den aktuellen Wissensstand zu den planetaren Grenzen wie auch zu den globalen sozialen Herausforderungen mithilfe von Lernvideos und weiterem Filmmaterial zu erschliessen. Wichtig ist dabei, dass die globalen Herausforderungen umfassend, also nicht nur in der ökologischen Dimension, sondern ebenso in der sozialen und wirtschaftlichen Dimension dargestellt werden. Je nach Wissensstand und Interesse der Lernenden sowie dem zur Verfügung stehenden zeitlichen Umfang können dazu auch Texte gelesen und diskutiert werden.

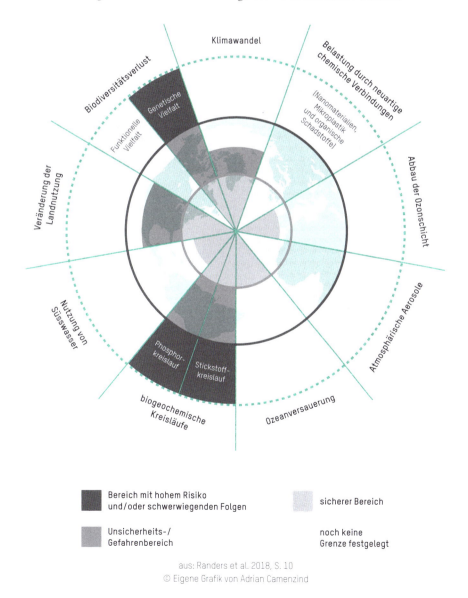

aus: Randers et al. 2018, S. 10
© Eigene Grafik von Adrian Camenzind

Die Lernenden dürften die globalen Herausforderungen einerseits und die beschränkten Handlungsmöglichkeiten des Individuums andererseits als grossen Kontrast erleben. Umso wichtiger ist es, zu erkennen, dass Organisationen wie die Schule durchaus Handlungsmöglichkeiten haben, zur Linderung globaler Probleme und zu einem guten Leben aller beizutragen, und dass sie als in diese Organisation eingebundene Individuen daran mitwirken können.

Zunächst wird im Plenum (oder zuerst in Gruppen und dann im Plenum) diskutiert, ob die Schule einen negativen Einfluss auf die Einhaltung der planetaren Grenzen und ein gutes Leben für alle hat. Dabei können alle erdenklichen Themen wie Lerninhalte, Schul-/Arbeitsweg, Gebäude/Gebäudetechnik, Umgebungsgestaltung, Einkauf, Verpflegung, Schulsport, Projekttage und Schulreisen systematisch geprüft und allfällige Herausforderungen diskutiert werden. Das Ziel besteht darin, den Zusammenhang zwischen der Schule als Akteurin und den globalen Herausforderungen herzustellen.

Im Zuge eines Rollenspiels tragen die Lernenden vielfältige Möglichkeiten zur Einhaltung der planetaren Grenzen zusammen.

Rollenspiel

Mit einem Rollenspiel sollen die Lernenden Perspektiven verschiedener Akteure an der Schule einnehmen und sich überlegen, wie zum Beispiel die Schulleitung, die Lehrpersonen, das administrative und technische Personal, die Elternvereine, die Schulbehörden, die Mensa, die Gebäudeverwaltung, weitere die Schule prägenden Akteure und schliesslich auch sie selbst zu sozialer Gerechtigkeit und zur Einhaltung der planetaren Grenzen im Rahmen schulischer Aktivitäten beitragen können.

Dafür werden zuerst im Plenum diejenigen Akteure bestimmt, welche die Schule wesentlich prägen, wonach sich die Lernenden auf diese Akteure in Gruppen verteilen. Im Rahmen einer Gruppenarbeit überlegen sich die verschiedenen Gruppen, was der ihnen zugeteilte Akteur im Handeln verändern könnte, um soziale Gerechtigkeit und die Einhaltung der planetaren Grenzen in der Schule zu fördern (AB 17).

Alternativ können sich die Lernenden in thematische Gruppen einteilen und Themen wie Umwelt, Gleichstellung/Integration, Mobilität bearbeiten. Anschliessend präsentieren die Gruppen im Plenum ihre Überlegungen, damit alle denselben Wissensstand haben. Die Ergebnisse werden gesichert und stellen eine Art Ausgeordnung oder allgemeinen Wunschkatalog mit den Handlungsmöglichkeiten der verschiedenen Akteure dar.

Auf dieser Grundlage kann eine Gesamtvision für die Schule sowie ein konkretes Produkt oder Projekt zur Schulentwicklung erstellt werden.

Mögliche Produkt- oder Projektbeispiele:
- Ein Ideenkatalog mit Vorschlägen zur Schulentwicklung und Übergabe dieses Ideenkatalogs an die Schulleitung, die Lehrerschaft oder andere Schulakteure.
- Eine Selbstverpflichtung der Lernenden dazu, wie sie sich an ihrer Schule für die Einhaltung der planetaren Grenzen und ein gutes Leben für alle einsetzen wollen.
- Vorschläge zur Überarbeitung der Schulordnung/Hausordnung und Übergabe dieser Vorschläge an die Schulleitung.
- Ein Forderungskatalog beispielsweise in Form eines Flyers zur Sensibilisierung und Motivierung der Lernenden und anderer Schulakteure.
- Ein schulinterner oder öffentlicher Anlass (z.B. eine Podiumsdiskussion) zur Präsentation und Diskussion der Ergebnisse mit Einbezug der relevanten Akteure.

Von Bedeutung ist, dass je nach «Flughöhe» der Vorstellungen ein angemessener Zeithorizont gewählt wird (AB 18).

Abschliessend wird im Plenum das weitere Vorgehen zur Fertigstellung des Produkts besprochen.

> **Hintergrundinformationen**
> - https://www.grundeinkommen.ch/ (Zugriff: 10.10.2019)
> - https://www.ecogood.org/de/schweiz/ (Zugriff: 10.10.2019)
> - https://web.ecogood.org/de/ (Zugriff: 28.7.2020)
> - https://wupperinst.org/themen/wohlstand/suffizienz/ (Zugriff: 10.10.2019)
> - https://www.ebp.ch/de/thema/suffizienz-und-konsumverhalten (Zugriff: 10.10.2019)
> - https://vereinbarkeit.zh.ch/internet/justiz_inneres/vereinbarkeit/de/handlungsfelder/arbeitszeit_ort.html#massnahmen (Zugriff: 10.10.2019)
> - https://www.gwi-boell.de/de/2011/02/22/care-arbeit-und-care-%C3%B6konomie-konzepte-zu-besserem-arbeiten-und-leben (Zugriff: 10.10.2019)
> - https://konzeptwerk-neue-oekonomie.org/themen/zeitwohlstand/ (Zugriff: 10.10.2019)
> - https://www.gwi-boell.de/de/navigation/europe-transatlantic-3178.html (Zugriff: 28.7.2020)
> - http://www.postwachstumsoekonomie.de/ (Zugriff: 10.10.2019)
> - https://www.postwachstum.de/author/i-seidl-und-a-zahrnt (Zugriff: 10.10.2019)
> - https://www.ioew.de/frisch-im-ioew-fokus/postwachstum/ (Zugriff: 10.10.2019)
> - https://newworkblog.de/new-work/ (Zugriff: 10.10.2019)

Anmerkungen

137 Vgl. Akenji & Chen 2016.
138 Ruh 1996, S. 156f.
139 Siehe z. B. Nässén & Larsson 2015.
140 Binswanger 2006.
141 Aufgrund zunehmender Digitalisierungsprozesse, die nicht wenige Berufe verschwinden lassen, aber auch im Zuge der Corona-Krise wird aktuell vermehrt über andere Formen des Arbeitens nachgedacht.

12. Themenmodul: Freizeit in einer endlichen Welt

12.1 Zugang 1: Das Leben gestalten
12.1.1 Unterrichtssequenz A: Freizeit – freie Zeit?
12.1.2 Unterrichtssequenz B: Die Kunst des Verweilens

12.2 Zugang 2: Fussabdruck der Freizeit
12.2.1 Unterrichtssequenz A: Öfter mal offline?
12.2.2 Unterrichtssequenz B: Engagement für Suffizienz
12.2.3 Unterrichtssequenz C: Mein Engagement jetzt und in fünf Jahren mit Schnupper-Engagements

LERNZIELE

- Die Lernenden setzen sich mit dem Konzept «Freizeit» auseinander.
- Sie erkennen Zusammenhänge zwischen ihrem Freizeitverhalten und dessen lokalen bis globalen Auswirkungen.
- Sie reflektieren den Stellenwert und die positiven Funktionen, die Freizeit für ihr gutes Leben erfüllt.
- Sie suchen nach Möglichkeiten, die oben genannten positiven Wirkungen auf möglichst ressourcenschonende Art und Weise zu erzielen.
- Sie lernen suffiziente Praktiken im Bereich Freizeit kennen und probieren diese exemplarisch selbst aus.
- Die Lernenden erkennen das Potenzial einer suffizienten Freizeitgestaltung für das eigene gute Leben und für eine gesamtgesellschaftliche Transformation hin zu Suffizienz.

Themenmodul: Freizeit in einer endlichen Welt

A) Welche Rolle spielt der Bereich Freizeit für ein gutes Leben?

Im Folgenden verstehen wir unter Freizeit diejenige Zeit, die nicht durch Erwerbsarbeit (insofern diese als Pflicht und nicht als bezahltes Hobby angesehen wird) und andere als Pflichten wahrgenommene Tätigkeiten ausgefüllt ist und die das Individuum frei gestalten kann. Davon ausgeschlossen sind aber nicht Tätigkeiten, die auch ein gewisses Mass an Selbstverpflichtung bedingen, wie beispielsweise freiwilliges Engagement oder ein Hobby. Ausgeklammert werden aber Urlaubsreisen. Diese thematisieren wir im Mobilitätsmodul, weil dabei der Aspekt des Unterwegsseins per se eine zentrale Rolle spielt.

Die Freizeit bildet in der Moderne die Gegensphäre zum Erwerbsleben und ist mit zahlreichen Sehnsüchten verbunden. Menschen suchen in ihrer freien Zeit Erholung und Entspannung, aber auch Spannung und Abenteuer sowie aussergewöhnliche Erlebnisse und die Verwirklichung ihrer Fähigkeiten und Ideen. Dies versprechen sie sich vom Sport, Lesen, Musizieren, von der Begegnung mit anderen Menschen oder von der Natur, von kulturellen, politischen oder sportlichen Anlässen oder von Engagement in verschiedenen Formen. Es geht darum, seine eigenen Talente und Fähigkeiten zu nutzen, auszubauen und weiterzuentwickeln, mit Gleichgesinnten in Kontakt zu treten und Beziehungen aufzubauen. Daneben bildet die Freizeit denjenigen Bereich des menschlichen Lebens, in dem die Lebenszeit nach eigenen Wünschen, Bedürfnissen und Zielen gestaltet werden kann und somit Gefühle der Selbstbestimmtheit und auch der Freiheit empfunden werden können.

B) Zu welchen ökologischen und sozialen Problemen trägt das eigene Verhalten im Bereich Freizeit bei?

Viele Aktivitäten, die Menschen im Globalen Norden in ihrer Freizeit ausüben, gehen mit einem hohen Ressourcenverbrauch einher. Dazu gehören beispielsweise Sportarten wie Ski- oder Motorradfahren, Beschäftigungen, die auf elektronische Geräte angewiesen oder mit dem Erwerb von Produkten (siehe Konsum-Modul) verbunden sind. Neben der Ausübung der Aktivitäten an sich fallen, ökologisch gesehen, auch der Transport zu den Aktivitätsorten (siehe Mobilitäts-Modul) und der dazu benötigte Raum ins Gewicht. Hinzu kommt der von Binswanger (2006) formulierte Statusdruck, der Menschen sich mit möglichst spektakulären Freizeitaktivitäten in der Gesellschaft brüsten lässt, weil sie sich davon grösseres Ansehen erhoffen. Die Gefahr, in die «Statustretmühle»[146] zu geraten, droht da, wo immer ausgefallenere Aktivitäten gesucht werden müssen, um mit der Konkurrenz mithalten zu können.

C) Worin besteht ein suffizienter Lebensstil im Bereich Freizeit?

Ein suffizienter Lebensstil im Bereich Freizeit umfasst Aktivitäten, die mit einem möglichst niedrigen Ressourcenverbrauch einhergehen, wie Zufussgehen, Joggen oder Fahrradfahren. Die eigene Freizeit suffizient zu verbringen, kann weiterhin heissen: Freunde treffen, im Garten arbeiten, handwerken, basteln, malen, musizieren, lesen, schreiben, sich in der Natur aufhalten usw.

D) Worin liegt das Potenzial eines suffizienten Lebensstils im Bereich Freizeit für ein gutes Leben?

In der Tendenz lässt sich sagen, dass viele Freizeitaktivitäten, die einem suffizienten Lebensstil zuträglich sind, daran erkennbar sind, dass man selbst aktiv wird und nicht nur passiv konsumiert und keine stark ressourcenverbrauchenden Geräte oder Fahrzeuge benötigt. Dies hat den Vorteil, dass man seine Talente und Fähigkeiten einbringen und entwickeln kann, was bei den meisten Konzepten eines guten Lebens eine zentrale Rolle spielt. Viele der einem suffizienten Lebensstil zuträglichen Freizeitaktivitäten gehen auch mit einer gewissen Langsamkeit einher, was es ermöglicht, intensive Sinneserfahrungen zu machen (z.B. wird die Natur während einer Wanderung deutlicher und intensiver wahrgenommen, als wenn man mit dem Auto durch die Landschaft fährt). Darüber hinaus erfordern handwerkliche oder künstlerische Tätigkeiten ein hohes Mass an Kreativität und können dadurch das Leben bereichern. Zudem ermöglicht das freiwillige Engagement Erfahrungen der Selbstwirksamkeit und Gefühle der Solidarität und Verbundenheit mit anderen Menschen.

Somit befördert ein suffizienter Lebensstil Freizeitaktivitäten, die das Nachdenken über sich selbst, die eigenen Bedürfnisse, das gute Leben und die eigene Rolle beziehungsweise die Verantwortung in der und für die Welt anregen. All dies kann zu einem achtsameren, bewussteren und somit vielfach auch zu einem besseren Leben führen.

12.1 Zugang 1: Das Leben gestalten

Didaktische Überlegungen: Zugang 1 steht unter dem Zeichen einer allgemeinen Auseinandersetzung mit dem Thema «Freizeit». Dabei bieten sich beispielsweise Überlegungen zum Freizeitbegriff an, d.h. zu der Frage, ob und in welchem Sinn es sich bei der Freizeit um eine «freie» Zeit handelt. Des Weiteren erfolgt eine Auseinandersetzung mit der Frage, wie man mit der eigenen freien Zeit umgehen möchte. Die Lernenden erhalten zudem einen Einblick, wie Freizeit und das Leben insgesamt abseits des Massenstroms gestaltet werden kann. Schliesslich beschäftigen sich die Lernenden mit der Kunst des Verweilens und geben sich dieser im Rahmen kleinerer Experimente hin – dies mit dem Ziel, den herrschenden Imperativ der Produktivität und der Geschäftigkeit zu hinterfragen und andere Möglichkeiten des Seins in der Welt kennenzulernen, auszuprobieren und deren Wert für das eigene gute Leben zu reflektieren.

12.1.1 Unterrichtssequenz A: Freizeit – freie Zeit?

Didaktische Überlegungen: Diese Sequenz dient der Klärung des Begriffs «Freizeit». Die Lernenden sollen sich damit auseinandersetzen, was Freizeit für sie bedeutet, und reflektieren, was für ein Verständnis von «frei» dem Begriff «Freizeit» zugrunde liegt. Weiter geht es darum, dass sie sich damit auseinandersetzen, wie sie ihre freie Zeit im Sinne ihres guten Lebens gestalten möchten, und sich fragen, inwiefern ihnen dies bereits gelingt. Zu diesem Zweck wird das aktuelle Freizeitverhalten mit idealen Wunschvorstellungen, wie man seine Freizeit am liebsten verbringen möchte, kontrastiert. Danach werden gemeinsam allfällige Wege zu einer Angleichung erarbeitet. Und schliesslich sollen die Lernenden dazu angeregt werden, nicht nur darüber nachzudenken, wie sie ihre Freizeit gestalten, sondern welche Form sie ihrem Leben in einem übergreifenden Sinn verleihen möchten. Dabei spielen neben der Frage nach dem Lebenstempo und der Balance zwischen Aktivität und Passivität auch Überlegungen zur Organisation von Erwerbs- und Nicht-Erwerbsarbeit sowie Nicht-Arbeitszeit hinein, die auch im Themenmodul «Arbeit und Engagement in einer endlichen Welt» behandelt werden.

Als Einstieg in diese Sequenz bietet sich ein sokratisches Gespräch an, in dem Fragen rund um den Begriff «Freizeit» diskutiert werden.

Sokratisches Gespräch

Im Gespräch wird die Frage diskutiert, was genau unter dem Begriff «Freizeit» zu verstehen ist. Weiterführende Fragen, welche die Lehrperson einflechten kann, lauten: «Welchen Stellenwert hat Freizeit für uns und unser Leben? Wovon genau sind wir in unserer Freizeit frei? Ist Freizeit gleichzusetzen mit Freiheit? Ist Freizeit immer positiv? Kann es auch zu viel Freizeit geben?»

Im Anschluss daran und um die Gedanken zu vertiefen und mit Fragen nach dem eigenen guten Leben zu verknüpfen, kann eine Fantasiereise zum Thema «Drei Monate zur freien Verfügung» angeleitet werden.

Fantasiereise

Die Lehrperson leitet die Lernenden an, sich vorzustellen, sie wären drei Monate befreit von allen Verpflichtungen. Sie dürften tun und lassen, was sie wollten, und hätten dafür auch das nötige Geld zur Verfügung. Wie würden sie die drei Monate verbringen? Sie sollten sich zudem überlegen, aus welchen Gründen sie die Zeit auf diese Art verbringen würden und was sie sich davon erhofften. Die Lernenden halten ihre Gedanken schriftlich fest.

Nach der Fantasiereise gestalten die Lernenden eine Collage oder fertigen eine Zeichnung davon an, wie ihre drei Monate aussehen würden. Die Bilder werden anschliessend aufgehängt, und es folgt ein Galeriegang, bei dem die Lernenden kurz ihre Bilder vorstellen und auf Nachfrage hin erklären, aus welchen Gründen sie ihre Zeit so verbringen möchten und was sie sich davon versprechen. Die Zuhörenden üben sich dabei in achtsamem Zuhören, d.h. sie lassen das Gesagte auf sich einwirken, ohne es für sich innerlich zu kommentieren oder zu bewerten. Sie dürfen Fragen stellen. Die Antworten werden aber nicht diskutiert, sondern so stehen gelassen.

Daran anschliessend, eruieren die Lernenden ihr aktuelles Freizeitverhalten (AB 1). Die Dokumentation nehmen die Lernenden in den Unterricht mit. In Gruppen tauschen sie sich über ihre Erfahrungen mit ihrer Freizeit aus und überlegen sich dabei auch, ob sie damit, wie sie ihre Freizeit verbringen, zufrieden sind oder ob sie etwas ändern möchten. Nach der Gruppenarbeit fasst je eine Person pro Gruppe die relevanten Diskussionspunkte und Ergebnisse kurz zusammen und stellt sie dem Plenum vor.

Danach bietet sich eine Zukunftswerkstatt an, in der die Lernenden eine Vision von ihrem Leben in zwanzig Jahren entwickeln.

Zukunftswerkstatt

Diskutieren Sie mit einem Partner oder einer Partnerin die folgenden Fragen:

«Wie sieht Ihr Leben in zehn Jahren aus? Möchten Sie allein leben, mit Kindern, Partner oder Partnerin, in einer grösseren Gemeinschaft, auf dem Land, in der Stadt? Welcher Erwerbstätigkeit gehen Sie nach und in welchem zeitlichen Umfang? Ist Ihr Lebenstempo eher schnell und aufregend oder eher gemächlich und ruhig? Wie viel Zeit nehmen Sie sich, um einfach einmal zu verweilen oder über etwas nachzudenken? Haben Sie viele Termine und Kontakte mit anderen Menschen? Reisen Sie viel, falls ja, warum und wohin? Welchen Hobbys gehen Sie nach? Sind Sie kreativ tätig? Wofür engagieren Sie sich? Besitzen Sie eher viel oder eher wenig? Was ist Ihnen wichtig im Leben und was weniger?»

Entwickeln Sie dann für Ihre je eigene Zukunftsvision einen Plan, wie sich diese am besten realisieren liesse. Worauf müssen Sie achten, wie können Sie was in die Wege leiten, was lässt sich bereits heute umsetzen, damit es sich dann in der Zukunft entfalten kann, welches Wissen, welche Kompetenzen müssen Sie sich für Ihre Vision noch aneignen usw.? Halten Sie die Ergebnisse in Form eines schriftlichen Texts, einer Zeichnung, einer Tonaufnahme oder eines Videos fest.

Die Umsetzungspläne für die Zukunftsvisionen werden in ein Couvert gesteckt, mit Datum versehen und zugeklebt oder mit Datumsangabe digital abgespeichert. Die Lernenden bitten ihre Eltern oder eine andere Vertrauensperson, das Couvert oder das gespeicherte Dokument, Video, Hörspiel usw. für sie aufzubewahren und es ihnen in zehn Jahren auszuhändigen.

Als Abschluss dieser Sequenz bietet sich eine Begegnung mit Menschen an, die einen unkonventionellen Lebensstil pflegen, wie beispielsweise die Permafrost-Gemeinschaft in Trubschachen. Diese Gemeinschaft versucht möglichst nahe an der Natur zu leben und sich weitgehend selbst zu versorgen. Bei einem solchen Lebensstil sind die Grenzen zwischen Arbeit und Freizeit fliessend. Die meisten Mitglieder der Gemeinschaft gehen zwar noch einer auswärtigen Teilzeiterwerbsarbeit nach. Sie versuchen aber, möglichst autark und gemäss ihren Werten und Einstellungen zu leben und sich dem überflüssigen Konsum und ressourcenintensiven Beschäftigungen zu entziehen. Stattdessen suchen sie die Gemeinschaft mit anderen Menschen und Naturnähe und setzen sich mit verschiedenen Projekten für eine nachhaltige Gesellschaft ein. Die Begegnung mit Menschen, die eine alternative Lebensweise pflegen, soll die Lernenden dazu inspirieren, über ihr eigenes Leben und über gängige Normen und Lebensentwürfe hinauszudenken.

Begegnung/Exkursion

Exkursion auf den Balmeggberg

Informationen zu der Gemeinschaft auf dem Balmeggberg:

Oberhalb von Trubschachen im Emmental, auf dem Balmeggberg, leben Toni und seine Frau Simone mit ihren beiden Kindern in einer Gemeinschaft von Menschen, die versucht, sich selbst zu versorgen. «Ich lebe gerne so, weil ich weiss, woher mein Strom kommt, mein Wasser und mein Essen», sagt Toni. «Wir wollen möglichst von dem leben können, was vor der Haustüre ist.» Die Gemeinschaft betreibt Permakultur. Diese zeichnet sich durch die folgenden Kernanliegen aus: «Trage Sorge für die Erde, für die Menschen und teile fair.» Zusammen mit anderen hat Toni eine «Solargenossenschaft» gegründet, die im Rahmen des Projekts «Truber Holz» den Bau einer Wohnsiedlung mitten im Dorf Trubschachen lancierte. Nach den Grundsätzen der Permakultur sollen zwei Mehrfamilienhäuser mit rund zehn Wohnungen entstehen. Obwohl die Balmeggbergler und -berglerinnen ihren Traum von Selbstversorgung und nachhaltigem Leben in der Abgeschiedenheit verwirklichen, wollen sie sich keinesfalls abschotten. Tonis Frau, Simone Küchler-Pey, formuliert es so: «Wir sind nicht Aussteiger, sondern Einsteiger. Wir wollen einsteigen ins Leben.»

Kontakt: https://www.balmeggberg.ch (Zugriff: 4.9.2019)
Doku: https://www.youtube.com/watch?v=w0UlKcTVn9A (Zugriff: 4.9.2019)

Die Lernenden bereiten vorgängig Fragen zum Leben der Balmeggbergler und -berglerinnen vor, die sich im weitesten Sinn mit der Thematik Freizeit und Lebensgestaltung auseinandersetzen.

Mögliche Fragen könnten lauten: «Was verstehen die Balmeggbergler/-innen unter Freizeit? Wie viel Freizeit bleibt noch, wenn für den eigenen Lebensunterhalt nicht nur Erwerbsarbeit, sondern auch Arbeit im Gemüsegarten, rund ums Haus, Zubereitung des Essens usw. geleistet werden muss? Gehen die Einwohnerinnen und Einwohner bestimmten Freizeitaktivitäten nach? Bleibt Zeit zum Nichtstun?»

12.1.2 Unterrichtssequenz B: Die Kunst des Verweilens

Didaktische Überlegungen: In dieser Sequenz steht die Frage nach der Balance zwischen Aktivität und Passivität respektive zwischen einer *vita activa* und einer *vita contemplativa* im Zentrum – dies vor dem Hintergrund, dass beispielsweise der Philosoph Bertrand Russell bereits 1935 darauf aufmerksam gemacht hat, Zeiten der Musse seien nicht nur für das individuell gute Leben von zentraler Bedeutung, sondern sie stellten auch die Bedingung für zivilisatorische Errungenschaften wie Literatur, Kunst oder Wissenschaft dar. In neuester Zeit fordert etwa der südkoreanische Philosoph und Medientheoretiker Byung-Chul Han eine Revitalisierung der *vita contemplativa*, um den in der Moderne vorherrschenden Empfindungen von Stress, Beschleunigung und Zeitnot entgegenzuwirken. Auch im Suffizienzdiskurs wird darauf verwiesen, dass eine entschleunigte Lebensweise mit einem reduzierten Ressourcenverbrauch einhergehen kann.[147] Den Lernenden soll in dieser Sequenz ermöglicht werden, für sich selbst herauszufinden, wie viel Tempo sie in ihrem Leben brauchen, wie viele Aussenreize und wie viel Struktur ihnen guttun und wie wichtig ihnen Zeiten der Musse sind, in denen sie ihren Gedanken nachgehen und einfach verweilen können.

Als Einstieg in diese Sequenz eignet sich ein Selbstexperiment.

Selbstexperiment

Die Lernenden lassen sich während einer Stunde in ihrer Freizeit losgelöst von äusseren Verpflichtungen einfach treiben und schauen, was geschieht. Dabei ist es wichtig, dass sie sich nicht ablenken lassen durch Handy, Computer, Fernseher, Musik oder Menschen, sondern den Blick nach innen richten und wahrnehmen, was sich in ihrem Inneren ereignet, wenn sie versuchen, nichts zu tun. Wenn sie wollen, dürfen sie einen Spaziergang in der Natur machen oder sich draussen hinsetzen oder hinlegen, ohne dabei einzuschlafen.

Im Anschluss an das Experiment nehmen sich die Lernenden eine halbe Stunde Zeit, um zu dokumentieren, wie es ihnen während des Experiments ergangen ist, wie sie sich gefühlt haben, was ihnen dabei durch den Kopf gegangen, sprich, was mit ihnen passiert ist während dieser Zeit. Die Dokumentation bringen sie in den Unterricht mit.

Danach wird in der Klasse eine Pro-und-Kontra-Diskussion durchgeführt, in der die Lernenden Stellung zu dem bekannten Sprichwort beziehen: «Müssiggang ist aller Laster Anfang.» Die Klasse wird in zwei Hälften geteilt, wobei die Gruppenzuteilung entweder aufgrund der tatsächlichen Meinung der Lernenden erfolgt oder von der Lehrperson vorgegeben wird. In einem ersten Durchgang sammeln die Halbklassen Pro- und Kontra-Argumente. Anschliessend diskutieren sie untereinander, ob das Zitat zutrifft oder nicht. Alternativ können zwei bis drei Lernende die Rolle einer Jury übernehmen, die am Schluss entscheidet, für welche Position die besseren Argumente vorgebracht wurden. Im Anschluss daran kann die Lektüre und Diskussion eines Textes von Byung-Chul Han erfolgen (AB 2).

Danach bietet sich eine Achtsamkeitsübung an, bei der die Fähigkeit zur Kontemplation, zur reinen, absichtslosen und gleichzeitig konzentrierten Betrachtung geschult werden soll. Um zusätzlich den Bezug zur Natur zu fördern, erfolgt eine Übung zur Betrachtung einer Pflanze. Das Ziel der Übung besteht darin, sich während einer längeren Zeitspanne (rund zwanzig Minuten) auf einen einzigen Gegenstand zu konzentrieren und diesen, ohne sich ablenken zu lassen, in seiner Gesamtheit und mit allen Sinnen zu erfassen. Die Fähigkeit zur Kontemplation soll nach Han die Wahrnehmung der Zeit verändern. Die Zeit dehnt sich nach ihm aus. Sie wird nicht länger als eine fragmentierte Abfolge von Zeitpunkten wahrgenommen, sondern als erfüllte und somit das gute Leben befördernde Zeit.

Achtsamkeitsübung

Die Lernenden bringen je eine Pflanze, die ihnen besonders gefällt, in den Unterricht mit. Sie platzieren sich im Klassenzimmer so, dass sie mit niemandem Blickkontakt haben. Nun richten sie ihren Blick während fünfzehn bis zwanzig Minuten auf ihre Pflanze und versuchen, diese so genau und detailliert wie möglich anzusehen, anzufassen, zu riechen und zu schmecken.

Optional kann die Übung draussen in der Natur, angeleitet durch einen Podcast, durchgeführt werden.

Nach der Übung halten die Lernenden für sich alleine ihre Erfahrungen schriftlich fest (AB 3).

Als Abschluss dieser Sequenz kann ein Ausschnitt aus dem Aufsatz von Bertrand Russell «Lob des Müssiggangs» gelesen und die Frage diskutiert werden, wie viel Müssiggang es für ein gutes Leben braucht (AB 4). Ausgehend davon, kann in Form einer Zukunftswerkstatt erarbeitet werden, wie im eigenen und im gesamtgesellschaftlichen Leben mehr Raum und Zeit für Musse und Müssiggang geschaffen werden könnte.

Zukunftswerkstatt

Überlegen Sie in Gruppen, was es brauchen würde, damit die Menschen in unserer Gesellschaft mehr Zeit zur Verfügung hätten, um sich treiben zu lassen, nachzudenken, kreativ tätig zu sein oder einfach mit Freunden zusammenzusitzen.

Entwickeln Sie anschliessend ein Konzept für eine «stressfreie Mussezone» in Ihrer Stadt: Wie müsste die Zone gestaltet sein, damit sie Musse fördert? Welche Infrastruktur wäre dafür erforderlich? Worauf müsste besonders geachtet werden, damit Musse gefördert wird?

12.2 Zugang 2: Fussabdruck der Freizeit

Didaktische Überlegungen: Dieser Zugang soll in einem ersten Teil (Unterrichtssequenz A) zu einer Auseinandersetzung mit der Frage nach der Ressourcenintensität verschiedener Freizeitbeschäftigungen anregen. Heutige Jugendliche wenden in ihrer Freizeit viel Zeit für Beschäftigungen auf zu deren Ausübung sie auf elektronische Geräte (Handy, Laptop, Tablet usw.) angewiesen sind.[148] Dabei stellt sich einerseits die Frage nach der Relevanz solcher Beschäftigungen für das eigene gute Leben, andererseits aber auch nach den Auswirkungen auf die Umwelt und andere Menschen. Es soll ein Bewusstsein dafür geschaffen werden, dass für die Herstellung und Verwendung der elektronischen Geräte natürliche, oftmals auch nicht erneuerbare Ressourcen benötigt werden, deren Gewinnung und Verarbeitung zudem soziale Probleme verursachen.

In einem zweiten Teil (Unterrichtssequenzen B und C) werden die Lernenden für die Notwendigkeit gesellschaftlichen Engagements für suffiziente Anliegen sensibilisiert. Zudem sollen ihnen Erfahrungen ermöglicht werden, welche die Vorteile von gesellschaftlichem Engagement für ihr eigenes gutes Leben sichtbar machen. Die Lernenden sollen weiter dazu angeregt und befähigt werden, diesbezügliche Erfahrungen auszutauschen, zu reflektieren und sich mit den eigenen Wünschen und Möglichkeiten auseinanderzusetzen. Von Bedeutung ist, dass bei diesem Zugang die ganze Bandbreite gesellschaftlichen Engagements mitgedacht und alle Formen gesellschaftlichen Engagements als gleichwertig betrachtet werden, damit alle den Wert ihres Engagements konstruktiv reflektieren können.

12.2.1 Unterrichtssequenz A: Öfter mal offline?

Didaktische Überlegungen: In dieser Unterrichtssequenz steht die Frage im Zentrum, welche Bedeutung die Nutzung digitaler Medien für das Freizeitverhalten hat. Studien zeigen, dass Jugendliche relativ viel Zeit damit verbringen, mit dem Smartphone zu telefonieren oder Nachrichten zu verschicken, im Internet zu surfen, über soziale Medien zu kommunizieren oder zu gamen. Alle diese Tätigkeiten sind an den Verbrauch natürlicher Ressourcen gebunden, da sowohl die Herstellung als auch der Gebrauch der verschiedenen Geräte Energie und Materialien benötigt. In dieser Sequenz soll der Freizeitgebrauch digitaler Medien und elektronischer Geräte sowie deren Bedeutung für ein gutes Leben hinterfragt werden. Die Lernenden sollen dabei Tätigkeiten entdecken, die als ressourcenleicht bezeichnet werden können. In diesem Zusammenhang geht es auch um die Frage, wie sich Aktivität und Passivität zueinander und zum Verbrauch von natürlichen Ressourcen verhalten und welche Rolle sie für das eigene gute Leben spielen. Insgesamt sollen die Lernenden die Vor- und Nachteile von verschiedenen Arten der Freizeitgestaltung kennenlernen und für sich erkennen, welche ihnen weshalb zusagen und welche nicht.

Als Einstieg in diese Sequenz eignet sich ein Selbstexperiment.

Zugang 2: Fussabdruck der Freizeit

Selbstexperiment

Digital Detox: Vor Beginn dieser Sequenz werden die Lernenden dazu angeleitet, z.B. für einen Tag in ihrer Freizeit auf den Gebrauch von Handy/Smartphone, Computer/Laptop/Tablet, Fernseher und Radio zu verzichten und für sich aufzuzeichnen, wie sich das anfühlt. Die Lernenden beobachten, in welchen Situationen sie zu einem dieser Geräte greifen möchten und weshalb und was geschieht, wenn sie es nicht tun. Sie sollen sowohl die negativen als auch die positiven Gedanken, Gefühle und Erlebnisse, die mit dem Verzicht einhergehen, aufschreiben und auch festhalten, was sie anstelle der Nutzung eines Geräts gemacht haben.

In der ersten Lektion dieser Sequenz tauscht sich die Klasse in Gruppen oder im Plenum über den Tag aus und hält die positiven und negativen Aspekte des Experiments schriftlich fest. Diese Aufzeichnungen werden nach Bedarf im Klassenzimmer aufgehängt.

Anschliessend kann in Form einer Provokation in die Thematik von FOMO (*fear of missing out*) eingeführt werden.

Provokation

Die Lehrperson fragt in die Runde, wer sich in dieser Illustration wiederfindet. Die Lernenden inklusive Lehrperson heben die Hand, wenn sie sich betroffen fühlen. Es wird bewusst an dieser Stelle noch keine Diskussion geführt.

Im Anschluss daran lesen die Lernenden den Artikel über das Phänomen FOMO (Fear of missing out) von Philippe Wampfler und diskutieren die Fragen in Gruppen (AB 5).

Nachdem die Arbeitsaufträge im Plenum besprochen wurden, kann ein Rollenspiel durchgeführt werden.

Rollenspiel

Die Lehrperson leitet die Lernenden an, Dreier- oder Vierergruppen zu bilden, und verteilt die folgenden Rollen: eine jugendliche Person, die unter FOMO leidet, eine Therapeutin oder ein Therapeut, ein bis zwei Elternteile (Vater, Mutter oder beides). Anschliessend bereitet sie in der Gruppe ein Rollenspiel vor, das davon handelt, weshalb der/die Jugendliche unter FOMO leidet, wie sich dies äussert und was dagegen unternommen werden kann (Strategien). Die Rollenspiele können der Klasse vorgespielt und die verschiedenen Strategien können diskutiert werden.

Danach können verschiedene Selbstexperimente angeboten werden, wobei die Lernenden gemäss ihren Interessen selbst entscheiden können, welches Experiment sie für sich durchführen möchten.

Selbstexperiment

Während ihrer Freizeit verbringen die Lernenden eine Hälfte eines Nachmittags mit einer Aktivität, für die ein elektronisches Gerät benötigt wird und die somit ressourcenintensiv ist. Im Vergleich dazu widmen sie die andere Hälfte des Nachmittags einer damit verwandten Aktivität, für die keine ressourcenverbrauchenden Hilfsmittel benötigt werden.

- Ein Brett- oder Kartenspiel (o. Ä.) mit Freund/-innen spielen vs. zusammen mit Kolleg/-innen ein Computerspiel spielen
- Ein Instrument spielen, das keinen Strom benötigt, vs. Musik hören
- Eine Sportart ausüben (nicht erlaubt sind E-Bike fahren, Ski fahren u. Ä.) vs. Sport im Fernsehen schauen oder einer Sportveranstaltung beiwohnen
- Ein Buch lesen vs. einen Film schauen
- Mit Freund/-innen «face-to-face» ein Gespräch führen vs. mit Freund/-innen chatten, smseln, mailen usw. oder über Facebook kommunizieren

Im Anschluss an den Nachmittag nehmen sich die Lernenden eine halbe Stunde Zeit und halten schriftlich fest, was sie an dem Nachmittag erlebt haben und welche der Tätigkeiten sie aus welchen Gründen zufriedener gemacht hat. Den Text bringen sie in den Unterricht mit.

Als Auswertung und Weiterführung des Selbstexperiments werden die Ergebnisse mit der Frage verknüpft, welche Tätigkeiten als aktiv und welche als passiv empfunden wurden. Dabei dient eine Definition des aktiven Menschen von Erich Fromm (s.u.) als Orientierung. Die Auseinandersetzung erfolgt in Form eines World-Cafés.

World-Café

Diskutieren Sie, welche Tätigkeiten, die Sie in Ihrer Freizeit ausüben, Sie als eher aktiv im Sinne des unten stehenden Zitats von Erich Fromm und welche eher als nicht aktiv empfinden. Beziehen Sie dabei unbedingt die Erkenntnisse aus dem vorangehenden Selbstexperiment ein!

«(Der aktive Mensch) ist ein Mensch [...], der von innen heraus aktiv ist, der sich aktiv auf die Welt bezieht, und für den die Bezogenheit auf und die Verbundenheit mit der Welt eine innere Notwendigkeit ist; der sich im Prozess des Lebens ständig verwandelt und in jedem Akt, den er vollbringt, nicht derselbe bleibt, sondern für den, ganz im Gegenteil, jeder Akt gleichzeitig eine Veränderung seiner Person bedeutet.»[149]

Als Abschluss der Sequenz sollen sich die Lernenden bewusst werden, welche und wie viel Ressourcen erforderlich sind, um z.B. ein Festival durchzuführen oder eine Bar zu betreiben. Zu diesem Zweck nehmen die Lernenden beispielsweise entweder einen von ihnen häufig und gerne frequentierten Ort unter die Lupe und loten Möglichkeiten der Ressourcenreduktion oder Ressourceneinsparung aus. Beides erfolgt im Rahmen einer Projektarbeit. Als Alternative dazu liesse sich ebenfalls anhand einer Projektarbeit eine Veranstaltung für die Schule organisieren (z.B. ein Konzert, eine Kinonacht, ein Zirkus, eine Disco, ein Ball, ein Spieleabend), die besonders ressourcenschonend konzipiert ist. Neben sozialen und organisatorischen Kompetenzen geht es bei dieser Arbeit darum zu erleben, dass es auch mit geringem Ressourcenaufwand möglich ist, einen tollen Event zu organisieren.

Projektarbeit

Wählen Sie in Gruppen einen Ort, an dem Sie sich in der Freizeit gerne aufhalten (z.B. Club, Restaurant, Bar, Konzertraum, Kino), und überlegen Sie sich, wo und wofür Ressourcen gebraucht werden, in Form von Strom, Materialien, Transport, Abfall und Entsorgung, Verpflegung oder Wiederherstellungskosten bei Festivals. Überlegen Sie nun für jeden einzelnen dieser Aspekte, wie er ressourcenschonender gestaltet werden könnte. Erarbeiten Sie dazu ein Konzept, das Sie nach Möglichkeit den verantwortlichen Personen zukommen lassen.

> Alternativ dazu können die Lernenden selbst eine Veranstaltung auf die Beine stellen, die möglichst ressourcenschonend durchgeführt werden kann, wie z. B. ein Kino, das mit Solarstrom betrieben wird, Unplugged-Konzerte, Theateraufführungen, selbst hergestellte Verpflegung aus dem Schulgarten, essbares oder recycelbares Geschirr.
>
> Als Abschluss wird die Veranstaltung durchgeführt oder das Konzept den Verantwortlichen einer bereits existierenden Veranstaltung zugeschickt, um eine Stellungnahme einzuholen.

Die Projektarbeit bietet einen sinnvollen Einstieg in die Unterrichtssequenzen B und C, bei denen das eigene Engagement für Suffizienz im Fokus steht.

12.2.2 Unterrichtssequenz B: Engagement für Suffizienz

Didaktische Überlegungen: Diese Unterrichtssequenz fokussiert die Motivationen, Wünsche und Perspektiven individuellen Engagements für suffiziente Anliegen. Die Lernenden sollen sich bewusst werden, was ihnen wirklich wichtig ist, für welche Anliegen sie sich einsetzen möchten, welches Engagement sie sich vorstellen können und was sie erreichen möchten. Dazu sollen sie sich zuerst mit ihrem Suffizienzprofil, d.h. der Frage, wofür sie sich engagieren möchten und können, auseinandersetzen, bevor sie entsprechende Möglichkeiten kennenlernen und reflektieren.

Verschiedene Einstiege ins Thema sind denkbar, so beispielsweise ein Video einer bekannt gewordenen Persönlichkeit, die mit kleinem Engagement begonnen und mit der Zeit Grosses erreicht hat, oder ein Video einer Person, deren Engagement im Quartier viel bewirkt hat. Von Bedeutung ist, dass nicht nur Engagements mit internationaler Ausstrahlung als erstrebenswert erscheinen, sondern auch lokale Initiativen gewürdigt werden. Nach einer Klassendiskussion zum gezeigten Video soll eine anschliessende Reflexionsübung eigene Anliegen in den Vordergrund rücken und bewusst machen.

Für die Reflexionsübung ist ein ruhiger Ort wichtig, wo sich alle entspannen und auf sich konzentrieren können. Vorzugsweise ist es ein Ort in der Natur oder in der naturnahen Umgebung, damit eine gewisse Distanz zum Schulalltag und Alltagsleben möglich ist. Dies kann beispielsweise ein ausreichend grosser Stadtpark, ein Wald, eine naturnahe Kulturlandschaft oder ein Flussufer sein.

Den Lernenden wird für die Übung nur eine allgemeine Frage mitgegeben: «Was ist mir wirklich wichtig in Bezug auf Suffizienz und ein gutes Leben für alle? Für welche Anliegen möchte ich mich einsetzen?»

Noch in derselben Umgebung stellt jede Person ihr Anliegen vor, ohne dass es anschliessend kommentiert oder diskutiert wird. Die Lernenden nehmen die sehr wahrscheinlich grosse Vielfalt der Anliegen zur Kenntnis und können so ihre eigenen Anliegen besser verorten.

Wenn möglich, wird die Reflexionsübung gleich anschliessend in derselben Umgebung individuell ausgewertet. Dazu sucht sich jede Person wiederum einen ruhigen Ort, reflektiert die nachfolgenden Fragen und notiert sich wichtige Stichworte (AB 6):
- Was ist mir wirklich wichtig in Bezug auf Suffizienz und ein gutes Leben für alle?
- Für welche Anliegen möchte ich mich einsetzen, und was erhoffe ich mir davon?
- Wie (bei welcher Organisation, mit welchen Mitteln usw.) möchte ich mich einsetzen?
- Was sind die nächsten Schritte, die ich im Hinblick auf mein zukünftiges Engagement unternehmen möchte?

Die Notizen stellen ein persönliches Protokoll dar, werden im Plenum nicht weiter ausgewertet und nach den anschliessenden Begegnungen z. B. im Rahmen einer Exkursion nochmals individuell reflektiert und ergänzt.

Begegnung/Exkursion

Die anschliessenden Begegnungen mit Personen, die sich in verschiedenen Bereichen für suffiziente Anliegen engagieren oder von einem solchen Engagement anderer einen Nutzen haben, sollen Möglichkeiten und Wirkungen individuellen Engagements sichtbar machen. Solche Begegnungen können in der Schule selbst oder im Rahmen von Exkursionen stattfinden.

Sinnvoll sind insbesondere Begegnungen mit Personen, die sich in den von den Lernenden geäusserten thematischen Bereichen engagieren. Werden dabei die Motivation, der eigene Erfahrungsgewinn und die Wirkungen des individuellen Engagements diskutiert, erhalten die Lernenden einen vertieften Einblick ins Engagement in ihren prioritären Bereichen. Denkbar ist auch, dass die Begegnungen gezielt erweitert werden um Personen, die sich in Bereichen engagieren, die von den Lernenden nicht genannt wurden, damit sich die Lernenden mit Bereichen auseinandersetzen können, an die sie selbst nicht gedacht haben. Die Auswahl der Personen und thematischen Bereiche sowie die Anfrage der Personen sollten, wenn möglich, von den Lernenden übernommen werden.

Option: Je nach Wissensstand der Klasse hinsichtlich des Engagements für Suffizienz bietet es sich an, diese Sequenz an den Anfang zu stellen und die Frage nach dem eigenen Engagement anschliessend zu behandeln. So erhalten Lernende, die noch nicht so genau wissen, worin Engagement für Suffizienz bestehen kann, einen Einblick in verschiedene Möglichkeiten und setzen sich auf dieser Basis mit ihren eigenen Präferenzen und Interessen auseinander.

Eine weitere Möglichkeit besteht darin, Begegnungen gezielt mit Personen in unterschiedlichen gesellschaftlichen Bereichen wie Politik, Nicht-Regierungsorganisationen (u. a. Vereine, Genossenschaften), Unternehmen, sozialen Bewegungen, lokalen Initiativen und transformativen Forschung zu ermöglichen und damit zusätzlich zur thematischen Vielfalt auch die unterschiedlichen gesellschaftlichen Gestaltungsebenen aufzuzeigen.

Die Begegnungen sollten möglichst offen und diskursiv gestaltet werden, damit ein echter Austausch und vertiefte Diskussionen entstehen. Als Abschluss der Unterrichtssequenz erhalten die Lernenden nochmals Zeit zum Überdenken und Ergänzen des individuellen Protokolls. Denkbar ist auch eine Abschlussdiskussion zur Frage, ob und gegebenenfalls wie das Thema mit den individuellen Suffizienzprofilen weiterverfolgt werden soll.

12.2.3 Unterrichtssequenz C: Mein Engagement jetzt und in fünf Jahren – mit Schnupper-Engagements

Didaktische Überlegungen: Im Gegensatz zur Unterrichtssequenz B ist die Auseinandersetzung mit gesellschaftlichen Engagements in der Unterrichtssequenz C konkreter. Im Vordergrund stehen die Reflexion des bisherigen Engagements, das Experimentieren im Rahmen von Schnupper-Engagements, der Austausch über die Erfahrungen anderer Lernender und die Klärung des zukünftigen Engagements. Entsprechend eignet sich diese Sequenz für Klassen mit Lernenden, die bereits entsprechende Erfahrungen gemacht haben. Leitend sind Fragen wie: «Wo habe ich mich schon engagiert, und wo engagiere ich mich jetzt? Welche Erfahrungen habe ich und welche Erfahrungen haben die anderen Lernenden gemacht? Welche ganz konkreten weiteren Möglichkeiten gibt es?» Als Einstieg eignet sich ein sokratisches Gespräch, das in verschiedenen Gruppen mit rund fünf bis sieben Personen und abwechselnder befragter Person geführt wird. Die Lehrperson ist lediglich Organisatorin der Gruppen, gibt die Gesprächsregeln vor und mischt sich nicht inhaltlich in die Gespräche ein.

Sokratisches Gespräch

In Gruppen von fünf bis sieben Personen und bei abwechselnder Gesprächsführung durch die Lernenden selbst wird der Reihe nach jede Person befragt. Den Gruppen wird ein Katalog mit Fragen zur Verfügung gestellt, an denen sich die Befragenden orientieren können (AB 7). Wichtig ist, dass sich die Gruppen bei der Befragung ihrer einzelnen Mitglieder strikte an die Regeln eines sokratischen Gesprächs halten und die Gruppen im Voraus auch entsprechend instruiert werden.

Das Ziel ist, dass sich die Lernenden bewusst werden, wo, wie und weshalb sie sich für suffiziente Anliegen engagiert haben, jetzt engagieren oder in Zukunft engagieren wollen und welche Rolle das Engagement für ihr gutes Leben spielt. Insbesondere sollen auch kleinere Engagements z. B. in der näheren sozialen Umgebung reflektiert werden.

Im Zentrum dieser Unterrichtssequenz steht ein Selbstexperiment. Es besteht in einem Freiwilligenengagement und kann alle gesellschaftlichen Gestaltungsebenen betreffen, so die Politik, Nichtregierungsorganisationen, Unternehmen, soziale Bewegungen, lokale Initiativen und die transformative Forschung.

Selbstexperiment

Je nach Einbettung in den Unterricht, zeitlicher Verfügbarkeit und Motivation der Lernenden kann das Freiwilligenengagement nur einen halben Tag oder eine längere Zeitspanne umfassen. Die Herausforderung dürfte darin bestehen, den Interessen der Lernenden entsprechende Schnupper-Engagements zu finden. Da die Lernenden, über die ganze Klasse hinweg betrachtet, ein breites und vielfältiges Beziehungsnetz haben dürften, können Schnupper-Engagements insbesondere über das Beziehungsnetz der ganzen Klasse hinweg gefunden werden.

Schnupper-Engagements sind in allen thematischen Bereichen denkbar (Teil B), weshalb hier keine Beispiele vorgestellt werden. Bei der Auswahl der Schnupper-Engagements kann die Unmittelbarkeit der erzeugten Wirkung ein Auswahlkriterium sein. Während bei der Mitarbeit in einer Tauschbörse, in einem Repair-Café, in einem Unverpackt-Laden, in einem urbanen Garten, in einem Food-Waste- oder Upcycling-Projekt konkrete Auswirkungen unmittelbar erfahrbar sind, lässt sich das von Engagements in einer sozialen Bewegung oder in einer Jungpartei nicht behaupten, was demotivierend wirken kann. Solche Aspekte des Engagements könnten gerade auch bei der Auswertung der individuellen Erfahrungen mit Schnupper-Engagements thematisiert werden.

Als Abschluss dieser Unterrichtssequenz eignet sich ein World-Café, mit dem die individuellen Erfahrungen mit den Schnupper-Engagements ausgewertet sowie die Vielfalt der möglichen Engagements wie auch die Vorstellungen der zukünftigen Engagements (siehe sokratisches Gespräch oben) zusammengetragen und reflektiert werden.

World-Café

Im World-Café werden nachfolgende Aspekte thematisiert: erstens die bisherigen Engagements (siehe sokratisches Gespräch als Einstieg), zweitens die Erfahrungen mit den Schnupper-Engagements, drittens die Bandbreite möglicher Engagements und viertens die vorgesehenen zukünftigen Engagements der Lernenden. Als Grundlage dienen fünf Fragen (AB 8), die an vier verschiedenen Posten bearbeitet werden.

Anschliessend stellen diejenigen, die an je einem Posten moderiert haben, die wichtigsten Ergebnisse vor.

> **Hintergrundinformationen**
> - https://www.ifeu.de/wp-content/uploads/Praxis-Handbuch.pdf
> - https://www.bund-bawue.de/fileadmin/bawue/Dokumente/Themen/Nachhaltigkeit/Suffizienz_Gutes_Leben_fuer_Alle.pdf

Anmerkungen

146   Binswanger 2006.

147   Wolfgang Sachs (1993) definiert «Suffizienz» als ein Konglomerat bestehend aus den vier E: Entschleunigung, Entkoppelung, Entrümpelung und Entkommerzialisierung. Siehe Abschnitt 2.1.1.

148   Siehe hierzu die James-Studie von 2018: Suter et al. 2018, https://www.zhaw.ch/de/psychologie/forschung/medienpsychologie/mediennutzung/james/ (Zugriff: 18.4.2019).

149   Fromm 1970, S. 325.

C
Schluss

13. Fazit und Ausblick

Eine BSL speist sich aus einer Vielzahl von Ansätzen unterschiedlichster Herkunft, vom psychologischen Konzept der Förderung psychischer Ressourcen über Achtsamkeitstrainings bis hin zur philosophischen Lebenskunst. Einige sind bereits für den Lernkontext konzipiert, wie z.B. BNE, transformatives Lernen und das Unterrichtsfach Glück. Die anderen Ansätze wurden für eine BSL didaktisch aufbereitet (Kapitel 2). Da eine BSL auf die Transformation des Denkens, Wahrnehmens, Fühlens und Handelns abzielt, müssen das Bildungsziel und die davon abgeleiteten Kompetenzen entsprechend mehrdimensional sein: kognitiv, affektiv, motivational und aktional (Kapitel 3). Wie eine Lernumgebung aussehen sollte, damit eine BSL erfolgreich umgesetzt werden kann, zeigt Kapitel 4. Es gilt, alle Elemente der Lernumgebung an den Grundideen einer BSL auszurichten und insbesondere die Methoden danach auszuwählen, dass sie möglichst alle Bildungsdimensionen (kognitiv, affektiv, motivational und aktional) berücksichtigen. Ebenfalls muss für das Gelingen einer BSL die Art und Weise der Leistungsbeurteilung beachtet werden. Diese soll intrinsische Motivation und die Verantwortung für den eigenen Lernprozess fördern. Bei der Frage nach einer möglichen Integration einer BSL in die Sekundarstufe II gibt es eine Reihe von Anknüpfungspunkten, und zwar insbesondere dort, wo BNE Eingang in die Lehrpläne gefunden hat.

Die Inhalte einer BSL folgen den Bereichen, in denen sich ein Lebensstil manifestiert bzw. die für einen suffizienten Lebensstil besonders relevant sind. Dabei handelt es sich um Konsum, Ernährung, Mobilität, Wohnen, Arbeit und Engagement sowie Freizeit. Es wird aufgezeigt, wie diese Bereiche durch die Orientierung an Kriterien von Suffizienz und gutem Leben transformiert werden können (ab Kapitel 5).

Eine BSL zeichnet sich dadurch aus, dass sie relativ starke normative Implikationen enthält, die gesamte Persönlichkeit und deren Lebensführung in den Blick nimmt und explizit thematisiert. Wissen zu Konzepten wie Suffizienz, suffizientem Lebensstil und gutem Leben sowie Einblicke in die Zusammenhänge zwischen unserem alltäglichen Verhalten und dessen Auswirkungen auf die ökologische und soziale Dimension bilden die notwendige Basis, ohne welche die Thematik nicht erfasst und eingeordnet werden kann. Im Kern einer BSL steht weniger der Aufbau von Wissen als die Auseinandersetzung mit der eigenen Person, ihren Interessen, Bedürfnissen sowie Vorstellungen von einem guten Leben. Eine BSL will dazu motivieren, darüber nachzudenken, wie ein gutes Leben innerhalb der planetaren Grenzen und mit Rücksicht auf aktuell und zukünftig lebende Menschen gestaltet werden kann. Die Auseinandersetzung mit Fragen nach dem rechten Mass und dem Genug stehen dabei im Zentrum.

Das übergeordnete Ziel einer BSL auf der Sekundarstufe II besteht darin, die Auseinandersetzung mit individuellen und gesellschaftlichen Bedeutungsperspektiven hinsichtlich des guten Lebens für alle in einer Welt endlicher Ressourcen in Gang zu setzen. Dabei stehen Fragen nach der Bedeutung von Konsum, Mobilität oder Ernährung für das eigene gute Leben, aber auch nach den Konsequenzen des eigenen Verhaltens in diesen Bereichen für die natürliche Umwelt und das Leben aktuell und zukünftig existierender Menschen im Zentrum. Insbesondere sollen die Lernenden im Rahmen einer BSL dafür sensibilisiert werden, dass eine Gestaltung des eigenen Lebens, welche die Rücksichtnahme auf die gesamte Mitwelt einschliesst, auch für sie selbst gut sein kann. Diese Erkenntnis gilt es insbesondere auch erfahrbar zu machen, um so den Boden zu bereiten für einen Bewusstseinswandel in Richtung Nachhaltigkeit durch Suffizienz – natürlich stets unter der Berücksichtigung und Akzeptanz persönlicher Freiheit im Denken, Handeln und Fühlen und unter Einhaltung des Indoktrinationsverbots, wie es im «Beutelsbacher Konsens» (siehe Anhang) formuliert ist.

Die Lehrperson ist dabei als Persönlichkeit stärker gefordert, als dies bei anderen didaktischen Konzepten der Fall ist. Eine BSL lädt neben den Lernenden auch die Lehrperson ein, sich auf eine Reise zu sich selbst zu begeben, die Unbekanntes, Unerkanntes und Unerwartetes zutage fördern kann. Dass eine Lehrperson die Überzeugung vertritt, ein suffizientes Leben sei ein gutes Leben, darf nicht vorausgesetzt werden. Die Möglichkeit, dass es tendenziell oder bezogen auf einige Bereiche so sein könnte, muss für sie aber bestehen, ansonsten fehlt es ihr an Glaubwürdigkeit. Die Lehrperson sollte zudem in der Lage sein, Abstand zu nehmen von ihrer klassischen Rolle als Wissensvermittlerin und die Bereitschaft mitbringen, in einem partizipatorischen Verhältnis mit den Lernenden Lernprozesse gleichzeitig zu initiieren, zu begleiten, zu unterstützen und selbst mitzulernen.

Wenn sie die ihr inhärente transformatorische Kraft in vollem Umfang entfalten soll, ist es für eine BSL unabdingbar, dass sie die ganze Schule durchdringt und nicht auf einzelne Unterrichtsgefässe reduziert bleibt.

So schreibt in diesem Zusammenhang auch der Psychologe Marcel Hunecke, der sich seit Längerem mit Fragen der nachhaltigen Lebensführung auseinandersetzt, es reiche nicht aus, psychische Ressourcen wie Selbstwirksamkeit, Sinnkonstruktion und Solidarität lediglich auf individueller Ebene oder bezogen auf einzelne Lernendengruppen zu fördern. Vielmehr müssten Veränderungen im Schulalltag erfolgen, die sich an einer ressourcenorientierten Pädagogik orientieren. Das Fundament einer entsprechenden Schule müsste laut Hunecke eine Haltung der Unterstützung, des Vertrauens und der Anerkennung von Unterschiedlichkeit bilden und sich an einem humanistischen Menschenbild orientieren, welches das individuelle Entwicklungspotenzial des Menschen betont. Um Selbstwirksamkeitserwartungen zu steigern, müssten den Lernenden persönliche Erfolge ermöglicht werden, was die Individualisierung von Lehrplänen und Lernumgebungen bedinge.[150] Der Schule komme als dominierende Institution der Jugendphase eine zentrale Rolle in der Identitätsbildung zu. Deshalb ist es aus der Sicht Huneckes sinnvoll, im Unterricht Sinnkonstruktionsprozesse zu initiieren und zu unterstützen, indem z.B. Quellen zur Sinnkonstruktion aus der Kulturgeschichte aufgezeigt und reflektiert werden. Schliesslich könne die psychische Ressource Solidarität in der Schule durch das Einüben von intrinsisch motivierten, gemeinschaftlichen Handlungsprozessen gefördert werden. Zudem betont Hunecke, dass es zur Förderung von immateriellen Zufriedenheitsquellen wichtig sei, solche Werte zu vermitteln, die dem Konkurrenzkampf um sozialen Status, als eine der wesentlichen Ursachen für Konsumbedürfnisse, entgegenwirken könnten.

Entsprechendes gilt für eine BSL. Diese konsequent und schulübergreifend umzusetzen, würde bedeuten, die ganze Schule an Prinzipien von Suffizienz und gutem Leben auszurichten. Dazu gehören die Gestaltung des Schulhauses bezüglich Materialverwendung, Heizung und Dämmung, die Verpflegung in der Mensa, die Anreise der Lernenden und des Schulpersonals sowie der Umgang mit Abfall, Energie und Wasser. Insbesondere gälte es aber, gegenseitigen Respekt, gegenseitige Akzeptanz sowie das kooperative Element in den Vordergrund zu rücken und das eigene Verhalten am rechten Mass zu orientieren. Zwar ist bei der Realisierung von BSL sowohl im kleinen Rahmen – d.h. hinsichtlich der Implementierung von Sequenzen einer BSL in einzelnen Klassen oder anderen Lernendengruppen – als auch bei einer allfälligen schulumfassenden Umsetzung mit gewissen Herausforderungen zu rechnen. So ist zum einen oft zu hören, dass von den Lehrpersonen neben ihrem «Kerngeschäft» zunehmend mehr Zusatzaufgaben verlangt würden und gleichzeitig immer weniger Zeit und Raum zur Verfügung stehe. So erfolgte beispielsweise die Implementierung der Dimension «Nachhaltigkeit» in den Lehrplan 17 zur selben Zeit, in der infolge von Sparmassnahmen Fächer gestrichen wurden. An etlichen Schulen fielen die für eine BSL so wertvollen Gefässe wie z. B. interdisziplinäre Projekte den Sparmassnahmen zum Opfer. Zeitmangel und der Druck, Leistungsbeurteilungen durchführen zu müssen, stellen weitere Hindernisse für eine BSL dar.

Auf übergeordneter Ebene ist damit zu rechnen, dass eine BSL zum einen mit Vorwürfen der Indoktrination und der Manipulation der Lernenden und zum anderen mit fehlender Einsicht in die Notwendigkeit eines gesamtgesellschaftlichen Bewusstseinswandels im Sinne der Suffizienz zu kämpfen haben wird. Letzterem kann nur mit der Kraft von starken Argumenten sowie dem Hinweis darauf begegnet werden, dass auch in einem vermeintlich weltanschaulich neutralen Unterricht bewusst oder unbewusst Werte und Einstellungen vermittelt werden. Diese Werte und Einstellungen ins Bewusstsein zu heben und einer kritischen Reflexion zugänglich zu machen und gleichzeitig die Werte einer nachhaltigen Welt zur Debatte zu stellen, erscheint uns als dringliches Bildungsanliegen.

Schliesslich haben Projekte, die Suffizienzanliegen im weitesten Sinne beinhalten, aktuell den politischen und gesellschaftlichen Zeitgeist auf ihrer Seite: Jugendliche engagieren sich für Klimaschutz und fordern Massnahmen gegen den Klimawandel. Die Schweizer Bevölkerung hat bei den National- und Ständeratswahlen im Oktober 2019 gezeigt, dass eine fokussierte Auseinandersetzung mit Umweltproblemen, vor allem mit entsprechenden Lösungen, verlangt wird. Es ist zu hoffen, dass dieses Lehrmittel einen Beitrag dazu leistet, Prozesse anzustossen in Richtung eines ressourcenleichteren und gleichzeitig guten Lebens. Wie der Volksmund so schön sagt: Wo ein Wille ist, ist auch ein Weg!

Anmerkung

150 Vgl. Hunecke 2013, S. 86–91.

14. Literaturverzeichnis

Literaturverzeichnis

14.1 Verwendete Literatur

Akenji, L. & H. Chen (2016): A Framework for Shaping Sustainable Lifestyles: Determinants and Strategies. Nairobi: United Nations Environment Programme (UNEP).

Aristoteles (1985): Nikomachische Ethik. Auf der Grundlage der Übersetzung von Eugen Rolfes. Herausgegeben von Günter Bien. Hamburg: Meiner.

Bateson, G. (1972): Steps to an Ecology of Mind. San Francisco: Chandler.

Binswanger, M. (2006): Die Tretmühlen des Glücks. Wir haben immer mehr und werden nicht glücklicher. Was können wir tun? Freiburg i. Br.: Herder.

Bönsch, M. (1994): Zur Neubestimmung der Lehrerrolle. Zum Verhältnis von Schule und LehrerInnen. In: Unterrichtswissenschaft 22 (1), S. 75–87.

Bollnow, O. F. (1963): Mensch und Raum. Stuttgart, Berlin, Köln: Kohlhammer.

Brookfield, S. D. (2000): Transformative learning as ideology critique. In: J. Mezirow (Hrsg.): Learning as Transformation. Critical Perspectives on a Theory in Progress. San Francisco: Jossey-Bass, S. 125–148.

Csikszentmihalyi, M. (2001): Flow. Das Geheimnis des Glücks. Stuttgart: Klett-Cotta.

Csikszentmihalyi, M. (2004): Flow im Beruf. Stuttgart: Klett-Cotta.

Förster, J. (2015): Was das Haben mit dem Sein macht. Die neue Psychologie von Konsum und Verzicht. München: Pattloch.

Frey, K. & A. Frey-Eiling (2016): Die Projektmethode. In: J. Wiechmann & S. Wildhirt (Hrsg.): 12 Unterrichtsmethoden. Vielfalt für die Praxis. Weinheim: Beltz, S. 175–181.

Fritz-Schubert, E. (2010): Schulfach Glück. Wie ein neues Fach die Schule verändert. Freiburg i. Br.: Herder.

Fritz-Schubert, E., W.-T. Saalfrank & M. Leyhausen (Hrsg., 2015): Praxisbuch Schulfach Glück. Grundlagen und Methoden. Weinheim: Beltz.

Fromm, E. (1970): Die psychologischen und geistigen Probleme des Überflusses. In: R. Funk (Hrsg.): Erich-Fromm-Gesamtausgabe (GA) Band V. Stuttgart: Deutsche Verlagsanstalt.

Fromm, E. (2000): Haben oder Sein. München: dtv.

Geissler, K. A. (2004): Vom Tempo der Welt. Freiburg i. Br.: Herder.

Grossman, P. (2013): Güte und Mitgefühl als Kernbestandteile von Achtsamkeit. Das Wissbare in besonderer Weise erfahren. In: T. Singer & M. Bolz (Hrsg.): Mitgefühl. In Alltag und Forschung Bd. 1. München: Max-Planck-Gesellschaft, S. 201–215.

Grossman, P. (2015): Mindfulness. Awareness Informed by an Embodied Ethic. In: Mindfulness 6 (1), S. 17–22. DOI: https://doi.org/10.1007/s12671-014-0372-5.

Häcker, T. (2005): Portfolio als Instrument der Kompetenzdarstellung und reflexiven Lernprozesssteuerung, S. 1–11.
https://www.bwpat.de/ausgabe8/haecker_bwpat8.pdf (Zugriff: 9.7.2018).

Held, M. & K. A. Geissler (1998): Ökologie der Zeit. Vom Finden der rechten Zeitmasse. Stuttgart: Hirzel.

Hicks, D. (2002): Lessons for the Future. The Missing Dimension in Education. London and New York: RoutledgeFalmer.

Holzinger, H. (2006): Nachhaltigkeit und Glück. Sustainable Happiness. In: Umwelt & Bildung 4, S. 6–9.

Hunecke, M. (2013): Psychologie der Nachhaltigkeit. Psychische Ressourcen für Postwachstumsgesellschaften. München: oekom.

Iyengar, S. S. & M. R. Lepper (2000): When choice is demotivating. Can one desire too much of a good thing? In: Journal of Personality and Social Psychology 79 (6), S. 995–1006.

Jenny, A. (2014): Suffizienz auf individueller Ebene. Literaturanalyse zu psychologischen Grundlagen der Suffizienz. Forschungsprojekt der Energieforschung Stadt Zürich. Zürich.

Jonas, H. (2012): Praktische Intersubjektivität. Die Entwicklung des Werkes von George Herbert Mead. Frankfurt a. M.: Suhrkamp.

Kabat-Zinn, J. (2011): Gesund durch Meditation. Das grosse Buch der Selbstheilung. München: Knaur.

Kaltwasser, V. (2016): Praxisbuch Achtsamkeit in der Schule. Selbstregulation und Beziehungsfähigkeit als Basis von Bildung. Weinheim: Beltz.

Kasser, T. (2002): The High Price of Materialism. Cambridge (Massachusetts): MIT Press.

Kohlberg, L. (1996): Die Psychologie der Moralentwicklung. Frankfurt a. M.: Suhrkamp.

Langhans, E. (2017): Ethikunterricht an Berufsfachschulen. Ein Leitfaden. Bern: hep.

Leitschuh, H. (2014): Nachhaltig tagen. Veranstaltungen zur Nachhaltigkeit brauchen mehr Konsequenz. In: M. Gleich (Hrsg.): Der Kongress tanzt. Wiesbaden: Springer Gabler, S. 85–96. DOI: https://doi.org/10.1007/978-3-658-04148-9_9.

Leng, M., K. Schild & H. Hofmann (2016): Genug genügt. Mit Suffizienz zu einem guten Leben. München: oekom.

Linz, M. (2012): Weder Mangel noch Übermass. Warum Suffizienz unentbehrlich ist. München: oekom.

Mattes, W. (2011): Methoden für den Unterricht. Kompakte Übersichten für Lehrende und Lernende. Braunschweig: Schöningh Westermann.

Meadows, D. L., D. Meadows, J. Randers, & W. W. Behrens III (1972): Die Grenzen des Wachstums. Bericht des *Club of Rome* zur Lage der Menschheit. Aus dem Amerikanischen von H.-D. Heck. Stuttgart: Deutsche Verlags-Anstalt.

Mezirow, J. (1997): Transformative Erwachsenenbildung. Baltmannsweiler: Schneider Verlag Hohengehren.

Mezirow, J. (2000): Learning as transformation. Critical perspectives on a theory in progress. San Francisco: Jossey-Bass.

Miller, A. (1988): Tod eines Handlungsreisenden. Neu übersetzt von Volker Schlöndorff mit Florian Hopf. Frankfurt a. M.: Fischer.

Nässén, J. & J. Larsson (2015): Would shorter working time reduce greenhouse gas emissions? An analysis of time use and consumption in Swedish households. In: Environment and Planning C. Government and Policy 33, S. 726–745. DOI: https://doi.org/10.1068/c12239.

Nelson, L. (2002): Die sokratische Methode. In: D. Birnbacher & D. Krohn (Hrsg.): Das sokratische Gespräch. Stuttgart: Reclam, S. 21–72.

Nilsson, H. & A. Kazemi (2016): Reconciling and thematizing definitions of mindfulness. The big five of mindfulness. In: Review of General Psychology 20 (2), S. 183–193. DOI: https://doi.org/10.1037/gpr0000074.

Nussbaum, M. (2010): Die Grenzen der Gerechtigkeit. Behinderung, Nationalität und Speziezugehörigkeit. Berlin: Suhrkamp.

Nussbaum, M. & A. Sen (Hrsg., 2006): The Quality of Life. Oxford: Clarendon Press.

Ott, K. & R. Döring (2008): Theorie und Praxis starker Nachhaltigkeit. Marburg: Metropolis.

Parfit, D. (1984): Reasons and Persons. Oxford: Oxford University Press.

Pfister, J. (2006): Philosophie. Ein Lehrbuch. Stuttgart: Reclam.

Rawls, J. (2010): Eine Theorie der Gerechtigkeit. Frankfurt a. M.: Suhrkamp.

Rinderspacher, J. P. (2014): Zeitwohlstand. Auf dem Weg zu einem anderen Wohlstand der Nation? Vortrag Ringvorlesung Forum offene Wissenschaft. Universität Bielefeld. 5.5.2014. www.uni-bielefeld.de/forum/vortraege/Rinderspacher.pdf (Zugriff am 6.3.2017).

Rizzolatti, G. & C. Sinigaglia (2008): Empathie und Spiegelneurone. Die biologische Basis des Mitgefühls. Frankfurt a. M.: Suhrkamp.

Rössel, J. & G. Otte (Hrsg., 2012): Lebensstilforschung. Wiesbaden: Verlag für Sozialwissenschaften.

Rogers, M. & A. Tough (1996): Facing the future is not for wimps. In: Futures 28 (5), S. 491–496.

Rosa, H. (2016): Resonanz. Eine Soziologie der Weltbeziehung. Berlin: Suhrkamp.

Ruh, H. (1996): Anders, aber besser. Die Arbeit neu erfinden – für eine solidarische und überlebensfähige Welt. Frauenfeld: Waldgut logo.

Sachs, W. (1993): Die vier E's. Merkposten für einen massvollen Wirtschaftsstil. In: Politische Ökologie 11 (33), S. 69–72.

Scherhorn, G. (2002a): Die Logik der Suffizienz. In: M. Linz (Hrsg.): Von nichts zu viel. Suffizienz gehört zur Zukunftsfähigkeit. Wuppertal Institut für Klima Umwelt Energie. Wuppertal, S. 15–26.

Scherhorn, G. (2002b): Wohlstand. Eine Optimierungsaufgabe. In: J. P. Rinderspacher (Hrsg.): Zeitwohlstand. Ein Konzept für einen anderen Wohlstand der Nation. Berlin: Edition Sigma, S. 95–116.

Scheuerle, H. J. (2013): Das Gehirn ist nicht einsam. Resonanzen zwischen Gehirn, Leib und Umwelt. Stuttgart: Kohlhammer.

Schmid, W. (1998): Philosophie der Lebenskunst. Eine Grundlegung. Frankfurt a. M.: Suhrkamp.

Seligman, M. E. P. (2005): Der Glücks-Faktor. Warum Optimisten länger leben. Köln: Lübbe.

Seligman, M. E. P. (2012): Flourish. Wie Menschen aufblühen. München: Kösel.

Seneca (2003): Von der Kürze des Lebens (De brevitate vitae). Übers. und hrsg. von Josef Felix. Stuttgart: Reclam.

Sennett, R. (2000): Der flexible Mensch. Die Kultur des neuen Kapitalismus. Berlin: Berlin Verlag.

Singer-Brodowski, M. (2016): Transformative Bildung durch transformatives Lernen. Zur Notwendigkeit der erziehungswissenschaftlichen Fundierung einer neuen Idee. In: ZEP 1, S. 13–17.

Steinfath, H. (Hrsg., 1998): Was ist ein gutes Leben? Philosophische Reflexionen. Frankfurt a. M.: Suhrkamp.

Stengel, O. (2011): Suffizienz. Die Konsumgesellschaft in der ökologischen Krise. München: oekom.

Stoltenberg, U. & S. Burandt (2014): Bildung für eine nachhaltige Entwicklung. In: H. Heinrichs & G. Michelsen (Hrsg.): Nachhaltigkeitswissenschaften. Berlin und Heidelberg: Springer, S. 567–594.

Weinert, F. E. (Hrsg., 2001): Leistungsmessungen in Schulen. Weinheim: Beltz.

14.2 Verwendete Internetquellen

Bildung für nachhaltigen Konsum durch Achtsamkeitstraining (BiNKA): Kurzbeschreibung des Projektes.
http://platzhalter.de-web.cc/wordpress/wp-content/uploads/2015/09/BiNKA_Kurzbeschreibung.pdf (Zugriff: 22.6.2017).

Böhme, T. (2016): Arbeitsdefinition von Achtsamkeit im Projekt.
http://achtsamkeit-und-konsum.de/wp-content/uploads/2017/06/Arbeitsdefinition-von-Achtsamkeit-im-Projekt-BiNKA_140916_LAYOUT_JL.pdf (Zugriff: 22.6.2017).

Bundesministerium für Land- und Forstwirtschaft, Umwelt und Wasserwirtschaft (BLFUW), Bundesministerium für Unterricht, Kunst und Kultur (BUKK) & Bundesministerium für Wissenschaft und Forschung (BUF) (Hrsg., 2008): Österreichische Strategie zur Bildung für nachhaltige Entwicklung.
https://bildung.bmbwf.gv.at/schulen/unterricht/ba/bine_strategie_18299.pdf?61ed8p (Zugriff: 19.7.2018).

Deutsche UNESCO-Kommission: UNESCO-Weltaktionsprogramm Bildung für nachhaltige Entwicklung.
https://www.bne-portal.de/de/einstieg/bildungsbereiche/schule (Zugriff: 20.6.2018).

Deutsche UNESCO-Kommission e. V. (DUK) (Hrsg., 2014): UNESCO Roadmap zur Umsetzung des Weltaktionsprogramms «Bildung für nachhaltige Entwicklung».
https://www.bne-portal.de/sites/default/files/_2015_Roadmap_deutsch_0.pdf (Zugriff: 20.6.2018).

Deutschschweizer Erziehungsdirektoren-Konferenz D-EDK (Hrsg., 2016): Lehrplan 21. Gesamtausgabe.
https://v-ef.lehrplan.ch/container/V_EF_DE_Gesamtausgabe.pdf
(Zugriff am 14.8.2018)

éducation21 (2016): Bildung für Nachhaltige Entwicklung. Ein Verständnis von BNE und ein Beitrag zum Diskurs.
www.education21.ch/sites/default/files/uploads/pdf-d/bne/BNE-Verstaendnis_Langversion-mit-Quellen_2016.pdf (Zugriff: 7.10.2017).

Literaturverzeichnis

éducation21
> www.education21.ch/de/bne (Zugriff: 14.8.2018).
> www.education21.ch/de/home (Zugriff: 25.10.2018).

Erziehungsdirektion des Kantons Bern EDK (Hrsg., 2017): Lehrgang 17 für den gymnasialen Bildungsgang.
> https://www.erz.be.ch/erz/de/index/mittelschule/mittelschule/gymnasium/lehrplan_maturitaetsausbildung.assetref/dam/documents/ERZ/MBA/de/AMS/GYM%20LP%2017%20neu/ams_gym_lehrplan%2017%20neu_gesamtdokument.pdf (Zugriff: 21.10.2019).

Erziehungsdirektion des Kantons Bern EDK (Hrsg., 2015): Rahmenlehrplan für Fachmittelschulen.
> www.erz.be.ch/erz/de/index/mittelschule/mittelschule/fachmittelschule/Lehrplan-fachmittelschulen.assetref/dam/documents/ERZ/MBA/de/AMS/ams_fms_lehrplan_2015_ab%201.8.2018.pdf (Zugriff: 14.8.2018).

Erziehungsdirektion des Kantons Bern EDK (Hrsg., 2007): Bildung für nachhaltige Entwicklung. Massnahmenplan 2007–2014.
> https://edudoc.ch/record/24772/files/massnahmenplan_BNE_d.pdf
> (Zugriff: 14.8.2018).

Erziehungsdirektion des Kantons Bern EDK (Hrsg., 1994): Rahmenlehrplan für Maturitätsschulen.
> www.edk.ch/dyn/11661.php (Zugriff: 13.6.2018).

Garhammer, M. (2008): City-Rankings und Lebensqualität in europäischen Grossstädten. Zehn Thesen und ein Indikatoren-System für das Monitoring integrierter Stadtentwicklung.
> https://www.researchgate.net/publication/30814621_City-Rankings_und_Lebensqualitat_in_europaischen_Grossstadten (Zugriff: 10.6.2020).

Harfensteller, J. (2016): Relevante Achtsamkeitsformate für BiNKA.
> http://achtsamkeit-und-konsum.de/wp-content/uploads/2017/06/Extern_Aufstellung_Achtsamkeitsformate_final_22.04.16_LAYOUT.pdf (Zugriff: 22.06.2017).

Hilbe, R. & W. Herzog (2011): Selbstorganisiertes Lernen am Gymnasium. Theoretische Konzepte und empirische Erkenntnisse. Mittelschul- und Berufsbildungsamt. Erziehungsdirektion des Kantons Bern.
> http://www.erz.be.ch/erz/de/index/mittelschule/mittelschule/mittelschulbericht/Projekte/projekte_in_der_unterrichts-undschulentwicklung/selbst_organisierteslernensol.assetref/dam/documents/ERZ/MBA/de/AMS/ams_projekte_sol_bericht_deutsch.pdf (Zugriff: 30.10.17).

Kultusministerkonferenz KMK (Hrsg., 2012): Zur Situation und zu Perspektiven der Bildung für nachhaltige Entwicklung. Bericht der Kultusministerkonferenz.
> https://www.globaleslernen.de/sites/default/files/files/link-elements/bericht_%20der%20kmk%20zu%20bne.pdf (Zugriff: 19.07.2018).

Staatssekretariat für Bildung, Forschung und Innovation SBFI, ehemals Bundesamt für Berufsbildung und Technologie BBT (Hrsg., 2003): Rahmenlehrplan für Berufsfachschulen - Allgemeinbildender Unterricht.

https://www.sbfi.admin.ch/sbfi/de/home/bildung/berufliche-grundbildung/allgemeinbildung-in-der-beruflichen-grundbildung.html (Zugriff: 13.6.2018).

Staatssekretariat für Bildung, Forschung und Innovation SBFI (Hrsg., 2012): Rahmenlehrplan für Berufsmaturitätsschulen. https://www.sbfi.admin.ch/sbfi/de/home/bildung/maturitaet/berufsmaturitaet.html (Zugriff: 13.6.2018).

Schweizerischer Bundesrat (Hrsg., 2018): Umwelt Schweiz 2018.
www.bafu.admin.ch/ub2018 (Zugriff: 20.9.2019).

Suter, L., G. Waller, J. Bernath, C. Külling, I. Willemse & D. Süss (2018): JAMES – Jugend, Aktivitäten, Medien. Erhebung Schweiz. Zürich: Zürcher Hochschule für Angewandte Wissenschaften.
https://www.zhaw.ch/storage/psychologie/upload/forschung/medienpsychologie/james/2018/Ergebnisbericht_JAMES_2018.pdf (Zugriff 18.4.2019).

Welzer, H. (2011): Mentale Infrastrukturen. Wie das Wachstum in die Welt und in die Seelen kam. Berlin: Heinrich-Böll-Stiftung (= Schriften zur Ökologie Bd. 14).
https://www.boell.de/sites/default/files/Endf_Mentale_Infrastrukturen.pdf (Zugriff: 2.11.2018).

15. Anhang

Der Beutelsbacher Konsens im Wortlaut

1. Überwältigungsverbot

Es ist nicht erlaubt, den Schüler – mit welchen Mitteln auch immer – im Sinne erwünschter Meinungen zu überrumpeln und damit an der «Gewinnung eines eigenen Urteils» zu hindern. Hier genau verläuft nämlich die Grenze zwischen Politischer Bildung und Indoktrination. Indoktrination aber ist unvereinbar mit der Rolle des Lehrers in einer demokratischen Gesellschaft und der – rundum akzeptierten – Zielvorstellung von der Mündigkeit des Schülers.

2. Was in Wissenschaft und Politik kontrovers ist, muss auch im Unterricht kontrovers erscheinen.

Diese Forderung ist mit der vorgenannten eng verknüpft, denn wenn unterschiedliche Standpunkte unter den Tisch fallen, Optionen unterschlagen werden, Alternativen unerörtert bleiben, ist der Weg zur Indoktrination beschritten. Zu fragen ist, ob der Lehrer nicht sogar eine Korrekturfunktion haben sollte, indem Standpunkte und Alternativen herauszuarbeiten sind, die den Schülern (und anderen Teilnehmern politischer Bildungsveranstaltungen) von ihrer jeweiligen politischen und sozialen Herkunft her fremd sind.

Bei der Konstatierung dieses zweiten Grundprinzips wird deutlich, warum der persönliche Standpunkt des Lehrers, seine wissenschaftstheoretische Herkunft und seine politische Meinung verhältnismässig uninteressant werden. Um ein bereits genanntes Beispiel erneut aufzugreifen: Sein Demokratieverständnis stellt kein Problem dar, denn auch dem entgegenstehende andere Ansichten kommen ja zum Zuge.

3. Der Schüler muss in die Lage versetzt werden, eine politische Situation und seine eigene Interessenlage zu analysieren,

sowie nach Mitteln und Wegen zu suchen, die vorgefundene politische Lage im Sinne seiner Interessen zu beeinflussen. Eine solche Zielsetzung schliesst in sehr starkem Masse die Betonung operationaler Fähigkeiten ein, was eine logische Konsequenz aus den beiden vorgenannten Prinzipien ist. Der in diesem Zusammenhang gelegentlich – etwa gegen Hermann Giesecke und Rolf Schmiederer – erhobene Vorwurf einer «Rückkehr zur Formalität», um die eigenen Inhalte nicht korrigieren zu müssen, trifft insofern nicht, als es hier nicht um die Suche nach einem Maximal-, sondern nach einem Minimalkonsens geht.

Quelle: Wehling, H.-G. (1977): Konsens à la Beutelsbach? Nachlese zu einem Expertengespräch. In: S. Schiele & H. Schneider (Hrsg.): Das Konsensproblem in der politischen Bildung. Stuttgart, S. 173–184, hier S. 179f.
https://www.bpb.de/die-bpb/51310/beutelsbacher-konsens (Zugriff: 25.6.2019).